X.media.press 

Klaus Reichenberger

Kompendium semantische Netze

Konzepte, Technologie, Modellierung

Klaus Reichenberger
Julius-Reiber-Str. 17
64293 Darmstadt
Germany
k.reichenberger@i-views.de

Diese Arbeit wurde unterstützt durch das Bundesministerium für Wirtschaft und Technologie (BMWi) im Theseus Forschungsprogramm für eine neue internetbasierte Wissensinfrastruktur

ISSN 1439-3107
ISBN 978-3-642-04314-7 e-ISBN 978-3-642-04315-4
DOI 10.1007/978-3-642-04315-4
Springer Heidelberg Dordrecht London New York

Die Deutsche Nationalbibliothek verzeichnet diese Publikation in der Deutschen Nationalbibliografie; detaillierte bibliografische Daten sind im Internet über http://dnb.d-nb.de abrufbar.

Einbandentwurf: KuenkelLopka GmbH, Heidelberg

Gedruckt auf säurefreiem Papier

Springer ist Teil der Fachverlagsgruppe Springer Science+Business Media (www.springer.com)

Für Rosa

Inhaltsverzeichnis

Kapitel 1
Warum dieses Buch?

Ontologien, semantische Netze, Semantic Web – kein Zweifel, Semantik ist von einem akademischen Gegenstand der Philosophie und Linguistik zu einem Technologie-Modethema geworden. Dabei wird Semantik auf der einen Seite als die Zukunft menschlichen Wissens gehandelt, auf der anderen Seite haftet dem Thema aber immer noch etwas von Geheimwissenschaft an. Oft fallen, wenn über semantische Technologie gesprochen wird, sehr schnell sehr viele unverständliche Kürzel und Begriffe: *OWL, Inference engine, T-Box, description logic* usw. usf. Das Signal ist klar: wer nicht mindestens einen Doktor in Informatik, Mathematik oder Computerlinguistik hat, muss draußen bleiben. Zudem ist bei allem, was über Semantik geschrieben wird, nicht immer einfach zu unterscheiden: Was ist der Kern semantischer Technologie, was sind Eigenheiten einer bestimmten Anwendung oder eines bestimmten Produkts, was ist immer noch Forschungsthema, was ist inzwischen gängige Praxis?

Was fehlt, ist eine Einführung in das Thema semantische Technologie für „Zivilisten“. Genau das ist die Hauptaufgabe dieses Kompendiums. Es wird Ihnen helfen zu entscheiden, ob Semantik die richtige Technik ist für Ihre Aufgaben rund um die Nutzung und den Austausch von Unternehmensinformation. Nicht zuletzt soll dieses Buch das Thema Semantik auch „entzaubern“ und zeigen, dass es sich dabei um keine Geheimwissenschaft handelt; zeigen, dass man zur semantischen Modellierung nicht auf formale Logik zurückgreifen muss, sondern lediglich auf einen klaren Kopf.

1.1 Was erwartet Sie in diesem Buch?

Dieses Kompendium richtet sich an Fachanwender, Projektleiter und Entscheider. Daher werden Sie in diesem Buch keine Abhandlung über Repräsentationsformalismen finden. Es werden keine Logik-Statements und kein Pseudo-Code vorkommen. Der Schwerpunkt liegt in diesem Buch auf der industriellen Anwendung semantischer Technologie, nicht auf der Forschung. Entsprechend konzentrieren wir uns auf Anwendungen, die heute mit semantischen Netzen möglich sind, ohne eine Weiterentwicklung der Technologie vorauszusetzen. Eine Reihe von Projektbeispielen aus der Unternehmenspraxis stellen wir im Kap. 8 vor.

K. Reichenberger, *Kompendium semantische Netze*, X.media.press,
DOI 10.1007/978-3-642-04315-4_1, © Springer-Verlag Berlin Heidelberg 2010

Wir werden mit einer kurzen Einführung in die Grundlagen semantischer Netze beginnen. Im Anschluss werden wir verschiedene Spielarten semantischer Netze voneinander abgrenzen, um damit der Begriffsverwirrung vorbeugen. Unter ähnlichen Begriffen werden nämlich heute sehr unterschiedliche Konzepte diskutiert: Da stehen auf der einen Seite vollautomatische Verfahren mit bescheidenem Grad an intelligenter Unterstützung, auf der anderen Seite hochkomplexe Systeme, die das Wissen eines Experten formalisieren – Unterschiede im Anspruch, die sich auch im Aufwand widerspiegeln. Daher ist eine saubere Trennung der Begriffe unbedingt angeraten, und daher werden wir bei allen Techniken, mit denen wir uns in diesem Kompendium befassen, immer wieder Aufwand- und Nutzen-Überlegungen anstellen.

Wenn Sie dieses Buch gelesen haben, dann werden Sie eine sehr greifbare Vorstellung davon entwickelt haben, was ein semantisches Netz ist, wie es funktioniert und wofür es gut ist. Sie sollten, falls Sie selbst vor einer Modellierungsaufgabe stehen, in der Lage sein, semantische Netze zu erstellen – in diesem Fall werden die Modellierungsdetails in den Kap. 11 und 12 sowie die Modellierungsübungen für Sie besonders interessant sein. Wer sich lediglich über semantische Netze informieren möchte ohne selbst zu modellieren, wird diese Kapitel vielleicht nur überfliegen wollen.

Besonderes Augenmerk liegt in diesem Buch auf den Beispielen. In den letzten zwölf Jahren hatte ich Gelegenheit, eine Vielzahl von Unternehmen bei der Einführung semantischer Technologie zu unterstützen. Unternehmen der fertigenden Industrie, Dienstleister, Medienunternehmen, große und kleine Unternehmen, Traditionsbetriebe und HighTech-Firmen. Teilweise kommt dort semantische Technologie in ihrer einfachsten Form zum Einsatz, teilweise wird sie bis an die Grenzen des Machbaren ausgereizt. So unterschiedlich die entstandenen Lösungen sind, haben sie doch eines gemeinsam: Alle wenden Semantik auf handfeste Aufgaben des täglichen Geschäfts an.

Kapitel 2
Grundlagen semantischer Netze

Lassen Sie uns zunächst die Basisobjekte und Kernideen semantischer Modellierung kennen lernen. Das lässt sich am einfachsten an einem konkreten Beispiel bewerkstelligen. Als Lieferant für solche Beispiele wird uns in diesem Kompendium immer wieder die Universal AG dienen: Dabei handelt es sich um ein fiktives mittelständisches Unternehmen, Hersteller von Haushalts- und Elektrogeräten.

Die Universal AG bringt gerade ein neues Produkt auf den Markt, mit dem es endlich gelingt, zuverlässig einen cremigen Espresso, Cappuccino, Espresso Macchiato etc. herzustellen. Das Produkt heißt Crema 2010 und wird von einem Team aus einigen Mitarbeitern in der Abteilung Kaffeemaschinen entwickelt. Das entsprechende Projekt zerfällt in einzelne Arbeitspakete, wobei sich die Aufteilung im Wesentlichen am Aufbau des Produktes orientiert. So gibt es ein Arbeitspaket für das Mahlwerk, eines für den Filter, eines für die Heizspirale usw., aber auch Projektleitung, Dokumentation, Qualitätssicherung etc.

In dem Moment, in dem die Crema 2010 auf dem Markt ist, fallen natürlich Betreuung und Support an. Die Universal AG hat Mitarbeiter im Customer Contact Center und Service-Mitarbeiter, die den Handel schulen, aber auch Geräte reparieren, die bei größeren Firmenkunden im Einsatz sind. Wir werden in weiteren Beispielen auch den Vertrieb durch internationale Vertriebsgesellschaften kennen lernen sowie die Markt- und Wettbewerbsbeobachtung.

Was würde passieren, wenn wir Paula Person, einer Mitarbeiterin der Universal AG und Teilprojektleiterin des Crema 2010 Entwicklungsprojekts, zuhörten, wie sie von ihrer Arbeit erzählt und uns einige Notizen machten? Der erste Schritt wäre vielleicht eine Sammlung von Themen: **Paula Person** würde uns von der **Universal AG**, vor allem natürlich von dem **Geschäftsbereich Küchengeräte** und ihrer **Abteilung Kaffeemaschinen** erzählen, von dem aufregenden neuen **Projekt** und dem **Produkt Crema 2010**, von Ihrem Spezialbereich **Heizkessel**, dem Thema **Entkalkung** und den aktuellen Problemen, die beim Betrieb des Geräts auftreten können, und für die sie Lösungen entwickelt – z.B. für den **Verschleiß der Heizkesseldichtung**.

K. Reichenberger, *Kompendium semantische Netze*, X.media.press,
DOI 10.1007/978-3-642-04315-4_2, © Springer-Verlag Berlin Heidelberg 2010

2.1 Objekte

Aus allen Themen, von denen Paula uns erzählt (und die wir im letzten Absatz fett markiert haben), können wir direkt Objekte des semantischen Netzes machen. Das Ergebnis sieht dann folgendermaßen aus:

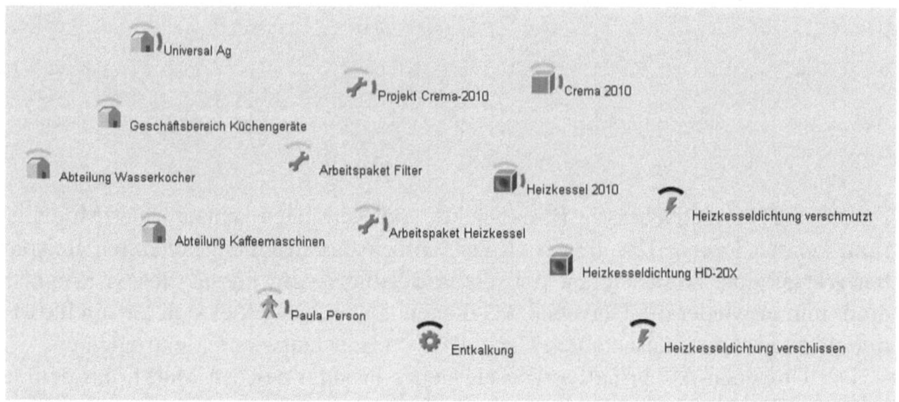

Abb. 2.1 Sammlung von Objekten

Das Beispiel zeigt Objekte verschiedenen Typs: Die Haus-Icons stehen für Organisationseinheiten, die Schraubenschlüssel für Projekte und Arbeitspakete, Kuben für die Produkte und ihre Bauteile, Zahnräder für Operationen, die die Produkte durchführen, Blitze für Störungen und Fehler; das Männlein schließlich steht für die Mitarbeiter.

2.2 Eigenschaften

Objekte können Eigenschaften haben (auch als *Merkmale* bezeichnet) – in unserem Beispiel hat Paula Person einen akademischen Titel, eine E-Mail-Adresse und eine Telefonnummer. Die Eigenschaften, die nur über Paula Aussagen machen, heißen auch Attribute. Andere Eigenschaften verknüpfen mehrere, i.d.R. zwei, Objekte miteinander. Sie nennen wir Relationen.

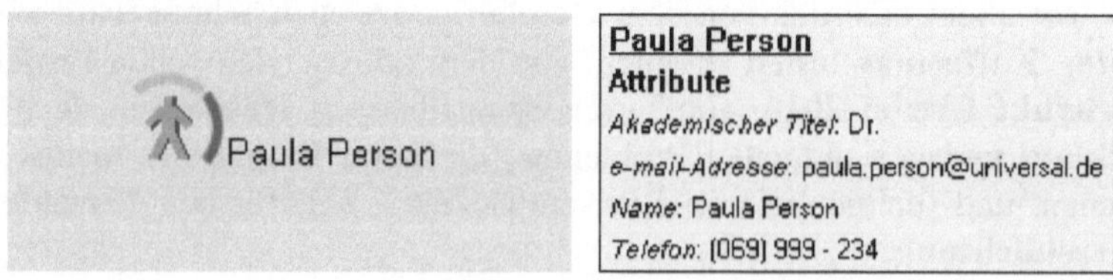

Abb. 2.2 Attribute

Aus dieser Sammlung von Objekten wird erst dann ein semantisches Netz, wenn wir die Objekte über Relationen miteinander verknüpfen. Dazu nutzen wir verschiedene Arten von Relationen: Der Geschäftsbereich Küchengeräte **hat Teilorganisationen**, u.a. die Abteilung Kaffeemaschinen; Paula Person **hat Expertise in** dem Thema Entkalkung und **ist verantwortlich für** das Arbeitspaket Heizkessel, dieses wiederum **ist Teil** des Gesamtprojekts Crema 2010. Jede Relation kann in zwei Richtungen gelesen werden: Paula Person **arbeitet in** der Abteilung Kaffeemaschinen – die Abteilung Kaffeemaschinen **beschäftigt** Paula Person. Paulas Erzählungen auf diese Weise abzubilden, mag selbstverständlich oder trivial erscheinen. Das ist richtig so, denn es ist diese Struktur, die der Endnutzer z.B. in der Navigation sehen wird, und je selbstverständlicher oder natürlicher sie ihm erscheint, desto besser.

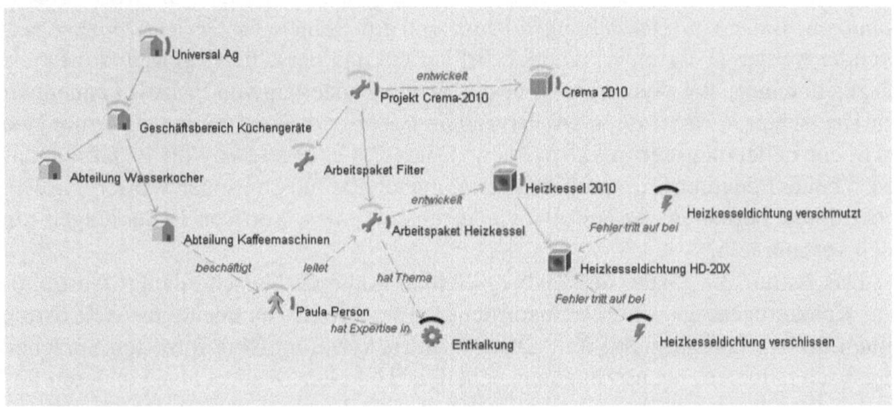

Abb. 2.3 Relationen[1] (durchgezogene, nicht beschriftete Pfeile stehen für Teil-von-Relationen)

Soweit die Basisobjekte semantischer Netze. Wir werden auf Dauer allerdings nicht darum herum kommen, das Beispiel um eine Art Definition zu ergänzen: Wir wollen als Grundlage der weiteren Ausführungen in diesem Handbuch unter einem semantischen Netz Folgendes verstehen:

- **Semantisches Netz**[2] bezeichnet eine Technik, die Information als Verknüpfungen zwischen Objekten ablegt und darstellt.
- Dabei wird die abgelegte Information möglichst explizit gemacht. Wichtige Mittel der expliziten Repräsentation sind unterschiedlich typisierte Verknüpfungen sowie Begriffe, die der natürlichen Sprache und Denkwelt des Nutzers entstammen. Je nachdem wie formal unser semantisches Netz ausgeprägt ist, sprechen wir auch von einem **Modell**.

[1]Im Folgenden werden wir die Relationen nur dort beschriften, wo es für das Verständnis des Beispiels notwendig ist.

[2]Der Name semantisches Netz – und erste Ideen – gehen u.a. zurück auf Forschungen von Ross Quillian (1967), der semantische Netze als Erklärungsmodell für die menschliche Repräsentation von Wissen diskutiert. In Konkurrenz dazu hat sich der Begriff Ontologie etabliert. Im Kapitel 6 werden wir mehr über die Abgrenzung der Begriffe *semantisches Netz* und *Ontologie* erfahren.

- Semantische Netze sind ein Weg Information so zu strukturieren, dass der menschliche Nutzer genauso etwas damit anfangen kann,[3] wie ein Computerprogramm. Große Teile dieses Buchs werden sich mit der Frage befassen, wie wir diesen Spagat zwischen Verständlichkeit und formaler Verarbeitbarkeit hinbekommen.

Würden wir sprechen und unsere Begriffe bilden wie Computer, gäbe es keinen Bedarf an semantischen Netzen. Aber die Begriffe, die Menschen bilden und benutzen, sind unscharf. Die meisten Worte sind mehrdeutig, d.h. sie bezeichnen unterschiedliche Gegenstände – der Fachbegriff dafür ist Homonymie bzw. Polysemie – je nachdem, wie unterschiedlich die Gegenstände sind. Das Wort *Prozess* kann im Sinne von *Herstellungsprozess* und im Sinne von *Gerichtsprozess* verwendet werden (Polysemie). Umgekehrt hat ein und derselbe Gegenstand oft viele Bezeichnungen, sog. Synonyme. Für die zweite Bedeutung von Prozess kennen wir im Deutschen *Rechtsstreit*, *Gerichtsverfahren*, *Gerichtsverhandlung* als Synonyme bzw. eng bedeutungsverwandte Wörter.[4] Dann gibt es noch das Wort *Verfahren*, das auch beide Bedeutungen annehmen kann, manchmal müssen sogar Wörter wie *Fall* oder *Sache* herhalten, die jeweils wieder einen ganzen Zoo von Bedeutungen um sich versammeln.

Das ist nur die Spitze des Eisbergs, hinzu kommen Umschreibung, Abstraktion, Konkretisierung – in einer natürlichen Sprache gibt es unendlich viele Arten einen Sachverhalt auszudrücken. Diese Ausdrucksvielfalt ist in formalen Sprachen drastisch reduziert, ebenso in einem semantischen Netz. Anders als in anderen formalen Repräsentationen machen es sich semantische Netze aber zur Aufgabe eine Brücke zu schlagen, d.h. einen Sachverhalt nicht nur formal beschreiben zu können, sondern auch noch in Texten wiederzufinden.

2.3 Kernideen und Grundsätze semantischer Modellierung

Schon an dem soeben kurz angerissenen Beispiel können wir uns einige Grundprinzipien semantischer Netze klarmachen und ihren Nutzen für die Erschließung von Informationen im Unternehmen zeigen. Dabei handelt es sich um das Prinzip der Objektidentität, die Trennung von Objekt und Benennung und die Redundanzfreiheit durch Ableitung von Information.

[3] „Etwas anfangen können" ist eine ziemlich vage Formulierung, insbesondere für eine Definition. Damit soll schon einmal die große Bandbreite der möglichen Leistungen semantikbasierter Anwendungen, die wir in den nächsten Kapiteln erkunden werden, angedeutet werden.

[4] Dies sind keine Randerscheinungen der Sprache, sondern der Normalfall. Wie verbreitet Polysemie bzw. Homonymie ist, können wir durch einen Blick in ein besseres Wörterbuch feststellen – kaum ein Stichwort, bei dem nicht eine ganze Reihe von Bedeutungen aufgeführt wird.

2.3.1 *Der Grundsatz der Objektidentität*

Das Prinzip der Objektidentität sagt „jedes Objekt gibt es im semantischen Netz nur einmal" und als Konsequenz „alle Information zu diesem Objekt kommt an einer Stelle zusammen". Statten wir zur Illustration dieses Prinzips noch einmal unserem Beispielunternehmen Universal AG einen Besuch ab.

Die Suche im Ordner-Dschungel

Die Leiterin des Bereichs „Haushaltsgeräte" der Universal AG hat am Freitag einen Termin mit dem Zulieferer Heißkalt GmbH und möchte auf den aktuellen Stand der Kooperation gebracht werden. Wo haben wir den Lieferanten in die Entwicklung mit einbezogen? Wie ist die Zusammenarbeit? Wo haben wir Komponenten von Heißkalt verbaut und welche Probleme tauchen dort auf? Unglücklicherweise ist Paula Person, die viel mit der Heißkalt GmbH zusammengearbeitet hat, gerade in Urlaub. Nun macht sich also der Assistent der Bereichsleiterin auf die Suche im FileShare. Da findet er zunächst im Ordner „Zulieferer" einen Unterordner namens „Heißkalt GmbH". Was er dort allerdings nicht findet, sind aktuelle Dokumente, etwa über den Heizkessel, den Heißkalt für die Crema 2010 liefert. Kein Wunder, denn die Dokumente zur Zusammenarbeit mit dem Zulieferer sind in den Ordnern der einzelnen Projekte abgelegt, und zwar unter der jeweilig gelieferten Komponente. Hier muss unser Assistent schon wissen, in welche Kaffeemaschinen welcher Heizkessel eingebaut ist. Dass die Kaffeemat 2000 den gleichen Heizkessel wie die Crema 2010 benutzt, daran erinnert er sich vielleicht noch. Daran, dass die Heizkessel für die Express-Maschinen ebenfalls von der Heißkalt GmbH geliefert werden, vielleicht nicht mehr. Weitere relevante Dokumente zu allen Produkten und Komponenten liegen unter „Störungen und Supportfälle", da die Ordnerstruktur aber nicht mehr die Komponenten ausweist, wird es hier noch schwieriger, für den Lieferanten Heißkalt relevante Dokumente zu finden. Darauf zu kommen, dass die Heißkalt GmbH für einen ganz anderen Geschäftsbereich, nämlich für die Bügeleisen, Komponenten liefert, dabei hilft der FileShare unserem armen Assistenten überhaupt nicht mehr. Ohnehin kann er nie sicher sein, dass sich in der Ablagestruktur nicht noch weitere Ordner verstecken. Oder in Datenbanken, oder in E-Mails oder, oder... Die Information zum Zulieferer Heißkalt GmbH ist über den Datenbestand des ganzen Unternehmens verstreut.

Das „Auseinanderreißen und Verstreuen" von Objekten über die Ordnerstruktur ist eine direkte Folge der Organisation der Information in Bäumen. Bleiben wir in einer Baumstruktur, können wir das Problem nicht lösen, egal wie viel Mühe wir uns mit dem Aufbau der Ablage machen. Ordnen wir unsere Projekte nach Kunden oder chronologisch? Regional? Oder nach Projekttypen? Ganz gleich, welches Ordnungskriterium wir in den Vordergrund stellen, die anderen Kriterien kommen zu kurz: Wir können versuchen Dimensionen zu finden, die wir anderen eindeutig unterordnen können, indem wir zuerst nach Projekttypen unterscheiden und dann

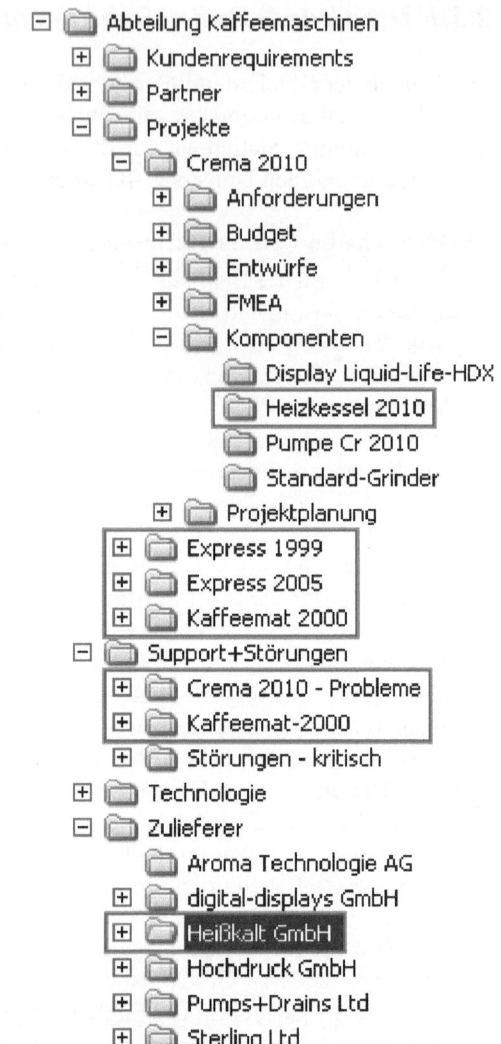

Abb. 2.4 Auseinanderreißen von Themen in einer Ordnerstruktur

Unterordner für die verschiedenen Kunden anlegen. Das geht so lange gut, bis wir mit einem Kunden zwei verschiedene Arten von Projekten durchführen.

Das semantische Netz setzt gegen das „Auseinanderreißen und Verstreuen" von Objekten über die Ordnerstruktur das Prinzip der Objektidentität. Den Zulieferer Heißkalt GmbH gibt es im semantischen Netz nur einmal. Er ist trotzdem aus vielen Kontexten heraus erreichbar, beispielsweise:

- aus dem Kontext einer Person, z.B. einer Kontaktperson aus der Entwicklung,
- aus dem Kontext eines Bauteils, das von dem Lieferanten kommt.
- Damit auch aus dem Kontext aller Produkte, in die diese Bauteile verbaut sind, und
- aus dem Kontext der Störungen, die bei den Bauteilen des Lieferanten auftreten

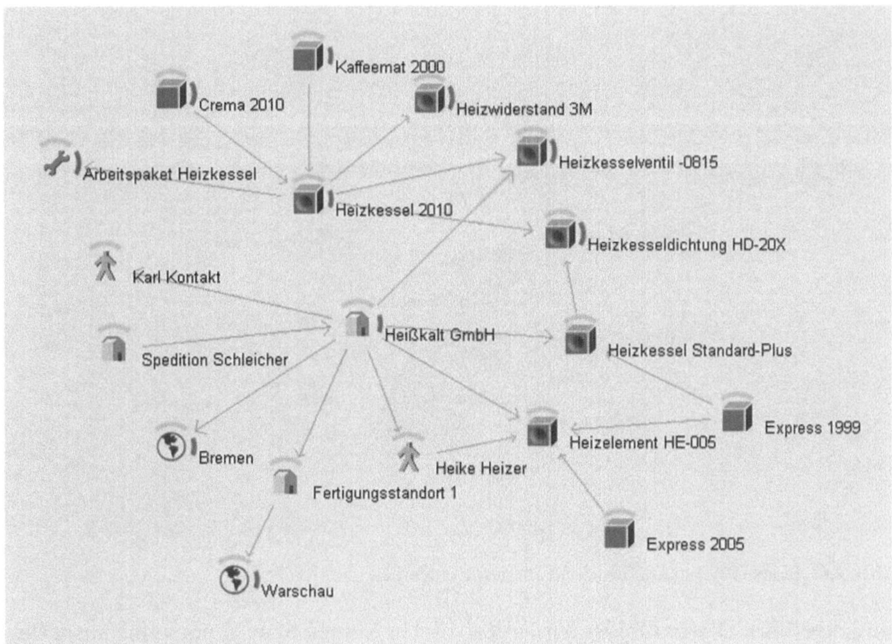

Abb. 2.5 Objektidentität und Vernetzung

Diese Kontexte sind im semantischen Netz als Verknüpfungen realisiert, die alle zum selben Objekt führen. So akkumuliert das Objekt Heißkalt GmbH die ganze verfügbare Information. Das ist die Kernleistung der Organisation von Information in einem Netz: wir können beliebig viele Ordnungsdimensionen miteinander kombinieren, ohne dass diese sich in die Quere geraten. So kann Objektidentität erst hergestellt werden, so können der Zulieferer, das Projekt oder der Kunde virtuell vielfach eingeordnet und auf vielen Wegen erreicht werden, ohne redundant angelegt werden zu müssen. Daraus folgt, dass wir je nach Situation natürlich jederzeit ein anderes Objekt ins Zentrum rücken können und die ganze Welt aus dessen Position betrachten können.

Eben war der Heizkessel 2010 eine Detailinformation zum Lieferanten Heißkalt GmbH, jetzt ist es umgekehrt: der Lieferant ist ein Aspekt unter all den Dingen, die es über den Heizkessel 2010 zu wissen gilt.

2.3.2 *Die Trennung von Objekt und Benennung*

Zum Prinzip der Objektidentität gehört auch die Trennung von Objekt und Benennung. Übertragen wir das auf unser Beispiel: Das Produkt Crema 2010 läuft intern oft noch unter dem Arbeitstitel *CPlus*, den das Projekt in der frühen Phase hatte. Das ist allerdings kein Grund, zwei Objekte im semantischen Netz zu führen. Stattdessen werden in semantischen Netzen rein sprachliche Varianten auf ein Objekt

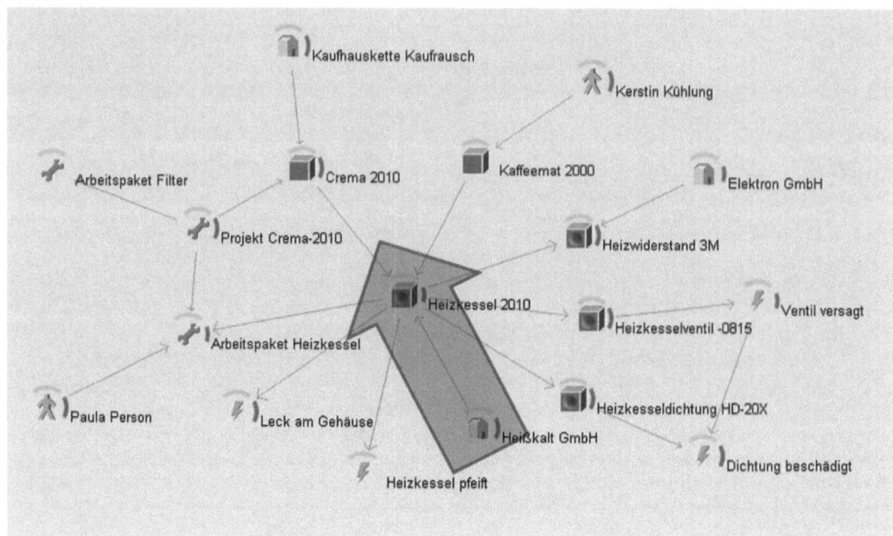

Abb. 2.6 Jedes Objekt kann ins Zentrum gerückt werden

zurückgeführt. Dieses Objekt wird mit so vielen Namen bzw. Synonymen ausgestattet wie nötig. Das ist neben der Möglichkeit zur beliebigen Vernetzung eine weitere wichtige Voraussetzung dafür, dass Information zusammen kommt.

2.3.3 Redundanzfreiheit durch Ableitungen

Wir sehen in unserem ersten Beispiel (Abb. 2.3): Paula Person wird nicht dem Projekt Crema 2010 als Projektmitarbeiterin zugewiesen, genau so wenig wie der Universal AG. Auf der anderen sollte das semantische Netz in der Lage sein, auf die Frage nach den Mitarbeitern der Universal AG oder dem Crema-2010-Projektteam auch Paula Person aufzuführen. Das ist es auch, und zwar erschließt sich das semantische Netz diese Information selbst aus den detaillierteren Angaben (Mitarbeit in Teilprojekt, Beschäftigung in Abteilung) sowie Regeln zur Ableitung implizierter Information.[5]

Aus der Tatsache, dass Paula Person bei der Abteilung Kaffeemaschinen beschäftigt ist, diese zum Geschäftsbereich Küchenmaschinen gehört und der wiederum zur Universal AG, können wir also ableiten, dass Paula Person bei der Universal AG beschäftigt ist. Als allgemeine Regel formuliert: Jeder, der bei einer Organisationseinheit beschäftigt ist, ist auch bei allen Organisationseinheiten beschäftigt, zu denen diese gehört, direkt oder indirekt. In einem semantischen Netz versuchen wir immer erst Information aus anderen Informationen abzuleiten, bevor wir sie modellieren.

[5]Wie die Berechnung von Ableitungen – auch als *Schlussfolgern, Inferenz* oder *Reasoning,* bezeichnet – im Detail funktioniert, sehen wir im Abschn. 12.8.

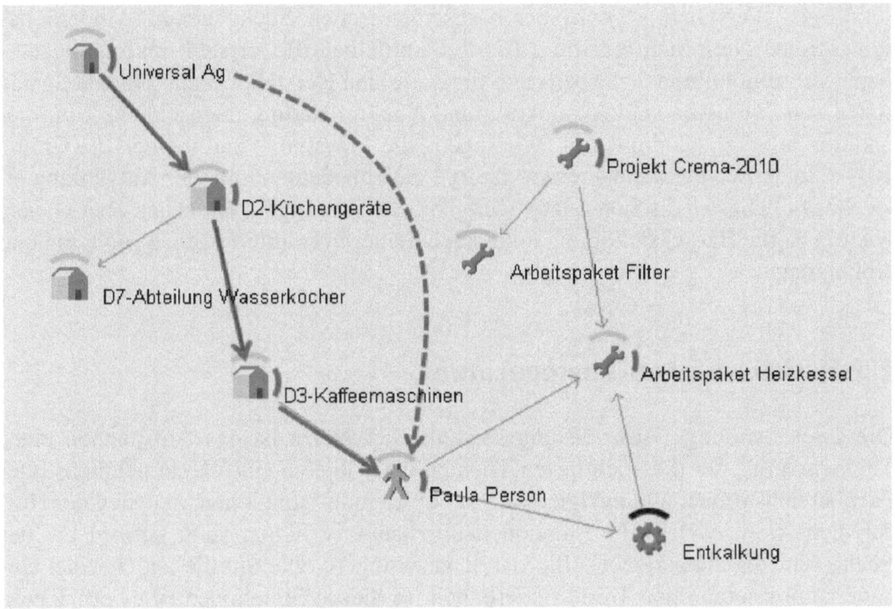

Abb. 2.7 Ableitung allgemeiner Zusammenhänge aus Detailinformationen

2.4 Basisleistungen „Verstehen“ der Nutzerfrage

Damit kommen wir zu einer Behauptung, die uns in diesem Zusammenhang häufiger begegnet, nämlich der Behauptung semantische Technologie *verstehe* den Nutzer (wahlweise auch die Dokumente). *Verstehen* ist ein großes Wort und über eine solche Behauptung lässt sich trefflich streiten. Unstrittig ist aber: Die Vernetzung und die Fähigkeit zur Ableitung erlauben es einem semantischen Netz zu erfassen, was der Nutzer in seiner Frage impliziert, was er „mitmeint“, ohne dass er es „mitsagt“. Wenn das semantische Netz dieses *Verständnis* nun auch noch in seine Antworten einbringt, ist das zumindest eine nützliche Imitation menschlichen Kommunikationsverhaltens.

Nehmen wir z.B. an, wir sind Mitarbeiter eines Ingenieurbüros und haben gestern unseren erfahrenen Kollegen gefragt, ob die Firma schon einmal ein Projekt in der Automobilindustrie durchgeführt hat. Die Antwort des Kollegen war „Automobilindustrie? Nicht das ich wüsste...“ Nun erfahren wir heute, dass gerade dieser Kollege vor einem Jahr ein Projekt für die Volkswagen AG selbst geleitet hat. Wir stellen den Kollegen zur Rede, der entgegnet: „Ja, wenn Du nach Volkswagen gefragt hättest...“ Genau dieses Verhalten legen IT-Systeme, z.B. Suchmaschinen, an den Tag, an die wir uns wenden, um Informationen zu bekommen. Und genau da liegt der Anspruch semantischer Technologie: Nämlich das, was – für den Menschen trivial – in einer Frage „mitgemeint“ ist, auch in der Antwort mit zu berücksichtigen.

Dieses „Verständnis“ wird bei der semantischen Suche genutzt, indem das semantische Netz Suchbegriffe z.B. als Sammelbegriffe versteht und „auflöst“ – unter „Automobilbranche“ eben auch die einzelnen Hersteller sucht. Die häufigsten Arten von Schlüssen sind Abstraktion und Konkretisierung; menschliche Kommunikation arbeitet ständig damit. Wir sagen „die Maschine“ und meinen die Crema 2010, „irgendwo in Lateinamerika“ ist ggf. gleichbedeutend mit der Aufzählung aller Staaten. Dies sind schon relativ weitgehende Leistungen; einfacher, aber ebenso wichtig ist die Berücksichtigung unterschiedlicher Formulierungen, Synonyme und Abkürzungen.

2.5 Basisleistungen Themenraum

Die zweite wichtige Basisleistung semantischer Netze ist das Aufspannen eines Themenraums, der die wichtigsten Themen und Objekte eines Unternehmens oder Fachbereichs ordnet und navigierbar macht.[6] Gerade Situationen, in denen der Nutzer nicht weiß, welche Informationen überhaupt verfügbar sind, können bei der Suche sehr undankbar sein – hier ist er gezwungen, eine um die andere Sucheingabe zu probieren ohne Treffer zu erhalten. In diesen Situationen ist es effizienter, sich die Information durch Navigation zu erschließen, wobei das semantische Netz bei jedem Schritt die verfügbaren Optionen anbietet.

Es ist wie im Kaufhaus: Wissen Sie, wie die kleinen Dinger aus Messing heißen, mit denen man dicke Briefe und kleine Päckchen verschließt, indem man die Beinchen durch dafür vorgesehene Löcher in Umschlag und Verschlusslasche schiebt und durch Umbiegen der Beinchen auf der Rückseite die Lasche fest an den Umschlag presst?

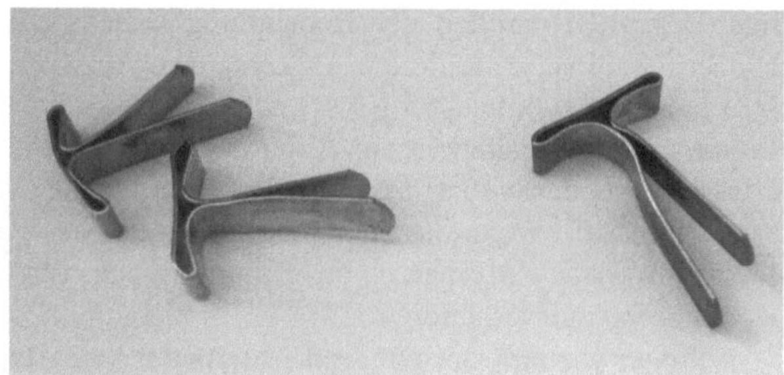

Abb. 2.8 Die kleinen Dinger aus Messing für die dicken Umschläge

Sie heißen Musterbeutelklammern (auch einfach Musterklammern) mit Rundkopf oder Flachkopfklammern, je nachdem, wie der Kopf geformt ist. Auch wenn

[6] Unter Navigation verstehen wir die eine Recherchetechnik, die sich von einer angebotenen Information zur nächsten, damit verknüpften, bewegt und sich so zum Ziel der Recherche vorarbeitet. Sie steht im Gegensatz zur Suche, unter der wir in diesem Handbuch die Recherche ausgehend von einer eigenen Eingabe verstehen, die über Trefferlisten in einem Schritt zum Ziel kommen möchte.

Sie das nicht wissen (ich wusste es nicht), werden Sie trotzdem keine Schwierigkeiten haben, diesen Artikel in einem größeren Kaufhaus zu beschaffen. Sie suchen die Schreibwarenabteilung, hier den Bereich Verpackung – und tatsächlich liegen da, neben Paketschnur und Klebeband die Messingdinger mit den Beinchen zum Umbiegen – Musterbeutelklammern eben.[7]

Analog funktioniert auch ein weiteres wichtiges Prinzip semantischer Netze: Verwandte Objekte, z.B. Produkte, die dieselbe Technologie nutzen, liegen im Netz über ihre Gemeinsamkeiten immer auch räumlich bzw. in Mausklicks gemessen, nahe beieinander – ganz anders als in einem Verzeichnisbaum. Wir können das Bild vom Themenraum also ganz wörtlich nehmen.

Die Relationen können wir in einem sehr konkreten Sinne als verschiedene Richtungen verstehen, in die wir navigieren können. Da ist einmal die Ober-/Unterbegriffsrelation, die eine räumliche Anordnung schon im Namen trägt; aber auch die Teil-von-Relation wird typischerweise von oben nach unten visualisiert. Andere Relationen, wie Ursache-/Wirkungsrelationen und Vorgänger-/Nachfolgerrelationen können sinnvoll auf einem Zeitstrahl angeordnet werden, also eher von links nach rechts.

Oft mischen sich Suche und Navigation, etwa wenn der Nutzer mit seiner Suche knapp danebengreift und sich von dort aus zum eigentlichen Ziel seiner Wünsche „durchhangelt". Bei Navigation und Visualisierung geht es übrigens nicht allein um das Ordnen von Dokumenten, die Übersicht über Zusammenhänge zwischen den Themen des Geschäfts kann einem großen Wert an sich darstellen. Unserem Assistenten aus Abschn. 2.3 hätte es schon sehr geholfen, wenn er sich hätte informieren können, in welchen der eigenen Produkte Komponenten eines bestimmten Zulieferers eingebaut sind.

2.6 Andere Ordnungssysteme – Thesauri und Taxonomien

Semantische Technologien versprechen im Gegensatz zu Suchmaschinen keine vollautomatische Lösung. Wissensintensive Tätigkeiten mit Semantik zu unterstützen steht in der Tradition der Ordnungssysteme: Es geht darum mit einem gewissen Anteil an intellektuellem Aufwand Strukturen zu schaffen[8] – Strukturen, die jedoch der Komplexität heutiger Aufgaben gewachsen sind. Dafür zählen Charakteristika wie Objektidentität und Vernetzung, die allerdings allein durch die Bezeichnung *Thesaurus* oder *Taxonomie* nicht erfasst werden (siehe Glossar). Objektidentität bringen die meisten Thesauri und Taxonomien mit. Da sie wiederum häufig mit einer Baumstruktur auskommen müssen, erkaufen sie Objektidentität häufig mit der

[7] Es gibt übrigens auch eine Mehrfacheinordnung bei physischen Objekten: Kaufhäuser sind bei kleinen, schwer einzuordnenden Artikeln dazu übergegangen, diese mehrfach zu platzieren. Denselben Kleber werden Sie also unter Deko-Artikeln, Verpackung und Heimwerker-Bedarf finden. Im Kaufhaus stößt das Prinzip aber schnell an physische Grenzen.

[8] Auf die Ausnahmen – die Möglichkeiten zum automatischen Aufbau semantischer Strukturen – gehen wir im Abschn. 3.2 näher ein.

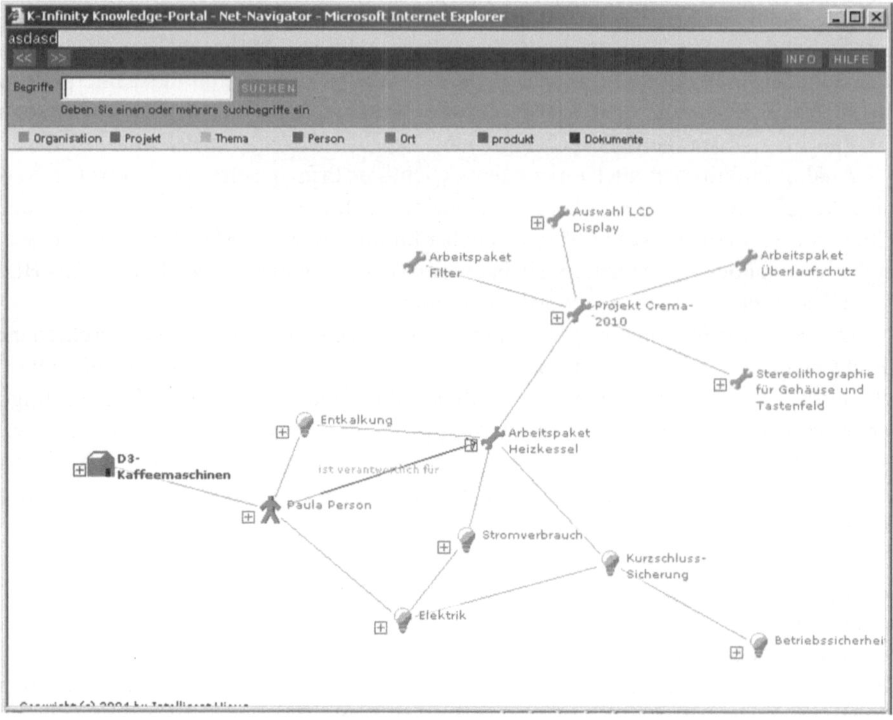

Abb. 2.9 Endnutzersicht auf die semantische Vernetzung

Entscheidung für eine Ordnungsdimension. Das hat dann zur Folge, dass Relationen wegfallen und nicht jedes Thema über jeden sinnvollen Weg erreichbar ist. In einem medizinischen Thesaurus beispielsweise wird Mumps entweder als Kinderkrankheit oder als Virusinfektion geführt, der alternative Zugang wird zugunsten der Konsistenz aufgegeben. Später werden wir auch sehen, wie semantische Netze Themen und Fakten zusammenbringen können, eine Aufgabe, für die Thesauri und Taxonomien nicht ausgelegt sind. Trotz allem haben semantische Netze und traditionelle Ordnungssysteme mehr gemeinsam als sie trennt: wer eine Taxonomie oder einen Thesaurus aufgebaut hat, ist mehr als die Hälfte des Wegs zu einem semantischen Netz gegangen.

2.7 Semantische Netze in der Unternehmens-IT-Landschaft

Der Einsatz von Informationstechnologie im Unternehmen, vor allem dort, wo er auf zentralen Informationsressourcen aufbaut, läuft unter dem Namen *Enterprise Software*. Traditionelle Domäne der Enterprise-Software sind Themen wie Lagerverwaltung, Lohnbuchhaltung, Enterprise Resource Planing (ERP), Supply Chain Management (SCM) etc. In ihrer Grundfunktionalität existieren viele dieser Systeme bereits seit Jahrzehnten.

Diese Systeme sind transaktionsorientiert, ihr primärer Zweck besteht darin einen Vorgang, eine Buchung, einen Termin aufzunehmen, so dass er nicht verloren geht und ihn ggf. einem Workflow zu unterziehen. Hierbei werden vom Nutzer Eingaben in Felder verlangt – wie diese Eingaben zu Stande kommen, woher die Information kommt, auf deren Basis ein Eingabewert ermittelt oder entschieden wird, liegt nicht im Fokus dieser Systeme. Die Daten, die eingegeben und verarbeitet werden, liegen in großen Mengen und vollständig strukturiert vor.

Nehmen wir z.B. eine Routinetätigkeit, die in vielen Unternehmen von einem Enterprise Resource Planning (ERP) System abgedeckt wird – das Schreiben einer Rechnung. Wenn eine Rechnung geschrieben wird, ist i.d.R. ein Auftrag im System angelegt und die notwendigen Angaben wie Kunde, Kundennummer, Adresse, Positionen, Datum etc. liegen vor. Andere Angaben für die Rechnung können daraus eindeutig ermittelt werden – z.B. der Mehrwertsteuersatz je nach Sitz des Kunden.

Vergleichen wir diesen Vorgang mit dem Schreiben eines Angebots. Die sprachliche Ähnlichkeit täuscht, die Prozesse sind sehr verschieden. Zunächst ist die Erstellung eines Angebots wesentlich aufwendiger, wobei die Bandbreite enorm ist. Ein Angebot für ein mittelgroßes Software-Projekt zu erstellen kann Tage und Wochen dauern, ein Angebot eines Umzugsunternehmens für einen Privatumzug ist wahrscheinlich schneller ausgearbeitet. Umgekehrt wird ein Angebot als Generalunternehmer eine Produktionsanlage zu bauen sicherlich noch wesentlich aufwendiger.

In jedem Fall muss die Frage beantwortet werden „welche Leistungen bieten wir unserem Kunden an und zu welchem Preis?" Diese Frage ist zugleich komplexer und weniger präzise als die Frage nach dem anzuwendenden Mehrwertsteuersatz. Die Informationen, die zur Erstellung eines Angebots herangezogen werden, sind in viel höherem Maße unstrukturierte Texte, z.B. Gesprächsprotokolle, Datenblätter, Spezifikationen etc.

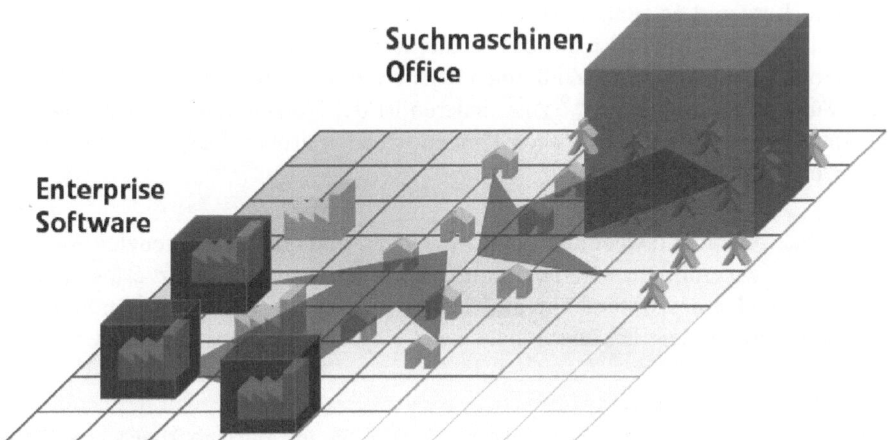

Abb. 2.10 Lücke zwischen spezialisierten Anwendungen, zugeschnitten auf das Unternehmen, und generischer Software für den Einzelnen

Die Unterstützung klassischer transaktionsorientierter Systeme endet genau dort, wo unstrukturierte, halb- oder komplex strukturierte Daten erschlossen werden sollen. Wo es gilt, statt Routinetätigkeiten wissensintensive, kommunikationsintensive, schwer standardisierbare Tätigkeiten zu unterstützen. Hier bestimmen generische Office-Anwendungen und Suchtechnologien das Bild. Diese sind zwar sehr gut geeignet für individuelle Prozesse auf unstrukturierten Informationen und helfen dem Nutzer effizient dabei seine Arbeit zu erledigen. Sie haben aber wiederum große Schwächen in Punkten, die für Enterprise Software selbstverständlich sind: es gibt keine gemeinsame Datenbasis, kein effizientes Teilen von Information, die Systeme haben keine zentrale Kontrolle und keinerlei Kenntnis über das Unternehmens und seine Prozesse.

Die Routinetätigkeiten haben die Unternehmen inzwischen im Griff, Office-Anwendungen haben sich flächendeckend durchgesetzt. Um sich heute Wettbewerbsvorteile zu erarbeiten, müssen die Unternehmen die wissensintensiven Tätigkeiten und das Teilen von Information zusammenbringen. Die Lücke zwischen der zentralistischen, strukturierten Welt und dem unstrukturierten, individuellen Arbeiten ist groß. Sie zu schließen ist gerade der Anspruch semantischer Technologien im Unternehmen.

2.8 Semantic Web vs. semantische Netze im Unternehmen

Das **Semantic Web** ist die Vision eines World Wide Web, dessen Inhalte nicht nur von Nutzern navigiert und gelesen werden können, sondern so formal beschrieben sind, dass Waren und Services durch automatische *Agents* vermittelt werden, Termine ausgemacht, Fragen beantwortet werden können etc. Seit der „Erfinder" des WWW, Tim Berners-Lee, das Semantic Web als nächste Evolutionsstufe des Internet ausgerufen hat, erhält diese Idee eine gewisse Medienaufmerksamkeit (Berners-Lee et al. 2001).

Fokus dieses Buchs ist nicht das Semantic Web, sondern die Wissensarbeit innerhalb des Unternehmens. Zum einen existiert zum Thema Semantic Web bereits eine Fülle von Publikationen,[9] zum anderen ist der Nutzen, den Unternehmen aus semantischen Technologien ziehen können, weitaus größer. Das hat verschiedene Gründe:

- In Unternehmensanwendungen haben wir es mit einer abgegrenzten Welt zu tun, die wir zumindest teilweise in einem semantischen Netz erfassen können. Produkte des Unternehmens, Themen etc. können mit endlichem Aufwand strukturiert werden. Darüber hinaus kann ein Unternehmens-Wissensnetz etwas

---

[9]Eine kleine Auswahl finden von Publikationen finden Sie im Anschluss (Davis et al. 2002, Stuckenschmidt u. van Harmelen 2004, Cardoso 2007). Aber auch das Thema *Semantik im Unternehmen* gewinnt erfreulicherweise an wissenschaftlicher Aufmerksamkeit – siehe z.B. Heuser (2006), Löw et al. (2007), un. Paschke et al. (2009).

über das Geschäft und damit die Aufgaben der Nutzer wissen, über Sinn und Zweck der Suche, die sie ausführen, über die weitere Verwendung der gefunden Information etc.
- Information und Informationsbereitstellung im Unternehmen hat einen anderen Qualitätsanspruch. Im WWW suche ich oft Informationen, die sich in einer Vielzahl von Quellen finden, jeder dieser Treffer ist gut, die Suchmaschine muss nur einen davon auf die erste Ergebnisseite zu bringen um erfolgreich zu sein.[10] Im Unternehmen suche ich meistens nach deutlich „selteneren" Informationen. Bei der Suche im WWW weiß ich nie, welche Information mir entgeht, ob das entsprechende Dokument gar nicht existiert oder ich es nur nicht finde. Im Unternehmen gibt es viele Situationen, in denen ich genau weiß, dass ein Dokument existiert. Unzulänglichkeiten der Suche werden hier viel eher offensichtlich.
- Im Unternehmen besteht die Möglichkeit, zentral zu strukturieren, d.h. bei dem, was wir an Ordnung schaffen Einigkeit herzustellen. Im WWW dagegen ist zentrale Strukturierung nur schwer vorstellbar – daher ist eines der wichtigsten Themen für das Semantic Web die nachträgliche Übersetzung zwischen unabhängig voneinander entwickelten semantischen Netzen: ein extrem schwieriges Thema, wenn die Übersetzung automatisch erfolgen soll.
- Die Anwendungen, die Unternehmen mit Semantik umsetzen, ziehen oft schon aus unvollständigen und unscharfen Modellierungen einen großen Nutzen. Wenn im Semantic Web dagegen Szenarien wie das Vereinbaren von Terminen etc. diskutiert werden, dann belastet diese Diskussion semantische Technologien mit einem enorm hohen Anspruch: nämlich die automatische Integration beliebiger Daten ohne Programmieren durch Modellierung zu ermöglichen.

Zusammenfassend können wir sagen: Im Unternehmen stiften semantische Technologien mit der Lösung einfacher Aufgaben schon einen großen Nutzen und finden für diese Aufgaben auch weit bessere Voraussetzungen vor als im WWW. Im Bereich Semantic Web besteht noch ein großer Forschungsbedarf. Themen wie semantische Auszeichnung von Internet-Angeboten, Verhandlung zwischen automatischen Services, Abbildung von semantischen Strukturen ineinander sind nur einige der vielen aktuell bearbeiteten Forschungsthemen.

2.9 Leichtgewichtige und schwergewichtige Netze

Je höher die Erwartungen daran, was das semantische Netz dabei leistet, desto höher ist der Aufwand das Netz aufzubauen und zu pflegen.

[10]Nehmen wir an, ich suche im WWW nach der Information, welchen Druck ich zur Zubereitung eines gelungenen Espresso brauche, und gebe zu diesem Zweck in Google „espresso druck bar" ein. Ich erhalte (Stand Juni 2009) ca. 19.000 Treffer, unter den ersten 100 finde ich 15 relevante Treffer, der überwiegende Rest preist Espressomaschinen an unter Angabe des maximalen Drucks, den das Gerät erzeugt.

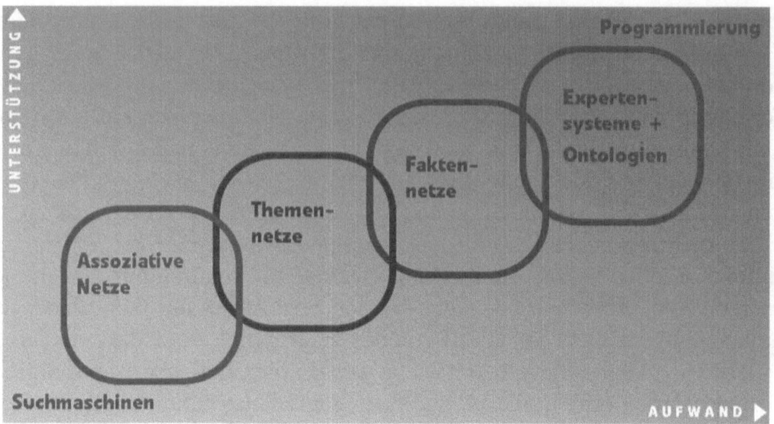

Abb. 2.11 Repräsentation von Wissen in verschiedenen Ausbaustufen[11]

Wir sprechen in diesem Zusammenhang auch von leichtgewichtigen und schwergewichtigen Modellen. Der Unterstützungsgrad kann dabei bei einer leichten Verbesserung einer Volltextsuche durch ein automatisch aufgebautes assoziatives Netz[12] beginnen. Themen- oder Faktennetze können hilfreiche Information aktiv anbieten, z.B. möglichen Problemlösungen in einer Helpdesk-Anwendung. Die Unterstützung von semantischen Netzen der Ausbaustufe *Expertensystem* bzw. *Ontologie* reicht bis zum selbstständigen Stellen einer korrekten Fehlerdiagnose. Dieses Verhalten wird heute in IT-Systemen nur durch Ausprogrammieren aller entsprechenden Anwendungsfälle erreicht. Mit diesen unterschiedlichen Ausbaustufen semantischer Netze werden wir uns in den nächsten Kapiteln beschäftigen.

2.10 Zusammenfassung – Grundlagen semantischer Netze

- Semantische Netze verknüpfen Information.
- Sie schränken uns dabei nicht auf eine Baumstruktur und die eindeutige Einordnung eines Objekts in eine Schublade ein. So können wir Themen zusammenhalten und Objektidentität wahren.

[11]Diese Abbildung geht zurück auf Gespräche mit Daniel Oberle. In seiner Originalfassung der Darstellung bringt ein höherer Unterstützungsgrad zudem eine stärke Spezialisierung und abnehmende Nutzerzahl mit sich – hier aus Gründen der Vereinfachung weggelassen.

[12]Ich habe den Begriff „assoziatives Netz" gewählt, um zu suggerieren, dass die Verknüpfungen in dieser Art semantischem Netz eine geringere Präzision und Verbindlichkeit besitzen. Beispiele und Bewertungen assoziativer Netze finden Sie im folgenden Kapitel.

- Semantische Netze sind eine Art Informationen zu repräsentieren, die sowohl von Menschen als auch von IT-Systemen bis zu einem gewissen Grad verstanden wird.
- Mit Hilfe semantischen Netzen können IT-Anwendungen einen Sinn für Dinge wie Abstraktion, Konkretisierung, Kontext, thematische Entfernung und Ähnlichkeit entwickeln und damit den Erwartungen der Nutzer bei der Informationssuche ein wenig näher kommen.
- Diese Basisfähigkeiten können wir mit Hilfe der Ableitungen potenzieren. In der Anwendung profitieren vor allem Funktionen wie Suche und Navigation.

Literatur

Berners-Lee T, Hendler J, Lassila O (2001) The Semantic Web. Scientific American, 279: 34–43

Cardoso J (2007) The Semantic Web Vision: Where Are We? IEEE Intelligent Systems, 22(5): 22–26

Davies J, Fensel D, van Harmelen F (2002) Towards the Semantic Web. Ontology-Driven Knowledge Management. John Wiley & Sons, New York

Fank M (1996) Einführung in das Informationsmanagement – Grundlagen, Methoden, Konzepte. Oldenbourg, München

Heuser L (2006) Das Business Web – eine zentrale Vision von SAP Research. Gesellschaft für Informatik. http://www.gi-ev.de/fileadmin/redaktion/Presse/Statement-Heuser- INFORMATIK2006.pdf

John M (2006) Semantische Technologien in der betrieblichen Anwendung. Ergebnisse einer Anwenderstudie, Technical Report, Fraunhofer FIRST, Berlin

Löw R, Kümmel K, Ruprecht J, Bleimann U, Walsh P (2007) Approaches for Personalised Knowledge Retrieval. Internet Research 17:49–60

Manske K, Leidig T, Heuser L (2007) The workplace of the future. In: ACM (Hrsg) MULTIMEDIA ′07: Proceedings of the 15th international conference on Multimedia

North K, Güldenberg S (2008) Produktive Wissensarbeit(er). Gabler Verlag, Wiesbaden 2008

Paschke A, Coskun G, Harasic M, Heese R, Luczak-Rösch M, Oldakowski R, Schäfermeier R, Streibel O (2009) Realizing the Corporate Semantic Web: Concept Paper, Freie Universität Berlin, Berlin. Verfügbar unter: http://www.inf.fu-berlin.de/publications/techreports/tr2009/B-09-05/TR-B-09-05.pdf (19.9.2009)

Quillian MR (1967) Word Concepts. A Theory and Simulation of Some Basic Semantic Capabilities. Behavioral Science 12:410–430

Sowa JF (1991) Principles of Semantic Networks. Explorations in the Representation of Knowledge. Morgan Kaufmann, San Mateo

Sowa JF (2000) Knowledge Representation. Brooks Cole Publishing, Pacific Grove

Stock WG, Stock M (2008) Wissensrepräsentation. Informationen auswerten und bereitstellen. Oldenbourg, München

Stuckenschmidt H, van Harmelen F (2004) Information Sharing on the Semantic Web. Springer, Heidelberg

Kapitel 3
Tagging und assoziative Netze

3.1 Tagging

Lassen Sie uns in die Übersicht über die verschiedenen Grade der semantischen Informationserschließung mit einer Vorstufe semantischer Netze einsteigen, dem Tagging von Informationen. Tags sind Schlagworte, mit denen beliebige Objekte charakterisiert werden können. Tags sind nichts grundsätzlich Neues, wir kennen sie als Teil einer klassischen Kombination aus jeder Bibliothek.[1] Hier sind die Bücher nach einer Aufstellungssystematik in Regale (= in Ordner) eingeordnet, daneben aber auch in einem Schlagwortkatalog verzeichnet (= mit Tags versehen). Diese Schlagworte werden entweder vom Verlag vorgeschlagen oder von einem Mitarbeiter der Bibliothek vergeben, der das Buch gelesen oder mindesten überflogen hat; als Dienstleistung für die Nutzer der Bibliothek.

Die Praxis der Verschlagwortung bzw. des Tagging erleichtert das Finden relevanter Informationen ungemein; besonders zwingend natürlich dort, wo die Gegenstände, die gefunden werden sollen, sich anderen Techniken wie etwa der Volltextsuche verweigern. Das ist z.B. der Fall bei einer der ersten und immer noch populärsten Anwendungen des Tagging, der Web-Bilddatenbank flickr,[2] hier wird eine sehr große Sammlung von Bildern erst dadurch handhabbar gemacht, dass diese *getagged* sind.

Das Neue am Tagging gegenüber dem Schlagwortkatalog der Bibliothek ist der dezentrale Charakter – nicht ein Redaktionsteam vergibt die Tags, sondern alle Nutzer einer Community. Entsprechend setzt das Tagging in der Frage der Qualität auf der Prinzip der *wisdom of crowds* (auch *crowdsourcing*): worauf sich eine Mehrheit von Nutzern bei der Vergabe von Tags einigen kann, ist bestimmt auch für eine Mehrheit von Nutzern bei der Suche gut. Dieser Ansatz hat allerdings seine Grenzen. Welche das sind, zeigt uns am besten ein Beispiel:

---

[1] Es ist im Übrigen bemerkenswert, wie selten Techniken, die sich seit Jahrzehnten in der Dokumentation und Bibliothekswesen bewährt haben, im Bereich Knowledge-Management Beachtung finden. Eine mögliche Erklärung könnte in der schwachen Position der Bibliothekswissenschaften als Wissenschaftsdisziplin liegen (siehe auch Simon 2004).

[2] www.flickr.com

K. Reichenberger, *Kompendium semantische Netze*, X.media.press,
DOI 10.1007/978-3-642-04315-4_3, © Springer-Verlag Berlin Heidelberg 2010

water **espresso machine** hot repair
coffee toaster **coffee machine** household
price cleaning button cup lever clean filter warm
fresh taste kitchen bread machine connect feature
nozzle **coffee maker** display steam baking soda pressure box
glass light mixer power brew function grinder blender tank
caffeine temperature quick fat sieve milk countertop cable power
light mug chopping machine press **coffee machines** heat lamp hold
spoon key crumb change pleasure warranty handle grind service
mixers **boiler** better-tasting plug cool toasters disconnect gourmet **coffe** smell
repeat expensive old-fashioned turn off

Abb. 3.1 Tag-Wolke eines Diskussionsforums rund um Küchengeräte, nach Verwendungshäufigkeit geordnet. Tags rund um das Thema Kaffeemaschinen finden sich je nach Häufigkeit an ganz verschiedenen Stellen der Liste (dunkel markiert)

Wie bei den Verzeichnisstrukturen im letzten Abschnitt gelingt es auch dem Tagging i.d.R. nicht Objektidentität herzustellen, wenn auch aus anderen Gründen: Hier nämlich finden Synonyme wie *Coffee Makers* und *Coffee Machines*, hier finden Einzahl, Mehrzahl und Schreibfehler nicht zueinander. Die Folgen sind ähnlich: Ein Nutzer steigt vielleicht mit dem Begriff *Coffee Machine* ein und weiß nicht, dass ihm wertvolle Dokumente entgehen, die aber mit *Coffee Maker* getagged sind. Dokumente mit Tags wie *Coffee Makers* (Plural) oder *Coffe* (Schreibfehler) sind wie falsch eingeordnete Bücher in einer Bibliothek – sie werden höchstens durch Zufall wiedergefunden. Dieses Problem ist untrennbar mit dem Ansatz verbunden, sich das Instrumentarium der Erschließung durch die Nutzer aufbauen zu lassen.

Dann wären für unseren Nutzer noch Beziehungen (z.B. zwischen *Coffee* und *Coffee Machine*) hilfreich, denen er auf Wunsch nachgehen könnte. Und schließlich würde eine Gruppierung der Tags, etwa in Getränke, Komponenten und Maschinentypen die Übersichtlichkeit und Eindeutigkeit erhöhen. Beides sind Instrumente, die uns das Tagging nicht ohne weiteres bieten kann.

Im Unternehmen stehen wir beim Einsatz von Tagging-Techniken vor einer weiteren Schwierigkeit: wir benötigen eine relativ große Anzahl von Nutzern, die sich aktiv beteiligen, um das Prinzip *crowdsourcing* nutzen zu können und über die Menge der Tags zu einer gewissen Qualität zu kommen. Nun gibt es Verfahren, die sich als Alternativen zum Tagging und sogar zu aufwändigeren Formen des Aufbaus semantischer Netze verstehen: Text-Mining-Verfahren, die automatisch Themen aus einem Bestand an Dokumenten herausziehen und diese auch untereinander verknüpfen. Das Resultat nennen wir ein assoziatives Netz, im Unterschied zu einem semantischen Netz im engeren Sinne.

3.2 Automatisch generierte assoziative Netze

Lassen Sie uns einen kurzen Blick auf das Prinzip dieser Verfahren werfen und dann an einem Beispiel feststellen, wie weit die Kernideen semantischer Netze in ihrer automatisch generierten Variante umgesetzt werden können.

3.2.1 Grundprinzip Cluster-Analyse

Grundlage des Aufbaus assoziativer semantischer Netze ist die Cluster-Analyse . Der Begriff *Cluster-Analyse* (auch *Clustering*) bezeichnet Verfahren, die Objekte nach ihren Eigenschaften gruppieren. Dieses Vorgehen ist in vielen Situationen naheliegend, z.B. wenn es darum geht, sich einen Überblick über ein unübersichtliches Produktangebot zu verschaffen. Hier ergeben sich sinnvolle Gruppen darüber, dass die Produkte in mehr oder weniger Eigenschaften (und bei manchen Eigenschaften zu einem höheren oder niedrigeren Grad) übereinstimmen. Bleiben wir bei den Kaffeemaschinen; hier gibt es Geräte mit Metallgehäuse, andere mit Kunststoffgehäuse, die mit Metallgehäuse haben ein höheres Gewicht und einen höheren Preis. Es gibt Maschinen, die mehrere Tassen Kaffee auf einmal zubereiten und zwei Filterbehälter sowie einen größeren Wassertank haben. Dadurch, dass Eigenschaften wie Gehäuse und Gewicht, Anzahl der Filterhalter und Größe des Wassertanks zusammenhängen, ergeben sich Cluster wie *gehobene Maschinen* vs. *einfache Maschinen*, *Geräte für gewerblichen Einsatz* etc.

Sind – wie in unserem Fall – die Objekte Dokumente, bestimmt sich ihre Ähnlichkeit über gemeinsam vorkommende Wörter. Die vorkommenden Wörter als *Eigenschaften* eines Dokuments zu verstehen, ist nicht ganz selbstverständlich, die Idee dahinter ist allerdings genau so einfach: Dokumente, die viel Vokabular teilen, sind wahrscheinlich thematisch ähnlich.[3] Was haben wir davon, wenn wir Dokumente nach dieser Art von Ähnlichkeit gruppieren? Die klassische Anwendung der Dokumentenähnlichkeit im Information Retrieval baut auf folgender Überlegung auf: Die Nutzer haben es bei ihren Suchen oft mit größeren Mengen von Dokumenten zu tun. Wenn sie nun bei jedem einzelnen Dokument prüfen müssen „ist das für meine Frage relevant oder nicht?“, ist das sehr zeitaufwändig. Sind die Dokumente sinnvoll gruppiert, kann der Nutzer sich auf Basis der Gruppen für die eine oder andere Richtung entscheiden. Eine Suche im Web nach *Espressomaschine* wird beispielsweise Hunderttausende von Treffern liefern; wenn die Suchmaschine Gruppen bildet wie *Kauf einer Espressomaschine*, *Reparatur* oder *Funktionsweise* kann das sehr nützlich sein. Genauso wie die Gruppierung nach Typen von Espressomaschinen – *Automatische Maschinen* vs. *Manuelle Maschinen.*

Um ihr Wissen um die Gruppierung von Dokumenten dem Nutzer sinnvoll anbieten zu können, müssen Cluster-Analyse -Verfahren es auch in Begriffe packen und die Cluster sinnvoll benennen. Zunächst kennt das Verfahren alle Dokumente des Clusters und eine Auswahl der signifikantesten Begriffe; das sind aber viel zu viele um sie als Namen zu benutzen. Benennungsstrategien für Cluster sind ein Ausbau der eigentlichen Cluster-Analyse und bieten eigene Herausforderungen.[4]

---

[3] Der Vergleich wird in der Praxis nicht mit allen Wörtern aller Dokumente durchgeführt – welche Auswahl in den Vergleich mit einbezogen wird, ist das Geschäftsgeheimnis der verschiedenen Clustering-Verfahren am Markt.

[4] Siehe z.B. Mao (2006).

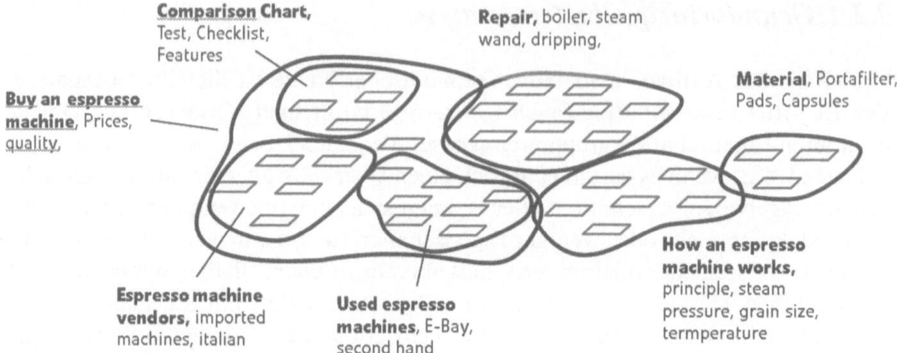

Abb. 3.2 Idealisiertes Beispiel für die Clusterbildung von Dokumenten auf Basis gemeinsamen Vokabulars (aufgeführt sind die für den Cluster charakteristischen Begriffe, in fetter Schrift die Benennung des Clusters)

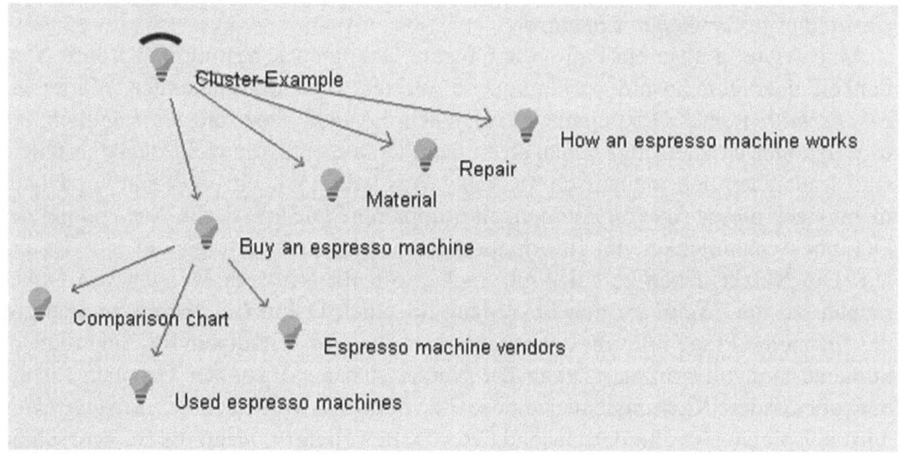

Abb. 3.3 Cluster aus Abb. 3.2, übernommen in ein semantischen Netz

Wenn wir nun die Cluster-Analyse auf der Gesamtmenge der zu erschließenden Dokumente ausführen und die Ergebnisse unabhängig von einer Nutzerfrage festhalten, sind wir beim automatischen Aufbau semantischer Netze.

Abbildungen 3.2 und 3.3 zeigen ein idealisiertes Beispiel zur Erläuterung des Prinzips der Cluster-Analyse. Die Cluster, die automatische Verfahren erzeugen, fallen nicht immer so ideal aus wie in diesem Beispiel. Um einen Eindruck von der zu erwartenden Qualität zu bekommen und auch vom Aufwand, den es bedeuten kann, ein solches Netz zu bereinigen, sollten wir uns noch ein automatisch durch eine *clustering engine* erzeugtes Netz anschauen.[5]

[5]Das Beispiel wurde im April 2009 mit der clustering engine clusty (www.clusty.com) durch die Eingabe des Suchbegriffs „espresso machine" generiert. Wie oben erwähnt, gibt es viele Cluster-Verfahren; andere Verfahren werden für dieses Beispiel andere Ergebnisse liefern. Mit diesem

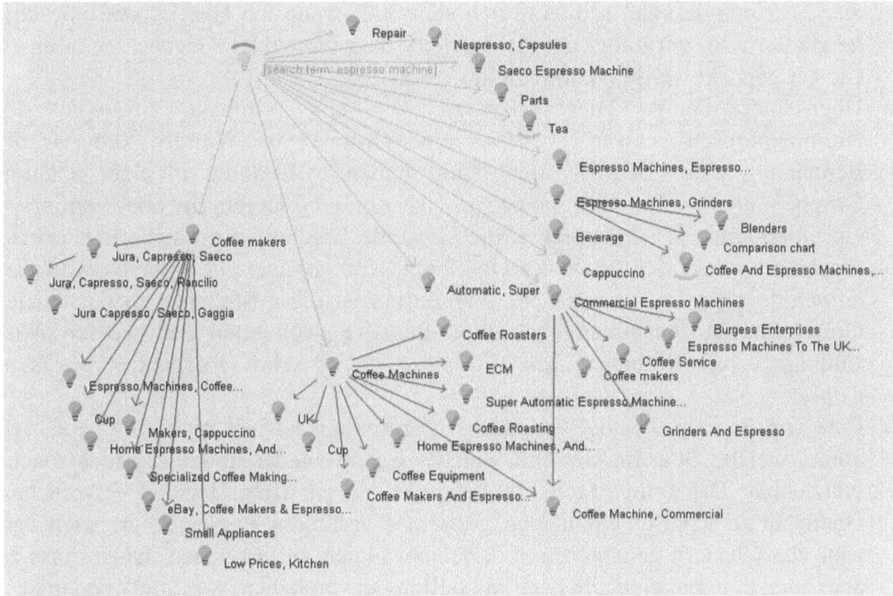

Abb. 3.4 Automatisch generiertes Netz (Die Dokumentmenge wurde ausgehend vom Suchbegriff *espresso machine* zusammengestellt)

Positiv fällt zunächst auf: fast alle Begriffe sind spezifisch für das Themenumfeld *espresso machine*. Aber sind sie auch hilfreich? Das Netz ist eher unübersichtlich, alles kommt doppelt und dreifach vor, woran liegt das?

- Es fehlt das Zusammenführen von Formulierungsvarianten – *Coffee Makers* mit *Coffee Machines* ev. auch *Coffee Equipment*, sowie *Espresso Makers* mit *Espresso Machines*.
- Aber auch die Abgrenzung von Begriffen ist problematisch: Auf der einen Seite ist es eine nicht zu unterschätzende Leistung, herauszubekommen, dass *Coffee* und *Maker* nicht zwei Begriffe sind, sondern zwei Teile eines Begriffs. Ohne diese Leistung wäre das Ergebnis nicht brauchbar. Auf der anderen Seite schießt das Verfahren offenbar gerne über das Ziel hinaus. Wir finden viele Aufzählungen: *Jura, Caprese, Saeco*, und einige zusammengewürfelte Begriffe *Grinders And Espresso* oder *Coffee And Espresso Machines, Grinders*.
- Ein besonders interessanter Fall ist der Cluster *Home Espresso Machines, And Commercial*. Die Unterscheidung in Geräte für Endverbraucher und Geräte für

Beispiel und im Rahmen dieses Kompendiums können wir unmöglich allen Verfahren gerecht werden. Wir haben uns bei den Schwierigkeiten und Grenzen automatischer Verfahren, die wir im Folgenden aufführen, auf die Punkte konzentriert, die grundsätzlicher Natur sind und bei allen Verfahren auftreten werden, die semantische Netze rein aus Dokumentbeständen heraus aufbauen.

die Gastronomie kann sehr hilfreich sein, z.B. wenn ich eine Espressomaschine kaufen will, wird aber gerade dadurch, dass die beiden Gegensätze in einen Cluster gepackt werden, komplett ausgehebelt.[6]
- Über-Unterordnung: Hier erkennen wir eine einfache Strategie der Nominalphrasen-Analyse[7] – Wenn eine Gruppe von Wörtern, die wir als Benennung eines Begriffs identifiziert haben, vollständig in einer anderen Gruppe enthalten ist, dann handelt es sich um den Oberbegriff oder zumindest ein Oberthema.[8] Eine Strategie, die sinnvolle Ergebnisse produziert: *Espresso machine* wird so richtigerweise Oberthema von *commercial espresso machine*, *automatic espresso machine* etc. Vermutlich ist diese Strategie aber auch der Grund für die zusammengewürfelten Begriffe. Auf jeden Fall werden Aufzählungen zum Problem: *Jura, Capresso, Saeco* wird Oberthema von *Jura, Capresso, Saeco, Rancilio.*
- Eine wirklich stringente Über- und Unterordnung ist hier nicht gelungen, vor allem, welche Begriffe sich auf welcher Ebene wieder finden, ist nicht nachvollziehbar. Das bringt auch Mengenprobleme mit sich: Um das Versprechen Übersicht zu schaffen einzulösen, sollte das Verfahren zu einer begrenzten Anzahl von Clustern gelangen und darf nicht gleich zu tief gehen. Dazu muss es aber zuerst einmal eine adäquate Vorstellung davon haben, was „tief" bedeutet.

All dies sind weniger Unzulänglichkeiten eines konkreten Verfahrens als grundsätzliche Limitierungen einer automatischen Textanalyse. Teilweise erkennen wir widerstreitende Ziele, teilweise liegt die Schwierigkeit darin, zu beurteilen, wann eine Operation wie z.B. die Zusammenfassung zu Mehrwort-Begriffen sinnvoll angewendet werden kann. Hier liegt sicherlich noch Verbesserungspotential. Dann gibt es aber noch einige Dinge, die wir auf keinen Fall von automatischen Verfahren erwarten können:

- Verknüpfungen, z.B. zwischen *Repair* und *Part* oder zwischen *Automatic Espresso Machines* und den Espresso-basierten Getränken wie *Cappuccino.*
- Zusammenfassungen von Begriffen, ohne dass der zusammenfassende Begriff selbst ein häufig vorkommendes Wort wäre. In unserem Beispiel wäre z.B. ein Begriff wie *Hersteller* oder *Marke* sinnvoll, um *Jura*, *Capresso*, *Saeco* etc. zu gruppieren.

Wir finden also sowohl beim Tagging als auch bei den automatisch aufgebauten Netzen eine relativ gute Relevanz der Begriffe. Offenbar ist die Häufigkeit des

---

[6]Es ist leicht vorstellbar, wie es dazu kommt: Nur in Texten, in denen es um beide Gerätetypen geht, besteht auch ein großer Bedarf nach sprachlicher Abgrenzung, also werden sie auch nur in diesen Texten häufig explizit genannt werden: „in diesem Absatz geht es um *home espresso machines*, jenes Feature gibt es nur bei *commercial machines* usw". D.h. gerade Begriffe, die Gegensätze oder verschiedene Fälle voneinander abgrenzen, kommen oft zusammen vor und werden in der Clusteranalyse zusammengeworfen.

[7]Eine der etabliertesten Strategien der Extraktion von Objekten und Fakten aus unstrukturierten Texten. Siehe (Rostek 1979).

[8]An eine Oberbegriffsrelation haben wir strenge Anforderungen (siehe Abschn. 5.1), die wir bei assoziativen Netzen nicht anlegen können.

Vorkommens tatsächlich ein recht guter Ansatzpunkt um Wichtiges von Unwichtigem zu trennen. Das Tagging hat sicherlich die bessere Abgrenzung von Begriffen: So lange die Interaktion eine klare Trennung zwischen den einzelnen Tags erlaubt, sind Mehrwortbegriffe beim Tagging keine Schwierigkeit – zusammengewürfelte Begriffe werden die Nutzer ohnehin kaum eingeben. Was weder das Tagging noch die Cluster-Analyse leisten, sind Herstellung von Objektidentität und systematischer Aufbau von Hierarchien und Vernetzung.

3.2.2 Statistisches Text-Mining – Kookkurrenzen

Zum Aufbau von Hierarchien und Vernetzung gibt es eine ganze Reihe von Ansätzen. Während aber Cluster-Analyse von Dokumenten inzwischen eine etablierte Technologie ist, sind weitergehende Verfahren zum Aufbau semantischer Netze noch zum Großteil Forschungsthema.

Zwei Ansätze möchte ich herausgreifen. Es liegt nahe, Verbindungen im semantischen Netz daraus abzuleiten, welche Worte im Text häufig zusammen vorkommen. Das Problem dabei: Gerade Begriffe, die semantisch sehr nahe beieinander liegen, kommen i.d.R. nicht **zusammen** vor, sondern **alternativ**. In dem Satz „Betreiben Sie die Kaffeemaschine immer nur mit kaltem Wasser" können wir beispielsweise **statt** *Kaffeemaschine* auch *Gerät*, *Maschine*, *Espressomaschine* oder *Kaffee-Vollautomat* einsetzen, nicht aber **zusätzlich**. Daher arbeiten die in der Wissenschaft aktuell diskutierten Verfahren mit Kookkurrenzen. Hier wird nicht direkt gefragt „kommen zwei Wörter zusammen vor?" sondern es wird das „Vorkommen zweiter Ordnung" betrachtet: Kommen zwei Wörter häufig in der gleichen Umgebung vor, werden sie im semantischen Netz verknüpft.

Besonders vielversprechend sind dabei Ansätze, die auf den Ausbau des semantischen Netzes zielen anstatt auf der grünen Wiese anzufangen und sich die speziellen Möglichkeiten dieser Situation zu Nutze machen. So schlägt z.B. Andreas Faatz vor, Kookkurrenzverfahren mit den existierenden Verknüpfungen im semantischen Netz zu „trainieren" (Faatz 2004): Nehmen wir an, wir haben in einem semantischen Netz die eine ganze Reihe verwandter Begriffe wie *Repair* und *Part* miteinander verknüpft. Diese Begriffe kommen natürlich ebenfalls in den Texten vor. Wenn wir nun das Analyse-Verfahren so einstellen, dass es die Beziehung zwischen *Repair* und *Part* aus ihrer textuellen Nähe erster oder zweiter Ordnung ermittelt (und möglichst auch alle weiteren von Hand modellierten Verknüpfungen), dann wird es hoffentlich auch sinnvolle neue Vorschläge machen.

3.3 Nutzungsmöglichkeiten und Bewertung

Die typische Anwendung assoziativer Netze ist die semantische Suche, bzw. die Verfeinerung der Suche, indem das semantische Netz weitere Begriffe automatisch mit einbezieht um auch alternative Formulierungen zu finden oder Begriffe vorschlägt, mit denen die Nutzer ihrer Anfrage eine neue Richtung geben können.

Natürlich können wir auch die Ähnlichkeit zwischen den Dokumenten, die ja Grundlage des *clustering* ist, direkt ausnutzen und den Anwendern zu einem Dokument, das ihre Suchkriterien schon gut trifft, ähnliche Dokumente anbieten. Realisieren wir diese Funktionalität auf der Basis der zugewiesenen Tags, ist es unerheblich ob diese aus der Cluster-Analyse oder dem Tagging kommen: Dokumente, die einen hohen Überdeckungsgrad in den zugeordneten Begriffen haben, können als ähnliche Dokumente angeboten werden.

Die Visualisierung eines assoziativen Netzes als Orientierung für den Nutzer bietet sich weniger an. Wie wir schon an unserem kleinen Beispiel sehen, gibt es im assoziativen Netze zu viele Irrwege: Verbindungen, die der Nutzer nicht nachvollziehen kann oder Äste, die ins Leere führen.

Eine weitere Schwierigkeit bringen Cluster-Analyse-Verfahren im praktischen Einsatz mit: Ihr Resultat ist eine ad hoc erzeugte, dynamische Struktur, nur gültig für eine Suche. Schon bei kleinen Änderungen im Dokumentenbestand kann das *clustering* radikal anders ausfallen – das ist oft nicht erwünscht.

In wie weit entfernen wir uns mit dem *clustering* schon von der einzelnen Formulierung und damit von der typischen Leistung einer Volltextsuche? Die Cluster-Analyse beruht auf einer ganzheitlichen Auswertung des Textes, nicht nur die Begriffe, die nachher den Namen des Clusters ausmachen, werden dabei betrachtet. Umgekehrt versucht das Clustering eine Vorstellung von der Bedeutung eines Wortes in einem Text bzw. einer Menge von Texten zu entwickeln und aus allen Wörtern, die mehr oder weniger zufällig im Text vorkommen, die charakteristischen herauszudestillieren. Isoliert, ohne die Dokumente betrachtet, überzeugt das Ergebnis nur bedingt. Die wichtige Leistung und große Stärke der Cluster-Analyse und des Tagging bleibt es die charakteristische Begriffe aus einem Dokument zu extrahieren und vom Zufälligen zu trennen. Diese Stärke können statistische Text-Mining-Verfahren allerdings noch besser bei der reinen Einordnung von Dokumenten in ein existierendes semantisches Netz (s. Kapitel 10, Erschließung von Dokumenten) ausspielen. Hier haben *clustering*- und Tagging -Techniken auf jeden Fall ihre Berechtigung.

3.4 Zusammenfassung – Tagging und assoziative Netze

- Die Funktion von Tags deckt sich zu einem Teil mit den Fähigkeiten semantischer Netze: Beide Ansätze qualifizieren Dokumente oder andere Inhalte, indem sie Themen explizit machen.
- Dort, wo Dokumente erschlossen werden sollen, können wir auch Cluster-Analyse-Verfahren nutzen. Cluster sind zunächst nur Gruppen von Dokumenten mit gemeinsame Themen, durch die Benennung eines Clusters bekommen wir ebenfalls ein Erschließungsinstrument. Cluster werden dynamisch gebildet, können aber auch zu assoziativen Netzen verfestigt werden.

- Die Stärke von Tagging und assoziativen Netzen ist der geringe manuelle Aufwand. Die Schwächen liegen in der Qualität, vor allem bei der Begriffsbildung und -abgrenzung sowie der Wahrung von Objektidentität.

Literatur

Barbosa D. (2008) Taxonomy Folksonomy Cookbook. Dow Jones, New York. Verfügbar unter: http://solutions.dowjones.com/cookbook/ebook_sla2008/cookbookebook.pdf (25.9.2009)

Faatz A (2004) Ein Verfahren zur Anreicherung fachgebietsspezifischer Ontologien durch Begriffsvorschläge. Dissertation, TU-Darmstadt. Verfügbar unter: http://elib.tu-darmstadt.de/diss/000505/diss_deutsch.pdf (2.5.2009)

Faatz A, Steinmetz A (2004) Ontology Enrichment Evaluation. In: Motta E, Shadbolt N, Stutt A, Gibbins N (Hrsg) Engineering Knowledge in the Age of the SemanticWeb. Springer, Heidelberg

Manning CD, Schütze H (1999) Foundations of Statistical Natural Language Processing. MIT Press, Cambridge

Mao J (2006) US Patent 7031909 – Method and System for Naming a Cluster of Words and Phrases

Rostek L (1979) Methoden des partiellen Parsings für das automatische Indexing – Syntaxgraphen zur Analyse von Sprachmustern. In: Kuhlen R (Hrsg) Datenbasen – Datenbanken – Netzwerke. Praxis des Information Retrieval. Saur, München

Simon T (2004) Die Positionierung einer Universitäts- und Hochschulbibliothek in der Wissensgesellschaft: eine bibliothekspolitische und strategische Betrachtung. Universität Potsdam, Dissertation

Witschel HF (2004) Text, Wörter, Morpheme – Möglichkeiten einer automatischen Terminologie-Extraktion. Vortrag, Universität Leipzig, Institut für Informatik, Leipzig. Verfügbar unter: http://wortschatz.uni-leipzig.de/~fwitschel/papers/GLDVPreis.pdf (25.9.2009)

Witte R, Mülle J, Hrsg (2006) Text Mining: Wissensgewinnung aus natürlichsprachigen Dokumenten. Interner Bericht Universität Karlsruhe (TH), Karlsruhe

Kapitel 4
Ausbaustufe Themennetz

Wir haben im letzten Abschnitt gesehen, wie weit wir mit automatischen Techniken kommen können, aber auch wo die Grenzen liegen. Ein Themennetz strebt im Wesentlichen dieselbe Modellierungstiefe wie ein assoziatives Netz an. Es möchte genauso die wichtigsten Themen eines Gebiets erfassen und untereinander vernetzen, erhebt aber den Anspruch, die Defizite der automatischen Verfahren zu überwinden – um den Preis intellektueller Arbeit. Wie sieht es aus, wenn wir Themen korrekter, vollständiger und strukturierter abbilden? Was bringt es dem Nutzer und wie viel Arbeit müssen wir dafür aufwenden? Diese Fragen werden uns im kommenden Abschnitt beschäftigen.

4.1 Kernideen von Themennetzen

Um die Kernideen eines Themennetzes kennen zu lernen, haben wir das automatisch generierte Netz aus Abb. 3.4 von Hand als Themennetz aufgebaut.

Im letzten Kapitel haben wir beobachtet: Assoziative Verfahren konnten gut neue Themen identifizieren, die Schwächen lagen in Begriffsbildung, in Querbezügen und erst recht in der korrekten hierarchischen Einordnung der Themen. In diesem Beispiel sehen wir, wie in einem manuell aufgebauten Netz

- Begriffe zusammengehalten werden trotz unterschiedlicher Formulierungen (*Espresso Machines, Espresso Makers*)
- Begriffe abgegrenzt werden, statt mehrere Begriffe in Aufzählungen zu verketten... (*Espresso Machine* und *Coffee Grinder* vs. *Espresso Machines Grinder* im assoziativen Netz)

K. Reichenberger, *Kompendium semantische Netze*, X.media.press,
DOI 10.1007/978-3-642-04315-4_4, © Springer-Verlag Berlin Heidelberg 2010

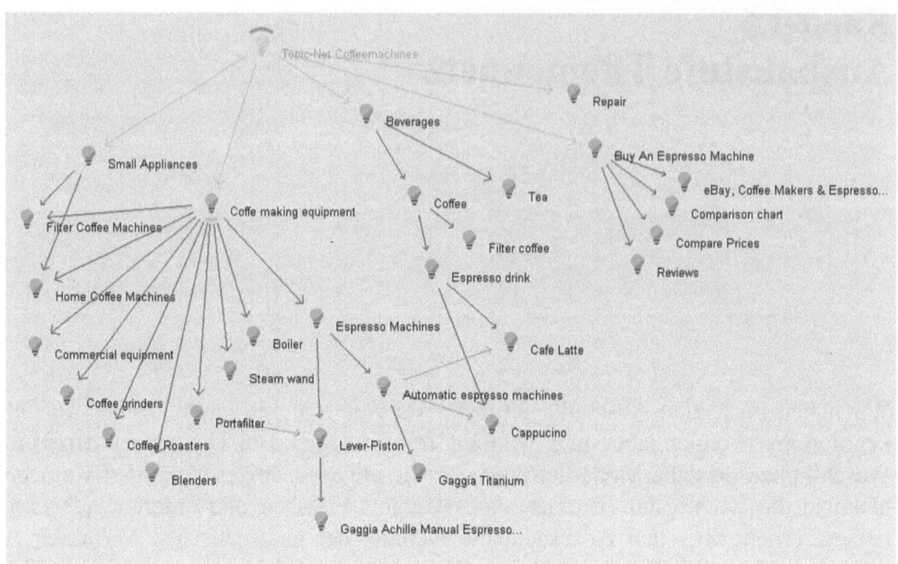

Abb. 4.1 Beispiel eines Themennetzes[1]

- Begriffe, die die Menge der Espressomaschinen unterteilen, voneinander getrennt werden und immer auch ihren Gegenbegriff mitbringen (Espressomaschinen-Typen, etwa *Automatic* oder *Lever Piston*[2])

Diese Leistungen erscheinen uns selbstverständlich, und sie sind es auch – für einen Menschen wäre es schwieriger diese Dinge falsch zu machen als richtig. Neben solchen inhärenten Eigenschaften von Menschen gebauter Ordnungs- und Begriffssysteme finden wir in diesem Beispiel aber auch anspruchsvollere Modellierungskonstrukte:

- Querbezüge: Cappuccino und Cafe Latte sind mit dem Maschinentyp verknüpft, der diese Getränke herstellt, der Portafilter ist mit den Lever-Piston-Maschinen verbunden etc.
- Ober-, Unterordnung und Abstraktion: Im Themennetz unterscheiden wir auf einer oberen Ebene zunächst zwischen grob unterschiedlichen Richtungen und führen Details wie z.B. die einzelnen verschiedenen Hersteller und Produkte erst auf den Ebenen darunter auf. Im automatisch generierten Netz dagegen haben wir sehr heterogene Begriffe nebeneinander gefunden.

---

[1] Die beiden Produkte *Gaggia Titanium* und *Gaggia Achille Manual Espresso* stehen stellvertretend für eine beliebige Anzahl von Produkten.

[2] Das sind die Maschinen, bei denen der zur Zubereitung nötige Druck mit Hilfe eines Hebels vom Nutzer aufgebracht wird. I.d.R. geht damit eine einfach abnehmbare Filtereinrichtung einher, die bei jedem Kaffee neu vom Nutzer gefüllt wird, der sog. Portafilter.

4.2 Nutzungsmöglichkeiten

Die wesentliche Leistung und das Versprechen von Themennetzen ist das, was wir im letzten Abschnitt so schmerzlich vermisst haben: das Herstellen von Objektidentität. Egal an welchem Punkt des Netzes wir als Nutzer stehen, dieser Punkt repräsentiert ein Thema, und zwar vollständig. Hier finden wir alle Informationen zum Thema: Dokumente, Ansprechpartner, verbundene Themen etc. Daher auch das Augenmerk, das wir bei Themennetzen auf Zusammenhalten und Abgrenzen der Begriffe legen.

Genutzt werden Themennetze oft, um Dokumente oder in größeren Mengen anfallende „Bewegungsdaten“ wie z.B. Support-Vorfälle zu erschließen. Das ist vor allem hilfreich bei Suchsituationen einer gewissen Komplexität bzw. Unschärfe, wie wir sie gerade in Unternehmen häufig antreffen. So haben die Nutzer vielleicht zunächst nur eine vage Vorstellung von dem, was sie suchen oder sie haben Anhaltspunkte, über die sie sich erst an ihr Ziel heranarbeiten müssen („wir hatten doch schon mal ein Problem mit der Entkalkung des Heizkessels...“). Hier erlaubt das semantische Netz dem Nutzer, sich einem Thema über jede seiner Verknüpfungen zu nähern. Oft verschränken sich dabei Navigation und Suche: Nutzer treffen auf einer sehr hoch aggregierten Themenebene Richtungsentscheidungen, orientieren sich und informieren sich über Zusammenhänge. Erst dann, wenn sie inhaltlich beim richtigen Thema angekommen sind, tauchen sie in die Details der Dokumente ab.

Voraussetzung dafür, diese Orientierung zu bieten, ist eine gewisse Qualität des Themennetzes. Wir müssen uns der Objekte und ihrer Verknüpfungen so sicher sein, dass wie sie dem Nutzer als gültige Zusammenhänge präsentieren können. Das konnten wir bei assoziativen Netzen noch nicht. Dort konnten wir uns vorstellen, dem Nutzer eine Liste mit Vorschlägen potentiell relevanter Dokumente oder zusätzlicher Suchbegriffe anzubieten – dass diese über eine Mischung aus korrekten und fragwürdigen Verbindungen ermittelt wurden, war akzeptabel, solange im Mittel brauchbare Vorschläge herauskamen. Dem Nutzer alle automatisch gezogenen

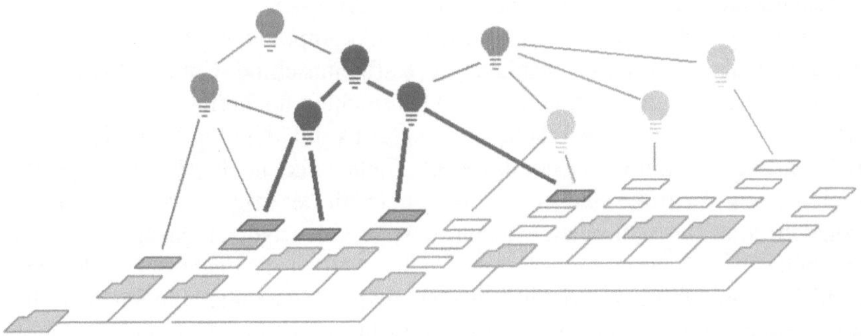

Abb. 4.2 Thematischer Zugang zu Dokumenten, unabhängig von ihrem Aufbewahrungsort

Verbindungen direkt z.B. in einer Visualisierung zu zeigen erscheint uns nicht ratsam („Coffee machines *ist Oberbegriff von* cup“, „Espresso Machines, Grinders *ist Oberbegriff von* Comparison Chart“). Hier gibt es einfach zu viele Irrwege. Bei Themennetzen kann nun die Visualisierung der vernetzten Strukturen, ein wichtiges Hilfsmittel für eine dokumentunabhängige Orientierung und Navigation, erstmals sinnvoll eingesetzt werden.

Auch in der Kombination mit der Suche ist Objektidentität und eine nachvollziehbare Vernetzung wichtig. Dann nämlich, wenn die Erwartungen der Nutzer gar nicht zur Funktionsweise einer Suchmaschine passen. Das passiert regelmäßig, wenn die Nutzer der Universal AG z.B. nach dem Produkt *Kaffeemat 2000* suchen – in der Vorstellung der meisten Nutzer sollte das Produktdatenblatt der erste Treffer in der Ergebnisliste sein. Hier hat die Suchmaschine ganz andere Ideen; ihr Ranking basiert auf der Häufigkeit des Vorkommens der Suchbegriffe im Text. Da kann es leicht vorkommen, dass ein anderes Dokument das Datenblatt überflügelt. Oft denken die Nutzer auch in Gruppen oder Paketen von Dokumenten – z.B. das Vertriebspaket für die Kaffeemat 2000 mit Flyer, Datenblatt, Poster und Kurzversion der Bedienungsanleitung. Diese vier Dokumente möchten sie im Suchergebnis dann gerne gruppiert sehen – ebenfalls eine Anforderung, die einer Suchmaschine fremd ist. Hier kann das semantische Netz nachvollziehbare, redaktionell betreute Strukturen liefern, die sich auf der anderen Seite aber auch mit der Suche kombinieren lassen.

Wie eine solche Kombination funktioniert, sehen wir an einem anderen Fall: Wenn die Nutzer nach Begriffen suchen wie *Elektronikkomponenten* oder *Haushaltsgeräte*, dann ist es sehr wahrscheinlich, dass sie diese Begriffe als Sammelbegriffe verstehen, also Themen unterhalb von *Elektronikkomponente* und *Haushaltsgerät* ebenfalls relevant sind. Für eine konventionelle Volltextsuche ist *Haushaltsgeräte* aber nur eine Zeichenkette, nicht eine Menge von Produkten mit eigenen Namen und Eigenschaften. Ein semantisches Netz kann hier der Volltextsuche auf die Sprünge helfen, indem es die Begriffe *Toaster, Bügeleisen, Kaffeemaschine* etc. dazuliefert. Gleichzeitig kann das semantische Netz Unterbegriffe von Elektronikkomponente auflisten, idealerweise aber nur diejenigen, die eine Verbindung zu einem Haushaltsgerät haben. Wie sich so etwas in einem Themennetz darstellt, sehen wir beispielhaft in Abb. 4.3.

Bei der Frage nach „Erfahrung mit Elektronikkomponenten in Haushaltsgeräten“ werden wir also mit dem Display der Kaffeemaschine Crema 2010 (C2010-Mehrzweck-LED) und den zugehörigen Dokumenten hochrelevante Treffer liefern. Treffer, die eine reine Volltextsuche nicht liefern kann, denn in diesen Dokumenten wird höchstwahrscheinlich weder das Wort „Elektronik“ noch „Haushaltsgerät“ vorkommen. Diese Begriffe sind viel zu allgemein für derartig technische Dokumente – trotzdem sind die Dokumente genau das, was der Nutzer gesucht hat. Umgekehrt sollte die Suche es den Nutzern auch erlauben, mit sehr speziellen Fragen einzusteigen und sollte von da aus zu allgemeinen Zusammenhängen abstrahieren können. Suchen die Nutzer z.B. Ventile zum Einsatz in einer Kaffeemaschine, kann das semantische Netz ihnen alle Ventile vorschlagen, die zum Einsatz im Lebensmittelbereich geeignet sind. Hier ist ebenfalls eine Abstraktionsleistung gefragt, nur

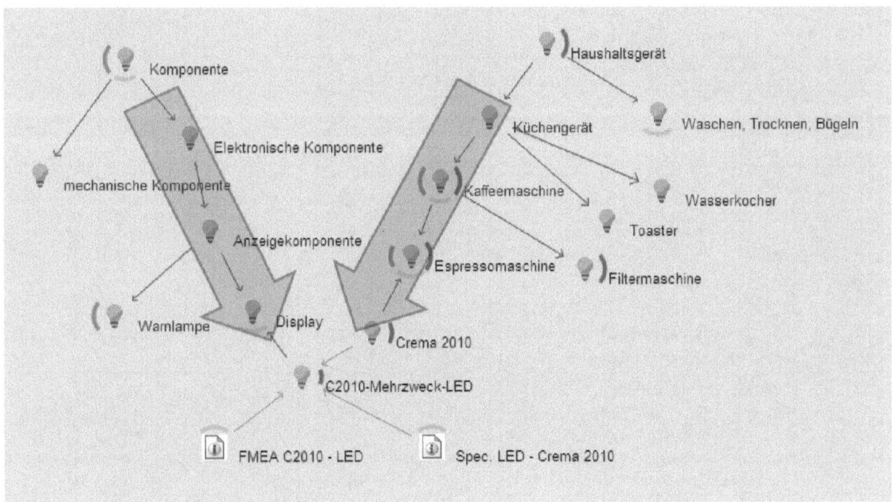

Abb. 4.3 Strategie der semantischen Erweiterungen

diesmal in die andere Richtung. Hier sind die Dokumente allgemein gehalten – wer die Anforderungen an Lebensmitteltauglichkeit technischer Komponenten definiert, wird kaum alle Arten von Lebensmitteln aufzählen – und die Anfrage des Nutzers sehr spezifisch.[3]

Auch in der Berechnung von Ähnlichkeiten kann ein Themennetz mehr anbieten als seine automatisch generierten Verwandten. Da das Themennetz in seiner Entstehung nicht so eng an Dokumente gebunden ist, bietet es sich eher dafür an, um auch zwischen anderen Objekten, die mit Themen ausgezeichnet sind, Ähnlichkeiten herzustellen – z.B. zwischen Fehlerfällen oder Projekten. Ein Themennetz geht zudem bei der Ermittlung von Ähnlichkeiten weitere Wege und ist robuster. Ähnlichkeit ist hier endgültig nicht mehr eine Frage ähnlicher Wortwahl, sondern wird über strukturelle Zusammenhänge ermittelt. So bringt das Themennetz Fehler, die mit *espresso machine* ausgezeichnet wurden mit solchen zusammen, die *espresso makers* als Schlagwort haben. Oder es liefert zu einem Fehler bei der Gaggia Titanium, vor allem Hinweise zu *automatic espresso machines* und nicht solche zu Filtergeräten.

Auch hier spielt wieder die Nachvollziehbarkeit und die Qualität des semantischen Netzes eine große Rolle: Die Ähnlichkeiten, die ein Themennetz ermittelt, kann es auch erklären, z.B. visuell durch grafische Darstellung eines entsprechenden Netz-Ausschnittes.

Zusammenfassend können wir sagen: Themennetze sind die erste Ausbaustufe semantischer Technologie, die sich von einer spezifischen Formulierung löst und den Gehalt einer Information berücksichtigen kann. Eine besondere Rolle spielt dabei die Fähigkeit zu Abstraktion und Konkretisierung in der Interaktion mit dem Nutzer.

---

[3] Für eine Vertiefung des Themas Semantische Suche siehe (Knorz u. Rein 2005).

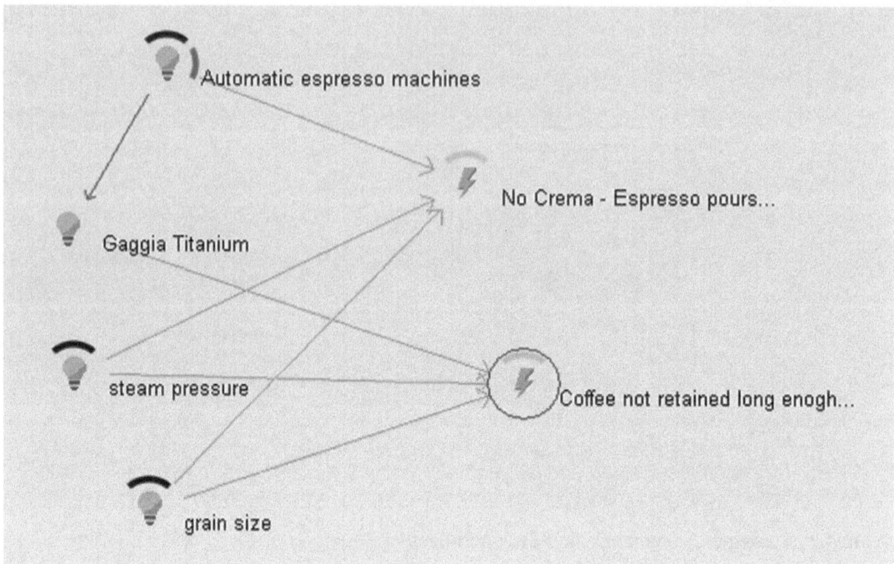

Abb. 4.4 Ähnliche Fehler finden trotz geringfügig anderer thematischer Einordnung zueinander

4.3 Aufbau und Quellen

Im Gegensatz zu assoziativen Netzen, die untrennbar mit der Quelle Text-Mining, speziell der Cluster-Analyse verbunden sind, nutzen Themennetze meist eine ganze Reihe von Quellen zu ihrem Aufbau. Die grundlegenden Aufgaben und Entscheidungen, die dabei anfallen, haben wir schon kennengelernt: Das Identifizieren neuer Begriffe, die es wert sind, ins semantische Netz aufgenommen zu werden sowie die Abgrenzung und Zusammenführung von Begriffen. Als anspruchsvollere Aufgaben hatten wir die Verknüpfung der Begriffe untereinander und ihre Einordnung in eine Hierarchie identifiziert.

Die zur Verfügung stehenden Quellen und Techniken sind für diese Aufgaben in unterschiedlichem Maße geeignet – in der folgenden Abbildung sehen wir zunächst einen groben Überblick, wobei die Techniken nach dem Aufwand, den sie verursachen, geordnet sind.

4.3.1 Text-Mining: Cluster-Analyse

Die Leistungen der Cluster-Analyse (allgemeiner auch „Text-Mining"),[4] mit denen wir uns im letzten Abschnitt beschäftigt haben, können einen ersten Schritt beim

[4]Wir werden im folgenden Abschnitt neben dem Clustering weitere Text-Mining-Techniken kennenlernen.

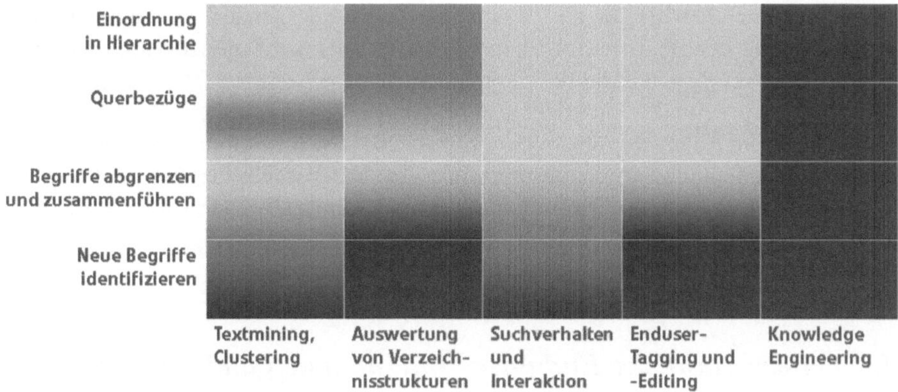

Abb. 4.5 Die verschiedenen Quellen für Themennetze und ihr Profil

Aufbau eines Themennetzes darstellen – die Cluster-Analyse kann aus den Begriffen, die in den Dokumenten vorkommen, eine relevante Auswahl treffen und ist auch in der Lage, das Aufkommen neuer Begriffe zu registrieren. Die Defizite bei Abgrenzung und Zusammenführung von Begriffen werden wir allerdings auf anderem Weg ausgleichen müssen.

Das Materialisieren der Cluster in einem semantischen Netz eröffnet auf der einen Seite erst die Möglichkeit, das Netz manuell zu korrigieren und optimieren, kollidiert aber mit der Dynamik der Cluster-Analyse, die beim Hinzukommen neuer Dokumente im Zweifelsfall zu einer komplett unterschiedlichen Aufteilung in Cluster gelangt. Hier haben wir einen ganz natürlichen Zielkonflikt zwischen Stabilität unserer Themenwelt und dem Bedürfnis, die Themen der Dokumente aktuell und vollständig zu reflektieren. Das führt aber dazu, dass wir das Netz kaum noch automatisch aktualisieren können, sobald wir einmal von Hand eingegriffen haben.

4.3.2 Halbstrukturierte Quellen

Von allen Informationen, mit denen ein Unternehmen umgeht, sind Themen meist am wenigsten greifbar und am schlechtesten strukturiert. Im Gegensatz z.B. zu Kundeninformationen in einem CRM, Katalogen und PDM-Systemen mit Produktinformationen, finden sich die wichtigen Themen vor allem in den Köpfen der Mitarbeiter. Relativ häufig finden sie sich allerdings auch in einer etwas leichter zugänglichen Quellen: in Verzeichnissen und existierenden Navigationsbäumen. Diese können wir auswerten, um Vorschläge für Objekte des Themennetzes zu generieren. Interessant ist der Aufbau eines semantischen Netzes aus Verzeichnisbäumen auch deshalb, weil so gleichzeitig eine Zuordnung von Dokumenten zu Themen gewonnen wird.

Bei Verzeichnissen hat sich schon jemand die Mühe gemacht, eine Fülle von Material auf einen Begriff, nämlich den Ordnernamen, zu bringen – daher können wir brauchbare Begriffe für das Themennetz erwarten, genauso wie eine sinnvolle Einordnung der Begriffe auf Ebenen. Schwieriger wird die Zusammenführung der Begriffe, die Herstellung der Objektidentität. Im Abschn. 2.3 haben wir gesehen: Der Anspruch auf Objektidentität besteht im Verzeichnis gerade nicht. Wenn wir hier z.B. im Entwicklungsprojekt „Crema 2010“ pro Komponente einen Ordner angelegt haben und innerhalb dieser Ordner ggf. Unterordner für Zulieferer von bestimmten Teilen, kann es passieren, dass für bestimmte Zulieferer mehrere Ordner existieren – wenn sie mehrere Teile liefern.

4.3.3 Auswertung der Endnutzer-Interaktionen und -Suchen

Von den Nutzern durchgeführte Suchen können interessante Hinweise darauf geben, an welchen Themen noch gearbeitet werden muss. Das können Themen sein, die von den Nutzern nachgefragt werden, aber bisher nicht im semantischen Netz vorliegen. Auf diese Themen werden wir aufmerksam, wenn wiederholt ohne Ergebnis nach demselben oder nach ähnlichen Begriffen gesucht wird. Wenn umgekehrt zu einem Thema sehr viele Ergebnisse zurückgeliefert werden, kann das ein Hinweis darauf sein, dass dieses Thema noch ausdifferenziert werden muss.

Suche ist eine sehr unverbindliche Interaktion. Können wir denn nicht die weitergehenden Interaktionen sehr viel besser auswerten? Wenn der Nutzer beispielsweise auf ein Suchergebnis oder eine andere angebotene Information klickt, hebt das diese Information doch bereits aus den anderen Angeboten hervor. Oder wir warten ab, bis der Nutzer ein Bookmark setzt oder eine Information abspeichert und wissen dann mit wesentlich größerer Sicherheit, ob die Information wirklich hilfreich war.

Die Schwierigkeit eines solchen Ansatzes besteht darin, dass alle diese Interaktionen Aussagen über die Beziehung von Objekten des semantischen Netzes (Suchbegriffe oder Themen der Navigation) und Dokumenten machen, Verknüpfungen von Objekten untereinander sind aus ihnen kaum abzuleiten. Aber auch wenn wir uns auf Verknüpfungen von Objekten und Dokumenten beschränken: Wir können ein „erfolgreiches“ Dokument nur mit den Objekten verknüpfen, über die der Nutzer dort hingelangt ist, d.h. wir können nur existierende Verknüpfungen stärken, neue Verknüpfungen zu ziehen erfordert eine andere Logik. Die Auswertung erfolgreicher Interaktionen bringt also nur dann etwas, wenn das ganze Verhalten der Applikation darauf ausgelegt ist, Vorschläge auf Basis unsicheren Wissens zu machen und diese über die Zeit durch Nutzerinteraktion zu verbessern. Was alle anderen Applikationen realistischerweise aus der Auswertung von Suchverhalten und Interaktion erwarten können, ist die Information „hier fehlt noch ein Thema im semantischen Netz“ – diese Information muss dann mit anderen Techniken weiterverarbeitet werden.

4.3.4 Enduser-Tagging und -Editing

In unserem Beispiel hat es sich schon angedeutet: Wenn wir über ein rein assoziatives Netz hinauskommen und die nächste Stufe der Verbindlichkeit erreichen wollen, dann ist manueller Aufwand zum heutigen Zeitpunkt unverzichtbar. Hier gibt es eine ganze Reihe von Abstufungen: vom schon vorgestellten Tagging und einfachen Feedback bis zu redaktioneller Arbeit im eigentlichen Sinne, im Folgenden auch *Knowledge-Engineering* genannt.

Es liegt nahe zunächst Tagging-Techniken zu nutzen, um Material für das semantische Netz zu sammeln, da wir hier offenbar auf eine gewisse Akzeptanz beim Endnutzer zählen können. Wir haben aber bereits gesehen: Auch beim Tagging kämpfen wir um Objektidentität und Eindeutigkeit. Das liegt daran, dass die Nutzer i.d.R. keinen vollständigen Überblick über alle Tags haben. Sie vergeben also einen neuen Tag, ohne zu wissen, ob der möglicherweise mit einer Schreibvariante oder einem Synonym schon vertreten ist. Übernehmen wir diese Tags in ein Themennetz, handeln wir uns Benennungsvarianten ein, die nicht zusammenfinden. Offensichtlich wird es hier helfen, dem Nutzer über ein *type-ahead* oder eine ähnliche Funktion existierende Tags zur Auswahl anzubieten. Auch linguistische Techniken können helfen (siehe Abschn. 10.4). Je nach sprachlicher Nähe ist das mehr oder weniger aussichtsreich – über kleine Abweichungen in der Schreibung können diese Techniken hinweghelfen; sprachlich weit entfernte Synonyme und Formulierungsvarianten werden trotz linguistischer Verarbeitung als inhaltlich unterschiedliche Objekte interpretiert werden.

Jede Auswahl existierender Tags birgt die Gefahr, dass Homonyme durcheinandergebracht werden. So kann es passieren, dass die Nutzer irrtümlich ein existierendes Objekt wählen, z.B. indem sie einen Text über Filterkaffee und verschiedene Filterpapiere mit dem Tag *Filter* auszeichnen, der aber bisher im Sinne von *Wasserfilter* verwendet wurde. Hier muss es das Ziel sein, beim Angebot eines Tags so viel Kontext mit anzuzeigen, um die Nutzer erkennen zu lassen, dass *Filter* in diesem Fall anders gemeint war und sie doch besser einen neuen Tag anlegen.

Ob wir sogar über isolierte Tags hinauskommen und eine Vernetzung der Tags erreichen, hängt von der knappsten Ressource ab, der Bereitschaft der Nutzer, Zeit zu investieren. Bevor wir diese Ressource strapazieren, müssen wir uns fragen, in welchen Bereichen dezentrale Beiträge sinnvoll sind und wo wir sie mit oder sogar ohne Qualitätskontrolle ins semantische Netz übernehmen wollen. Während ich es für plausibel halte, dass Endnutzer in der Lage sind, assoziative Querverbindungen zu ziehen, halte ich die Einordnung in eine Hierarchie und qualifizierte Relationen für eher schwierige Disziplinen. Technische Voraussetzung für alle Tagging- und weiteren Enduser-Editing-Funktionen ist, dass jeder Anwender im Recherche-Interface auch Informationen ergänzen kann, z.B. das eigene Projekt pflegen kann. Hier bieten sich neben Formularen kontextspezifische Mikro-Editing-Operationen an, die es erlauben fehlerhafte Information direkt dort, wo sie angezeigt wird, zu ändern.

In der Auswertung der Nutzer-Interaktion liegt sicherlich noch ein großes ungenutztes Potential, die relevanten Techniken stecken noch in den Kinderschuhen. Gerade von Strategien, die die Pflege des semantischen Netzes in „normalen" Interaktionen verstecken oder Terminologie-/Modellierungs-Entscheidungen dem Nutzer mundgerechter präsentieren, können wir uns in Zukunft noch einiges versprechen.[5]

4.3.5 Knowledge-Engineering

Dem Knowledge-Engineering sind auch die anspruchsvollen Strukturierungsaufgaben zugänglich, dafür ist es natürlich auch die aufwändigste Technik. Woraus die Arbeit des Knowledge-Engineers besteht, werden wir im Kap. 9 etwas genauer betrachten. Geleistet werden muss und kann diese Arbeit von Fachanwendern. Ein wenig Freude am Umgang mit Terminologie und am Ordnungschaffen ist sicherlich hilfreich, unabdingbar ist allerdings die Fachkenntnis. Was auf keinen Fall benötigt wird, um ein Themennetz wie in diesem Kapitel aufzubauen, ist IT-Expertise oder Erfahrung mit Logik-Formalismen.

Meistens bearbeitet der Knowledge-Engineer das semantische Netz direkt in einem sogenannten Ontologie-Editor – für den Aufbau eines Themennetzes ist weniger die Mächtigkeit als vor allem die Einfachheit der Bedienung wichtig. Abgesehen von einigen grundsätzlichen Modellierungsentscheidungen kann die Arbeit auch gut auf mehrere Bearbeiter verteilt werden.

4.3.6 Kombinationen

Die verschiedenen Quellen für das Themennetz schließen einander keinesfalls aus: zunächst werden wir – um den Aufwand zu minimieren – alle automatischen Techniken sowie die Endnutzer-Interaktionen als Quellen nutzen. Das hat noch einen weiteren Grund: Information wird idealerweise dort erfasst, wo sie entsteht. In großen Organisationen gibt es oft keine zentrale Stelle oder Person mehr, die alle Themen im Überblick hat. Wichtig und gleichzeitig brauchbar sind automatische Quellen und Endnutzer-Interaktion also vor allem, um auf neue Themen und Tendenzen in einem Dokumentenbestand hinzuweisen bzw. den Bedarf an neuen Themen mitzubekommen. Leider schwächeln, wie wir im Übersichtsbild 4.5 sehen, alle Quellen außer dem Knowledge-Engineering bei den fortgeschrittenen Strukturierungsaufgaben: Abarbeiten müssen wir die automatisch neu identifizierten Themen im Zweifelsfall also mit Knowledge-Engineering-Mitteln[6] – eine Praxis, die sich in vielen der Semantik-Projekten in Unternehmen etabliert hat.

---

[5] Siehe auch die Forschung rund um den semantic desktop, z.B. Sauermann et al. (2005).

[6] Der Einsatz automatischer Techniken kann sich übrigens selbst dann lohnen, wenn diese nur eine mäßige Trefferquote aufweisen, z.B. bei der Abgrenzung und Vernetzung von Begriffen. Auch wenn die Vorschläge gelegentlich falsch sind, braucht es doch weniger Initiative einen Vorschlag zu korrigieren als eine neue Information einzutragen.

Behandeln wir Input aus einer Cluster-Analyse oder aus der Nutzer-Interaktion als Hintergrundwissen, aus dem wir schöpfen und das wir im Laufe der Zeit veredeln wollen, müssen wir im Betrieb mit diesen Objekten und Verknüpfungen umgehen, die nicht denselben Status haben wie das „gesicherte" Wissen. Eine mögliche Strategie besteht darin, diese Objekte solange vor dem Endnutzer zu verstecken bis sie durch einen expliziten Eingriff eines Knowledge-Engineers freigegeben werden.

4.4 Der Aufwand für den Aufbau eines Themennetzes

Wir haben bei den Themennetzen einen wesentlichen Kostenfaktor eingeführt: die manuelle bzw. intellektuelle Modellierung. Welche Größenordnungen an Kosten verursacht das? wie viele Themen kann ein Knowledge-Engineer am Tag modellieren? Knowledge-Engineering ist definitiv eine komplexe und auch kreative Tätigkeit. Die Frage „wie viele Themen-Objekte kann ein Knowledge-Engineer am Tag modellieren?" bewegt sich also etwa zwischen „wie viele Zeilen Code kann ein Programmierer am Tag produzieren?" und „wie viele Seiten kann ein Romanautor am Tag schreiben?". Bei all diesen Tätigkeiten ist Qualität wichtiger als Menge und die Anzahl der Objekte ist, ähnlich wie die der Seiten und Zeilen, kein sehr gutes Produktivitätsmaß. Leider bietet sich auch kein besseres Maß an: Vielleicht wären Themengebiete aussagekräftiger (analog der Funktionspunkte im Software-Engineering), wahrscheinlich ist aber eher die Anzahl der zu treffenden Entscheidungen ausschlaggebend (siehe auch Abschn. 9.6) – Leider können wir sowohl die Anzahl der Themengebiete als auch die der Entscheidungen erst bestimmen, wenn die Modellierung bereits halb fertig ist. Daher will ich mich nicht darum drücken, „naive" Aufwandsaussagen Mengen von Objekten zu machen, zumindest in Größenordnungen.[7]

Unser Mini-Netz mit dem Thema *Coffee machines* zu modellieren, war – mit einem kleinen Recherche-Anteil – eine Sache von zwanzig Minuten, wobei ich den Overhead für Grundsatz-Modellierungsentscheidungen[8] mit fünfzig Prozent veranschlagen würde. Meiner Erfahrung nach kann ein Knowledge-Engineer einige Dutzend bis wenige Hundert Objekte am Tag modellieren, vielleicht im Bereich zwischen 50 und 250 Objekten.

Wie viele Objekte hat ein typisches semantisches Netz? Auch eine Kaffeemaschine hat viele Teile, wenn wir jede Schraube zählen. Aber wie viele Themen brauchen wir um einen Nutzen zu haben? Wie viele Komponenten hat die Maschine auf einer Ebene, auf der die Nutzer agieren? Wenn es darum geht externe Bauteile

---

[7] Selbst beim Schreiben von Belletristik kann man schließlich sagen, dass jemand, der pro Quartal einen Roman veröffentlicht, eine sehr hohe Produktivität hat, während ein Autor, der fünf Jahre pro Buch braucht, ein langsamer Autor ist.

[8] Trennen wir das Thema *Cofffe making equipment* auf oberster Ebene in Maschinen und Komponenten auf oder nicht? Auf welcher Ebene führen wir verschiedene Maschinentypen zusammen – bilden wir Themen aus wie *Commercial Espresso Machines*, *Home Espresso Machines*?

einzukaufen, mögen das ein bis zwei Dutzend sein, wenn sie Fehler suchen, vielleicht das Doppelte, vielleicht auch das Fünffache. Wenn wir nun die Themen rund herum modellieren, Begriffe wie *Wasser, Dampf, Kaffebohnen, Brühtemperatur,* verschiedene Kaffeegetränke, weitere Funktionen, Materialien, mögliche Fehler etc., kommen wir vielleicht auf einige Hundert Objekte. Das Netz wird mit der Anzahl der Produkte der Universal AG wachsen, aber sicher nicht linear. Wir können davon ausgehen, dass die Themen bei verschiedenen Haushaltgeräten eine gewisse Überlappung haben. Entsprechend kommen viele Themennetze mit ein paar Hundert bis wenigen Tausend Themen aus – eine Sache von einigen Tagen bis zu wenigen Wochen.

Der Aufwand pro Thema kann signifikant höher werden durch Recherche, aber vor allem auch durch Abstimmungs- und Gremienarbeit: Wenn es nämlich darum geht, die fachliche Sicht unterschiedlicher Bereiche im Unternehmen oder sogar unterschiedliche Interessen unter einen Hut zu bringen, wird im Zweifelsfall um das einzelne Thema erbittert gerungen. Dann können 50 Objekte bzw. eine Handvoll Themen pro Tag eine völlig unrealistische Größe sein. Diese Situation treffen wir bei der Arbeit mit semantischen Netzen häufiger an, weil die Strukturierung der Informationen uns die unterschiedlichen Sichten, die vielleicht im Unternehmen bestehen, schonungslos vor Augen führt. Diese Arbeit kann sogar sehr wichtig für das Unternehmen sein, wir sollten sie aber auf einem anderen Konto verbuchen: Hier ist die eigentliche Aufgabe eine inhaltliche Auseinandersetzung und das semantische Netz nur das Vehikel.

4.5 Zusammenfassung – Themennetze

- Die Hauptaufgabe von Themennetzen ist es Inhalte, meist Dokumente, thematisch zu erschließen.
- Themennetze überwinden dabei die Qualitätsprobleme von Tagging und automatischer Cluster-Analyse, bringen aber auch einen – bescheidenen – intellektuellen Aufwand mit sich.
- Die automatischen Techniken und das Tagging sind trotz ihrer Defizite neben dem zentralen Knowledge-Engineering relevante Quellen für Themennetze.
- In der Anwendung bieten Themennetze die Möglichkeit zur Visualisierung, Navigation und Orientierung. Sie können Suchen unterstützen und Ähnlichkeiten berechnen.

Literatur

Buitelaar P, Cimiano P, Magnini B, Hrsg (2005) Ontology Learning from Text: An Overview. IOS Press, Amsterdam

Dirsch-Weigand A, Schmidt I, Rein B, Stenzel R, Kamps T (2006) ConWeaver – Automatisierte Wissensnetze für die semantische Suche. In: Ockenfeld M (Hrsg) Proceedings der 28. Online-Tagung der DGI und 58. Jahrestagung der DGI. DGI, Frankfurt am Main

Faatz A, Steinmetz R (2004) Precision and Recall for Ontology Enrichment. In: Buitelaar P, Handschuh S, Magnini B (Hrsg) Proceedings of ECAI-2004 Workshop on Ontology Learning and Population, ohne Verlagsangaben. Verfügbar unter: http://olp.dfki.de/ecai04/cfp.htm (2.9.2009)

Gurevych I, Zesch T, Hrsg (2009) Proceedings of the Workshop on The People's Web Meets NLP: Collaboratively Constructed Semantic Resources. The Association for Computational Linguistics and The Asian Federation of Natural Language Processing, Singapur

Kamps T, Stenzel R, Chen L, Rostek L (2005) Enterprise Information Integration – A Semantic Approach. In: Hemmje M, Niederee C, Risse T (Hrsg) From Integrated Publication and Information Systems to Information and Knowledge Environments. Springer, Heidelberg

Knorz G, Rein B (2005) Intelligente Suche in einer Ontologie der Hochschulwelt. Information – Wissenschaft & Praxis, 56:281–290

Maedche A (2002) Ontology Learning for the Semantic Web. Kluwer Academic Publishers, Norwell

Sauermann L, Bernardi A, Dengel A (2005) Overview and Outlook on the Semantic Desktop. In: Decker S, Park J, Quan D, Sauermann L (Hrsg) Proceedings of the 1st Workshop on The Semantic Desktop at the ISWC 2005 Conference

Schmidt P, Deriu U (2009) Gemeinschaftliche Erstellung einer Technik-Ontologie auf der Basis ausgefeilter Sprachtechnologie. In: Bentele M, Hochreiter R, Krcmar H, Schütt P, Weber M (Hrsg) Geteiltes Wissen ist doppeltes Wissen. Tagungsband zur KnowTech 2009. CMP-WEKA Verlag, Poing

Van Damme C, Hepp M, Siorpaes K (2007) FolksOntology: An Integrated Approach for Turning Folksonomies into Ontologies. In: Hoser B, Hotho A (Hrsg) Bridging the Gap Between Semantic Web and Web 2.0, ohne Verlagsangabe. Verfügbar unter: http://www.kde.cs.uni-kassel.de/ws/eswc2007/proc/ProceedingsSemnet07.pdf (25.9.2009)

Kapitel 5
Ausbaustufe Faktennetz

Die wesentliche Erweiterung, die wir vornehmen, wenn wir von Themen- zu Faktennetzen wechseln, ist die Einführung von Typen – bei Objekten und bei Relationen. Das mag nach wenig klingen, hat aber weitreichende Konsequenzen.

5.1 Kernideen von Faktennetzen

Sowohl in der wirklichen Welt als auch in den meisten Wissensrepräsentationen wird häufig von Typen gesprochen. Aber was genau verstehen wir in einem semantischen Netz, speziell in einem Faktennetz, unter einem Typ? Auch hier fällt uns die Antwort an einem Beispiel leichter:

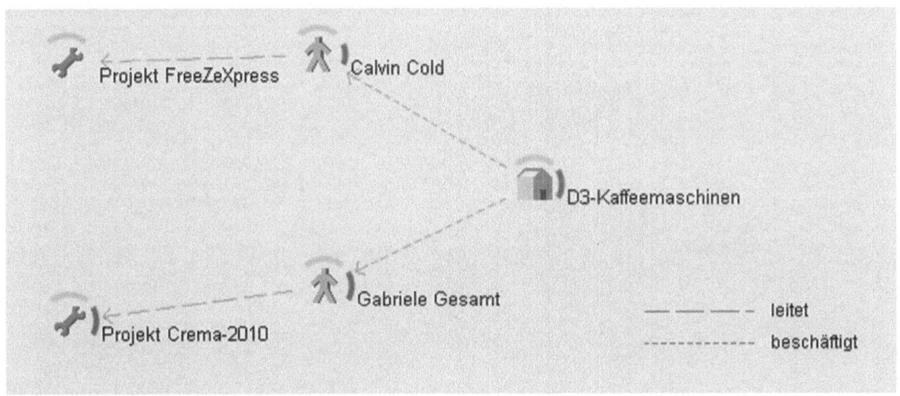

Abb. 5.1 Objekte unterschiedlichen Typs

In diesem Beispiel sehen wir gleichartige und verschiedenartige Objekte. Intuitiv erscheinen uns Calvin Cold und Gabriele Gesamt gleichartig, beides sind Personen, das unterscheidet sie auch von der Abteilung D3 und den beiden Projekten. Gleichartige Objekte fassen wir unter einem Typ zusammen, hier markiert mit einem Icon. Typen sind also Schubladen, in die wir die Objekte einsortieren. Auch

K. Reichenberger, *Kompendium semantische Netze*, X.media.press,
DOI 10.1007/978-3-642-04315-4_5, © Springer-Verlag Berlin Heidelberg 2010

die Relationen, die die Objekte verbinden, sind nicht mehr einheitlich: Calvin Cold *leitet* Projekt FreezeXpress, Petra Projekt *leitet* Projekt Crema-2010, beide *sind beschäftigt bei* der Abteilung D3-Kaffeemaschinen

Wir benötigen unterschiedliche Typen um gezieltere Fragen stellen zu können als „Welche Themen sind miteinander verbunden?", Fragen wie „Welche Features hat die Crema 2010?", „Welche Probleme können bei der Komponente auftreten?", „Wer ist Projektleiter des Crema 2010 Projektes?" oder „Wer arbeitet bei der Universal AG?". Um solche Fragen beantworten zu können, müssen wir mit unterschiedlichen Objekttypen und Relationstypen arbeiten.

Die Unterteilung der Objekte in Typen haben semantische Netze mit den allermeisten Arten der Wissensrepräsentation gemeinsam. Der Anspruch semantischer Netze, die Welt umfassender und gleichzeitig natürlicher abzubilden als andere Repräsentationsformen, gründet sich aber unter anderem auf die genaue Behandlung der Typen. Denn das semantische Netz trägt der Tatsache Rechnung, dass die Schubladen Teil derselben Welt sind wie die Objekte, die sie aufnehmen. Folgerichtig macht das semantische Netz auch die Typen zu Objekten. Der Typ „Entwicklungsprojekt" beispielsweise ist bei der Universal AG ein Thema, ein Gegenstand der Suche. Es gibt Richtlinien zum Vorgehen in Entwicklungsprojekten, die anders sind als z.B. in Marketingprojekten, es gibt vielleicht einen Koordinator und ein Budget für alle Entwicklungsprojekte etc.

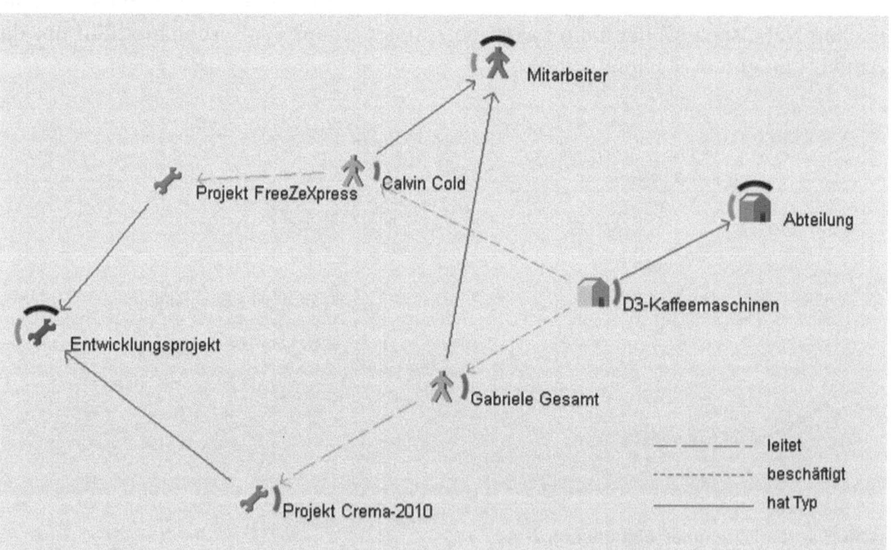

Abb. 5.2 Individuen und Begriffe

Die strikte Trennung von Schema und Daten ist im semantischen Netze aufgehoben. Wir machen über die Typen mit denselben Mitteln Aussagen wie über alle anderen Objekte. Das ist in vielen Situationen sehr praktisch, zwingt uns aber hier dazu etwas mehr an Terminologie einzuführen. Wenn Typen auch Objekte sind, wie heißen dann die Dinge, von denen wir bisher dachten, sie wären die (einzigen) Objekte? Also die Abteilung D3 Kaffeemaschinen, Paula Person und die Crema 2010? Diese Objekte nennen wir allgemein **Individuen**[1] ihres Typs.

Damit sind aber noch nicht alle Unterschiede eingeführt: In einem semantischen Netz eines Kaffeemaschinenherstellers tauchen – wie schon im Themennetz-Beispiel gesehen – auch die Objekte *Kaffee, Wasser* und *Milch* auf. Es sind sicherlich eher Begriffe als Individuen, gleichzeitig fällt es uns aber schwer, aus diesen Begriffen Individuen abzuleiten. Oder wie steht es mit den Begriffen *bitterer, milder, süßer Geschmack?* Oder technische Begriffe wie *Heizleistung, Rösttemperatur* etc. Es bleibt nur der Schluss, dass nicht alle Begriffe Individuen ausprägen, Begriffe nicht immer „Schubladen“ für Individuen sind?[2]

Falls diese Ausführungen bei Ihnen Zweifel hinterlassen haben, welche Sachverhalte Sie mit Hilfe von Begriffen abbilden und wo Sie besser Individuen benutzen, grämen Sie sich bitte nicht. Diese Modellierungsentscheidung gehört zu den schwierigsten, nicht umsonst widmen wir ihr später noch einen ganzen Abschnitt (siehe Abschn. 11.1). Der etablierte formale Unterschied zwischen Begriffen und Individuen ist folgender: Begriffe, auch solche, die keine Individuen ausprägen, können in Spezialfälle unterteilt werden (Kaffee z.B. in Filterkaffee, Espressokaffee, Mokka), Individuen können das nicht.

5.1.1 Vereinheitlichung

Wir sehen: zur Abbildung von spezifischen Fakten in einem semantischen Netz gehört es, verschiedene Objekttypen und Relationstypen[3] zu unterscheiden. Wie weit treiben wir die Differenzierung? In der Regel streben wir vor allem bei der Definition der möglichen Relationstypen eine Reduktion der Vielfalt sprachlicher Ausdrucksmöglichkeiten an. Ziel ist es so viele unterschiedliche Relationstypen einzurichten wie nötig, aber so wenige wie möglich.

Beispielsweise haben wir in Abb. 2.3 (in Abb. 5.3 noch einmal wiedergegeben) nicht zwei unterschiedliche Relationstypen, etwa *hat Verschmutzung* und *hat Schaden* definiert, um die Heizkesseldichtung mit den Fehlern zu verbinden, sondern haben beide Sachverhalte auf den Relationstyp *hat Fehler* reduziert. Oder der Relationstyp *hat Teilorganisation*: Er ist deswegen etwas beamtenhaft abstrakt formuliert

[1] Sie werden in anderen Darstellungen auch den Namen *Instanzen*, orientiert an Datenbankterminologie, oder *Ausprägungen* finden.

[2] Die Begriffe, aus denen wir keine Individuen ableiten, nennen wir auch *abstrakte Begriffe*, für die Begriffe, die Individuen ausprägen, ist *Typ* kein schlechter Name, auch *Klasse* – hier können wir nicht von einem wirklich weithin akzeptierten Vokabular ausgehen (siehe Glossar).

[3] Hielten wir uns an die mathematische Terminologie, bezeichnete *Relation* bereits eine Menge von Verknüpfungen, während wir die einzelne Verknüpfung Relationstupel nennen müssten – Eine Diskussion der Begrifflichkeiten finden Sie im Glossar.

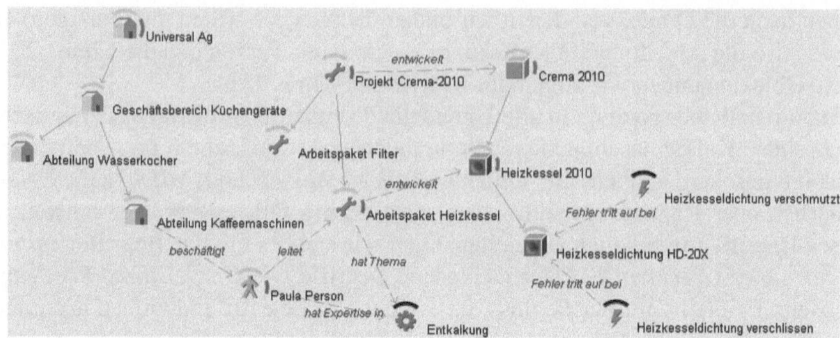

Abb. 5.3 Unterschiedliche Relationstypen

und heißt nicht greifbarer, etwa *hat Abteilung*, damit er auch auf den Ebenen darunter und darüber angewandt werden kann oder in ganz anderen Organisationen, z.B. einer Universität, wo es um Fakultäten und Lehrstühle statt um Abteilungen geht.

Eine solche Reduktion hilft auch sehr bei der Suche. Wenn wir, wie in unserem Beispiel, einen allgemeinen Relationstyp wie „hat Teilorganisation" verwenden, können wir unabhängig davon, wie eine Organisation aufgebaut ist, ob sie aus Business Units und Produktionsstätten oder aus Referaten und Abteilungen besteht, ein Suche formulieren, die diese Organisation komplett von oben nach unten abläuft und z.B. Organisationseinheiten findet, die ihren Standort in Deutschland haben.

5.1.2 Die Ober-/Unterbegriffsrelation

Wenden wir uns, mit diesem Instrumentarium bewaffnet, noch einmal unserem Beispielnetz aus den vorangegangenen Abschnitten zu (s. Abb. 5.4):

Einige Objekte sind auch in diesem Netz nach wie von als Themen modelliert, nämlich die verschiedenen Kaffeegetränke, daneben finden wir aber Produkte und Komponenten (Kuben mit Bohrlöchern).

Im Themennetz fanden sich die Komponenten genau wie die unterschiedlichen Modelle noch gemeinsam unterhalb des Begriffs *Espresso Machine*, modelliert mit ein- und derselben ober-/unterordnenden Relation. Das ist in einem typischen Faktennetz nicht mehr der Fall. Hier unterscheiden wir zwischen verschiedenen ober-/unterordnenden Relationstypen. Dabei heben wir einen Relationstyp, die Ober-/Unterbegriffsrelation, besonders heraus – sie gehört anders als alle anderen Relationenstypen, die wir nach Belieben einführen und umdefinieren können, zum festen Inventar eines jeden Faktennetzes.

Zunächst können wir uns auf ein intuitives Verständnis, dass *Kaffeemaschine* Oberbegriff von *Espressomaschine* ist, stützen. Aber warum z.B. ist der *Grinder* nicht mehr Unterbegriff von *Espresso machine*, was bedeutet es genau, dass ein Begriff Unterbegriff eines anderen ist und was folgt daraus? Wir haben gerade

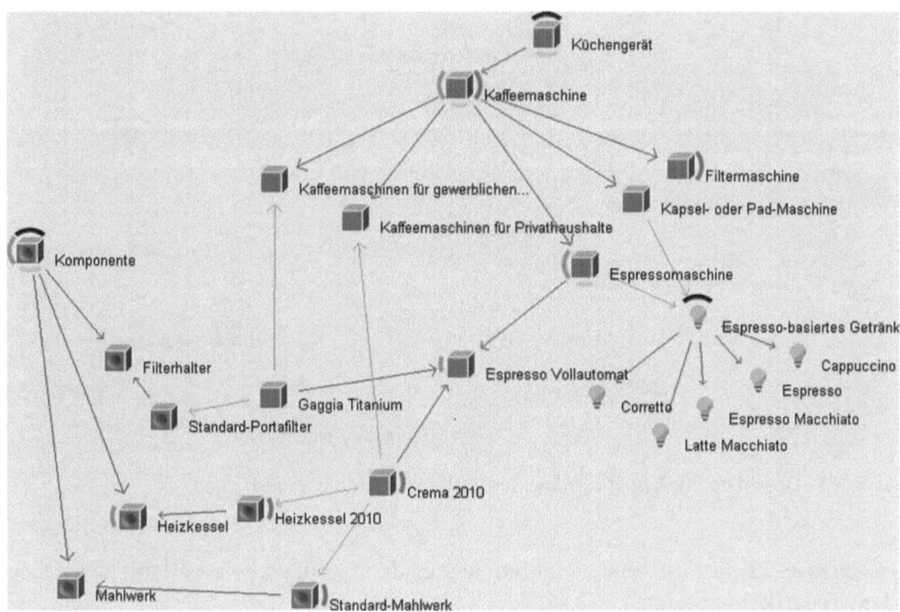

Abb. 5.4 Einführung verschiedener Objekttypen

festgestellt, dass wir Typen als Schubladen für ihre Individuen verstehen können. Unterbegriffe sind Spezialfälle, Unter-Schubladen, Unterteilungen der Menge an Objekten, die ein Begriff umfasst. Betrachten wir im Gegensatz dazu die Zerlegung des Autos in Lenkrad, Motor, der wiederum Kolben, Zylinder, Zündkerze, Nockenwellen etc. enthält. Oder die Unterteilung der Universal AG in Geschäftsbereiche und Abteilungen, die wir in unseren ersten Beispielen kennengelernt haben. Hier haben wir es mit der Teil-von-Relation zu tun. Sie ist im Gegensatz zur Ober-/Unterbegriffsrelation kein zwingender Bestandteil, kommt aber in der Mehrzahl aller semantischen Netze in der einen oder anderen Form und Benennung vor.

Die Ober-/Unterbegriffsrelation und die Teil-von-Relation sind leicht zu verwechseln, da sie beide eine Hierarchie etablieren; intuitiv wird man die Bestandteile der Kaffeemaschine genauso wie die Typen von Maschinen „unterhalb" des Begriffs Kaffeemaschine anordnen, gerade so wie wir es im Themennetz gemacht haben. Was also ist genau der Unterschied zwischen den beiden Relationen? Nehmen wir an, wir zerlegen 20 Kaffeemaschinen und breiten die Einzelteile auf einem großen Tisch aus. Dort liegen dann Wasserbehälter, Mahlwerke, Heizstäbe, Seiten- und Rückwände, Deckel und Frontverkleidungen, ein paar Milchaufschäumer sind auch dabei, alles durcheinander. Jetzt gibt es zwei Möglichkeiten hier aufzuräumen: wir legen die Heizstäbe auf einen Haufen, die Mahlwerke auf einen anderen etc. Oder wir bauen die 20 Maschinen wieder zusammen. In diesem Fall haben wir Ordnung entlang der Teil-von-Hierarchie geschaffen, wenn wir

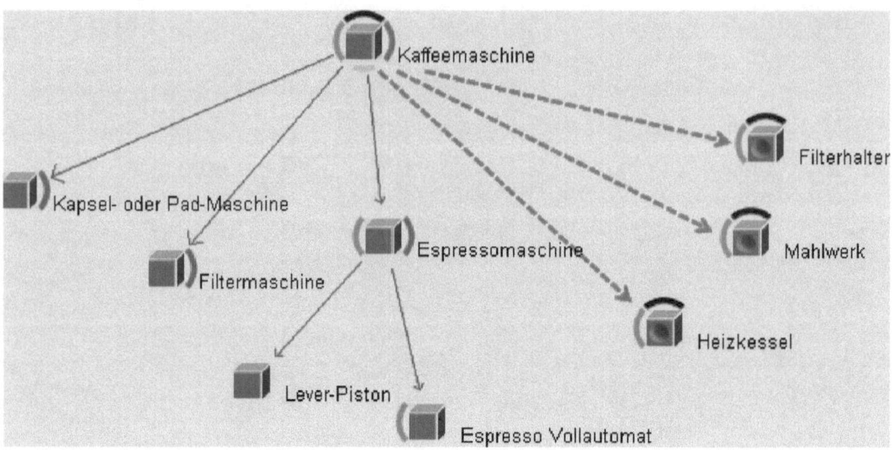

Abb. 5.5 Ober-/Unterbegriffshierarchie und Teil-von-Hierarchie (gestrichelt)

gleichartige Teile auf einen Haufen legen, dann ordnen wir entlang der Ober-/Unterbegriffshierarchie.[4]

Wir wissen nun, wie wir die Ober-/Unterbegriffsrelation von anderen Relationen unterscheiden, aber warum ist dieser Unterschied so wichtig? Im Abschn. 5.1.1 haben wir uns doch gerade bemüht Relationen zu vereinheitlichen, wieso nicht auch hier? Der Grund hat sich schon angedeutet: die Ober-/Unterbegriffsrelation und die Bildung von Typen bzw. Begriffen sind eng mit einander verbunden. In dem Moment, in dem wir unsere Schubladen weiter unterteilen und über eine flache Liste von Typen hinauskommen wollen (z.B. indem wir Projekte in Entwicklungsprojekte, Marketing-Projekte, Kundenprojekte etc. auftrennen), kommt die Ober-/Unterbegriffsrelation ins Spiel. Sie bildet das Rückgrat eines jeden Faktennetzes und bestimmt sein Vererbungsverhalten.

5.1.3 Vererbung

Wir haben von Typen und Schubladen gesprochen, immer unter der Annahme, dass in einer Schublade gleichartige Objekte bzw. Individuen landen. Was Objekte gleichartig macht oder eben nicht, sind ihre Eigenschaften. Betrachten wir zum Beispiel die Begriffe *Projekt, Messe, Qualitätsaudit.* Obwohl Projekte für die Entwicklung, Messen für den Vertrieb, Qualitätsaudits für die Produktion wichtig sind, haben alle konkreten Projekte, Messen und Audits einen Start und ein Ende, alle werden von irgendeiner Person oder Organisation durchgeführt. Das ist ein guter Indikator dafür, dass wir sie alle unter einem Begriff wie *(geplantes) Ereignis* zusammenfassen sollten.

[4]Eine Vertiefung des Themas finden sie im Kap. 11.

Entsprechend ist die Überlegung „Haben diese beiden Begriffe etwas gemeinsam, was sie ihren Individuen vererben?" ein weiterer Indikator, der beim Aufbau einer soliden Ober-/Unterbegriffshierarchie hilft. Wir können bei Begriffen wie *Auto* (um auch einmal ein anderes Beispiel heranzuziehen), Eigenschaften definieren: Sitzanzahl (Zweisitzer, Viersitzer) oder Treibstoff (Diesel oder Benziner). Unterbegriffe bringen Eigenschaften hinzu wie z.B. der Begriff *Cabrio* der sich in das Merkmal „kein festes Dach" übersetzen lässt.

Begriffe, die nicht in diese Ober-/Unterbegriffshierarchie von *Auto* passen, z.B. *Windschutzscheibe* oder *Lenkrad* erkennen wir u.a. daran, dass man bei Ihnen (im Gegensatz zu jedem Individuum von Automobil) nicht sinnvoll über Sitzanzahl oder den verwendeten Treibstoff sprechen kann. Dass die Begriffe konkreter werden, wenn wir die Unterbegriffsrelation hinabsteigen, heißt, übertragen auf die Eigenschaften: Es kommen neue hinzu oder die Werte der Eigenschaften werden gefüllt. Wenn wir z.B. Sitzanzahl und Treibstoff beim Begriff *Auto* definieren, dann sagen wir damit, dass alle Autos eine bestimmte Anzahl von Sitzen oder Türen haben können und mit irgendeinem Treibstoff fahren, sonst nichts. Die Attributwerte werden dann viel weiter unten gesetzt, z.B. bei einer Baureihe oder bei einem konkreten Auto. Dort wird z.B. gesagt, dass alle Autos der Baureihe X Viertürer sind oder mit Diesel fahren.

5.2 Nutzungsmöglichkeiten

Wir erinnern uns an das Beispiel aus dem ersten Kapitel und den Assistenten, der den Termin seiner Chefin vorbereitet und dafür Informationen zum Lieferanten Heißkalt GmbH zusammenstellt. Richtig einlösen können wir die Versprechen aus diesem Beispiel erst mit einem Faktennetz, erst hier gibt es Antworten auf Fragen wie – Für welche Produkte liefert der Lieferant Heißkalt Komponenten? Welche Arten von Fehlern treten bei seinen Komponenten am häufigsten auf?

Das Themennetz hatte uns eine lokale Sicht auf ein Thema geboten inklusive der Möglichkeit zur Abstraktion und Konkretisierung. Im Faktennetz sind durch die genauere Modellierung weitere Wege möglich. Das Faktennetz zieht über Produkt-, Projekt- und Organisationsstrukturen hinweg Informationen zusammen – wenn wir z.B. schnell über alle irgendwo im Projekt eingesetzten „Fremdkomponenten" die Hersteller zusammensuchen möchten.

5.2.1 Strukturierte Abfragen

Diese Funktionalität beruht darauf, dass wir in einem Faktennetz dank der Typisierung gezielt Begriffe, Individuen und Relationen zu einer Abfrage zusammenstellen können, vergleichbar einer Datenbankabfrage. Mit anderen Worten, wir können Objekte anhand ihrer Eigenschaften und ihrer Vernetzung selektieren. Dabei können Attributwerte die Selektionskriterien sein – *alle weiblichen Mitarbeiter mit Doktortitel* oder *alle Mitarbeiter unter 30 Jahren.* Selektiert werden kann aber auch nach

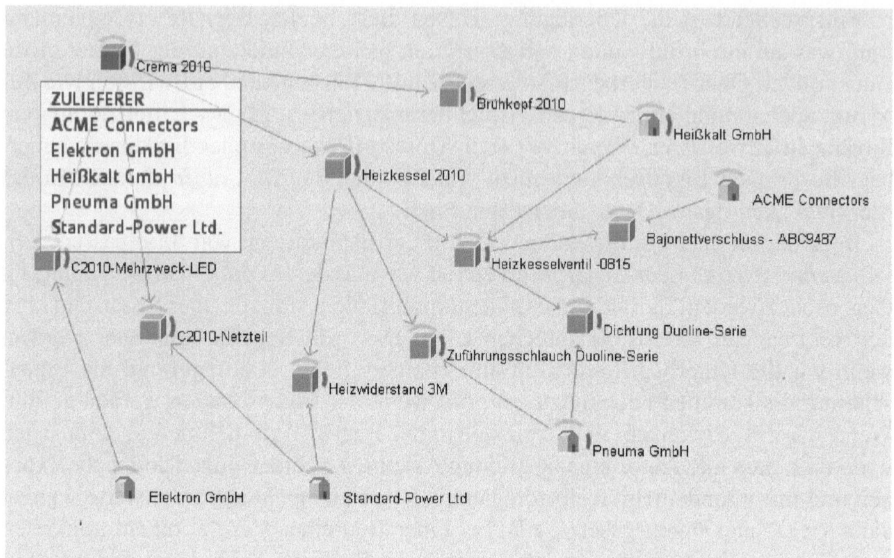

Abb. 5.6 Zusammenziehen von Informationen quer über die Strukturen des Faktennetzes

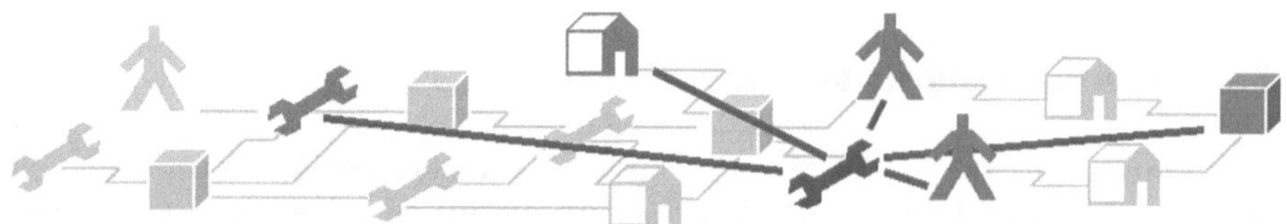

Abb. 5.7 Überblick durch aufgabenspezifische Sichten

Vorliegen bestimmter Relationen – *alle Mitarbeiter, die am Projekt Crema 2010 beteiligt sind*- wobei die Kriterien beliebig komplex werden können: *alle Personen, die bei der Universal AG oder einer Unterorganisation angestellt sind und an Projekten beteiligt sind, die für Kunden durchgeführt werden, die ihren Firmensitz in China haben.*

Dieses Beispiel erinnert uns nicht umsonst an die Ableitungen, die wir im Abschn. 2.3 kennen gelernt haben: Paula Person musste hier nicht direkt bei der Unviersal AG als Mitarbeiterin eingetragen werden – das geht aus der Tatsache hervor, dass sie Mitarbeiterin der Abteilung Kaffeemaschinen ist und diese Abteilung wiederum ein Teil der Universal AG. Schlussfolgerungen lassen sich in Faktennetzen entlang beliebiger Relationen ziehen. Auch hier machen wir wieder stark von Typen wie *Mitarbeiter*, *Organisationseinheit* und Relationstypen (*hat Teilorganisation*) Gebrauch.[5]

[5]Ohne diese Modellierungskonstrukte steht uns – wir haben es im Abschn. 4.2 gesehen – nur eine spezielle Art der Ableitung zur Verfügung, die Abstraktion bzw. Konkretisierung.

Ableitungen sind eine andere Erscheinungsform der strukturierten Abfragen: Bei der Umsetzung der komplexen „China-Abfrage“ oben würden wir wahrscheinlich zunächst abgeleitete Relationen bilden, die uns ermöglichen, die Abfrage wesentlich einfacher zu formulieren. Wenn wir, wie schon erwähnt, die Mitarbeiter-Relation über das Organigramm nach oben ableiten, können wir den ersten Teil der Abfrage „alle Personen, die bei der Universal AG oder einer Unterorganisation angestellt sind“ abkürzen zu „Personen, *angestellt bei (*)* der Universal AG“, wobei das Sternchen sinngemäß für die Ableitung steht – zu lesen etwa als *direkt oder indirekt angestellt*. Das zweite Kriterium könnte, so umgesetzt, heißen „Person *hat Erfahrung mit Kunden aus (*)* China“.

Ableitungen bieten also eine Möglichkeit auf den einzelnen Verknüpfungen im semantischen Netz eine Art „Makro“ zu definieren, das wir dann als Abkürzung für einen möglicherweise komplexen Sachverhalt benutzen können. Entsprechend prägen wir Ableitungen dann aus, wenn wir sie in unterschiedlichen Abfragen brauchen können. Im Idealfall finden wir für dieses „Makro“ auch noch einen aussagekräftigen Namen, so das es die gesamte Aussage oder Abfrage leichter lesbar macht.

5.2.2 Anwendung von strukturierten Abfragen

Eine der typischen Anwendungen haben wir am Anfang dieses Abschnitts bereits erwähnt. Wir können strukturierter Abfragen nutzen um ausgehend von einem Objekt, das der Nutzer im Fokus hat, intelligente Informationsangebote zu machen.

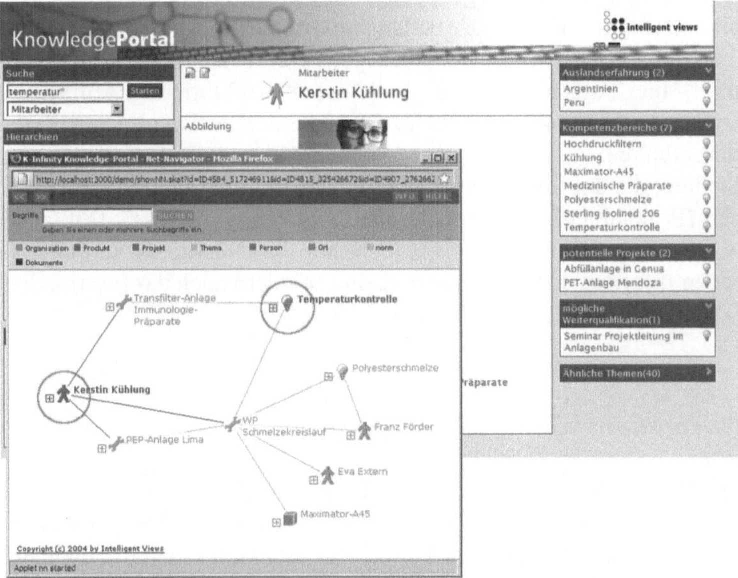

Abb. 5.8 Ausschnitt aus einer Anwendung für ein Ingenieurbüro. Zu jedem Mitarbeiter werden die Ergebnisse vorgefertigter Abfragen in Kontextboxen gezeigt

Im Idealfall können wir damit die häufigsten Fragen der Nutzer schon vorab beantworten. Bei einem Produkt können das eben alle Zulieferer sein, die Fehler, die am häufigsten bei diesem Produkt auftauchen, die wichtigsten Kunden etc. Zu einer Person werden wir andere Information anbieten, z.B. Informationen, die für das *Staffing* von Projekten wichtig sind (s. Abb. 5.8).

Darüber hinaus gefordert sind die strukturieren Abfragen, wenn diese Informationsangebote nicht für jeden Nutzer die gleichen sind, sondern für unterschiedliche Nutzer unterschiedliche Sichten angeboten werden sollen. Und schließlich gehen strukturierte Abfragen nicht immer von einem einzelnen Objekt aus, sondern stellen oft auch global Mengen von Objekten für Reports, Exporte etc. zusammen. Auch mit diesen Anwendungen strukturierter Abfragen werden wir uns im Folgenden kurz beschäftigen.

5.2.3 Spezifische Sichten

Basierend auf derselben Information wollen Mitarbeiter unterschiedlicher Rollen im Unternehmen immer wieder unterschiedliche Dinge wissen. Z.B. interessieren sich alle dafür, in welchen Ländern die Produkte über welche Kanäle verkauft werden – das Marketing, um die globale Markenstrategie auszurichten, das Controlling, um die Forecasts in den Griff zu bekommen, Support und Qualitätssicherung, um überall die relevanten Richtlinien einzuhalten. Dass ein semantisches Netz es erlaubt, verschiedene Sichten in einem konsistenten Modell zu repräsentieren, bedeutet nicht, dass wir dem Nutzer alle diese Sichten gleichzeitig zeigen müssen. Spezifische Sichten können ausgehen von der Person des Nutzers, von seiner oder ihrer Rolle oder vom aktuellen Arbeitskontext. Sichten können spezifisch sein im Sinne einer Personalisierung, aber auch genau umgekehrt im Sinne der Rechteverwaltung – hier nutzen wir genau die gleichen strukturierten Abfragen, nur mit einen entgegengesetzten Ziel, nämlich zu entscheiden, welche Information wir dem Nutzer vorenthalten.

Die Sichten, die das Faktennetz bietet, bauen auf einer relativ genauen Kenntnis der Rollen (Projektleiter, Kundenbetreuer, Controlling etc.) auf. Dafür ist es sehr hilfreich, wenn im semantischen Netz nicht nur die Objekte des Geschäfts und die vorliegenden Informationen repräsentiert sind, sondern auch der Informationsbedarf und die Prozesse bzw. die Aufgaben der Nutzer.

5.2.4 Navigationsbäume und Reports

Oft werden in der Anwendung aus einem zugrundeliegenden semantischen Netz konventionelle baumartige Navigationsstrukturen generiert. Dazu wird das semantische Netz nach einer bestimmten Vorschrift durchlaufen und die Objekte, so wie sie angetroffen werden, in einen Baum eingeordnet. In unserem Beispiel könnte eine Navigationssicht ausgehend von der Universal AG über die Relation *hat*

Teilorganisation alle darunter liegenden Geschäftsbereiche aufsammeln, unter den Geschäftsbereichen alle Abteilungen und bei den Abteilungen wieder alle Projekte. Damit wäre eine Navigation zu den Projekten über die Organisationsstruktur etabliert. Die Navigationsrelation muss nicht entlang einer einzigen semantischen Relation erfolgen – es können verschiedene Relationen kombiniert werden. Bei diesen generierten Navigationsstrukturen kann es vorkommen, dass Objekte mehrfach auftauchen, dann nämlich, wenn sie über mehrere Relationen erreicht werden, die Teil der Vorschrift zur Erzeugung der Navigationsstruktur sind. Das ist nicht problematisch, denn die verschiedenen Wege führen ja immer zum selben Objekt.

Diese „Projektionen" des Netzes auf einfachere Strukturen wie Bäume und Listen spielt auch für eine zusammenfassende Auswertung der Information eine Rolle. Aus einem Netz, in dem Fehler und Fehlerklassen den einzelnen Komponenten

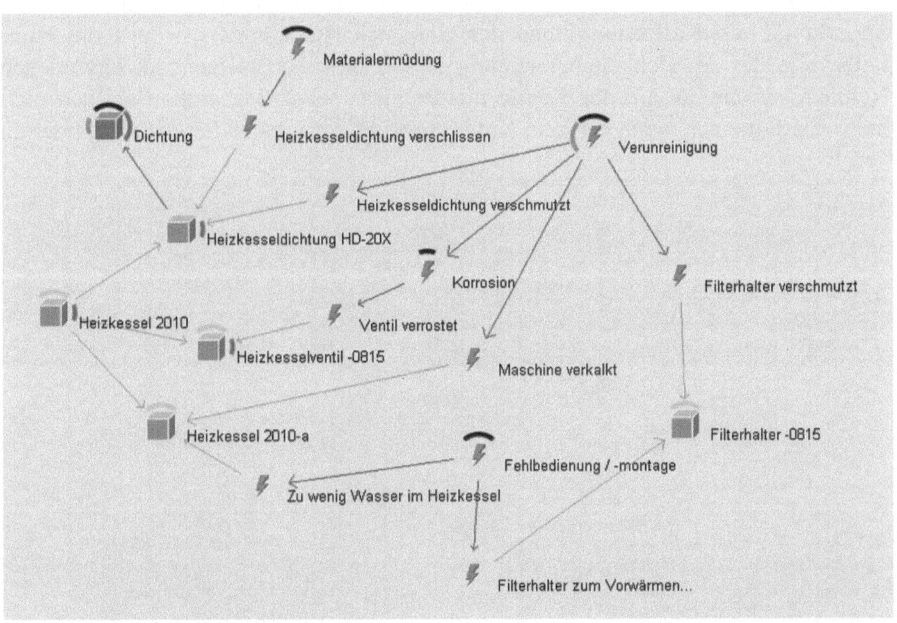

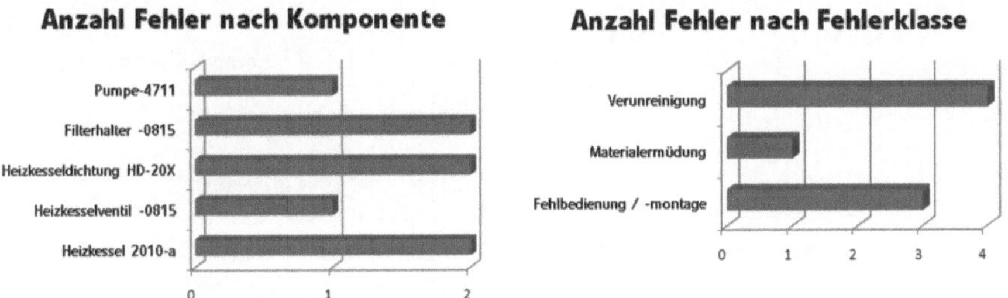

Abb. 5.9 Fehler und Fehlerklassen mit ihrer Zuordnung zu Komponenten und die sich daraus ergebenden Zusammenfassungsmöglichkeiten

der Crema 2010 zugeordnet sind (Abb. 5.9), können wir z.B. eine Übersicht nach Komponenten oder nach Fehlertypen generieren und über Fehlerklassifikation nach oben verdichten, um unsere Schlüsse zu ziehen. Finden wir mehr Bedienfehler, spricht das dafür, dass unsere Komponenten zu kompliziert sind, dominiert der Materialverschleiß, sind die Materialien vielleicht nicht hochwertig genug etc.

5.2.5 Ähnlichkeitsermittlung

Durch die Unterscheidung zwischen verschiedenen Objekt- und Relationstypen sind viele unterschiedliche Wege zwischen Objekten des semantischen Netzes entstanden, darauf haben wir schon mit den strukturierten Suchen aufgebaut. Auch die Möglichkeiten für die differenzierte Berechnung von Ähnlichkeiten haben sich dadurch vervielfacht. Am Beispiel der Suche nach bereits aufgetretenen Fehlern im Support für die Kaffeemaschinen der Universal AG können wir uns die Funktionsweise der Ähnlichkeitsberechnung in semantischen Netzen gut klarmachen. Nehmen wir einmal an, der Kunde meldet, dass seine Brüheinheit einfach nicht mehr abkühlt, auch wenn gar kein Kaffee gebrüht wird. Falls dieser Fehler oder ein

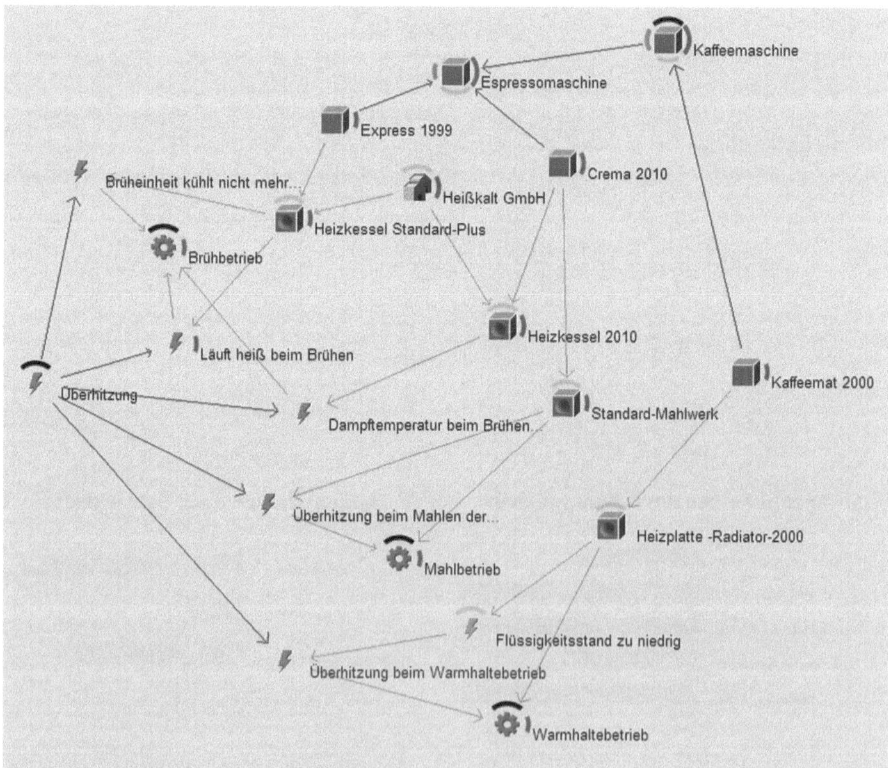

Abb. 5.10 Kandidaten für ähnliche Fehler

ganz ähnlicher schon einmal aufgetreten ist, können wir die Diagnose und Lösung erheblich beschleunigen, wenn wir ihn finden und den Support-Mitarbeiter darauf aufmerksam machen. Ein Kriterium für die Ähnlichkeit wird sicherlich der Fehlertyp sein, ein anderer der Vorgang bzw. die Betriebsart, bei der der Fehler aufgetaucht ist. Schließlich ist wichtig, ob der schon bekannte Fehler an einer Maschine vom selben Typ und ob er an der gleichen oder einer anderen Komponente aufgetreten ist.

Am ähnlichsten ist wahrscheinlich der Fehler, der ebenfalls am Heizkessel der Express 1999, ebenfalls beim Brühbetrieb aufgetreten ist und bei dem es sich ebenfalls um eine Überhitzung handelt.

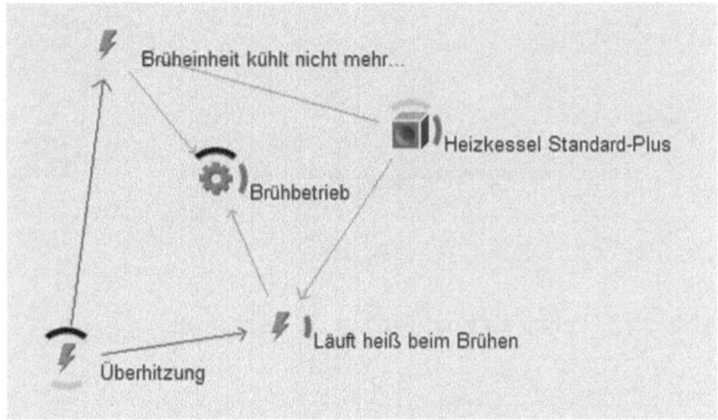

Abb. 5.11 Fehler mit einer hohen Ähnlichkeit bezüglich der genannten Kriterien

Verallgemeinert können wir sagen – je mehr Eigenschaften übereinstimmen, desto ähnlicher sind sich zwei Objekte. Im semantischen Netz wird das an der Anzahl der unabhängigen Pfade zwischen beiden Objekten sichtbar. Nun können aber auch die Werte einer Eigenschaft im semantischen Netz wie im richtigen Leben bei zwei Fehlern lediglich ähnlich sein bzw. Gemeinsamkeiten haben statt vollständig übereinzustimmen.

Rein sprachliche Unterschiede wie *Überhitzung* vs. *übermäßige Wärmeentwicklung* haben wir durch die Zuweisung von Fehlertypen aus dem semantischen Netz statt einer Freitexteingabe bereits vermieden. Was aber, wenn der Fehlertyp ist nicht *Überhitzung* ist, sondern *Temperaturschwankungen*, oder an einem anderen, aber vielleicht einer vergleichbaren Komponente auftritt? Oder wie in unserem Beispiel nicht an der gleichen Maschine, aber ebenfalls an einer Espressomaschine und dort ebenfalls am Heizkessel auftritt, der zudem noch vom selben Unternehmen (Heißkalt GmbH) geliefert wird? Im semantischen Netz ist die Länge der Pfade ein Indikator für die inhaltliche Entfernung zweier Objekte (s. Abb. 5.12 und Abb. 5.13). Die mit langen Pfaden abnehmende Ähnlichkeit kann durch viele parallele Pfade aber wieder erhöht werden. Das ist wie in den Detektivgeschichten: Verdächtig sind immer alle aus der unmittelbaren Umgebung des Opfers. Wenn wir aber außerhalb dieser Umgebung beim Verfolgen aller Spuren immer wieder auf dieselben Personen stoßen, nehmen wir die in den Kreis der Verdächtigen mit auf.

Dieses Grundprinzip der Ähnlichkeitsermittlung im semantischen Netz muss in der Praxis ausgestaltet werden. Möglicherweise zählen nicht alle Kriterien gleich

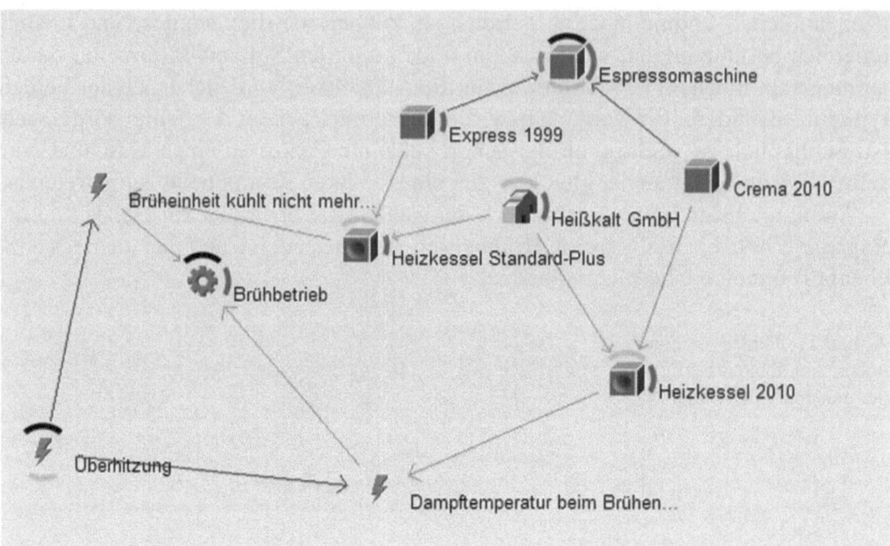

Abb. 5.12 Fehler an vergleichbarer Komponente

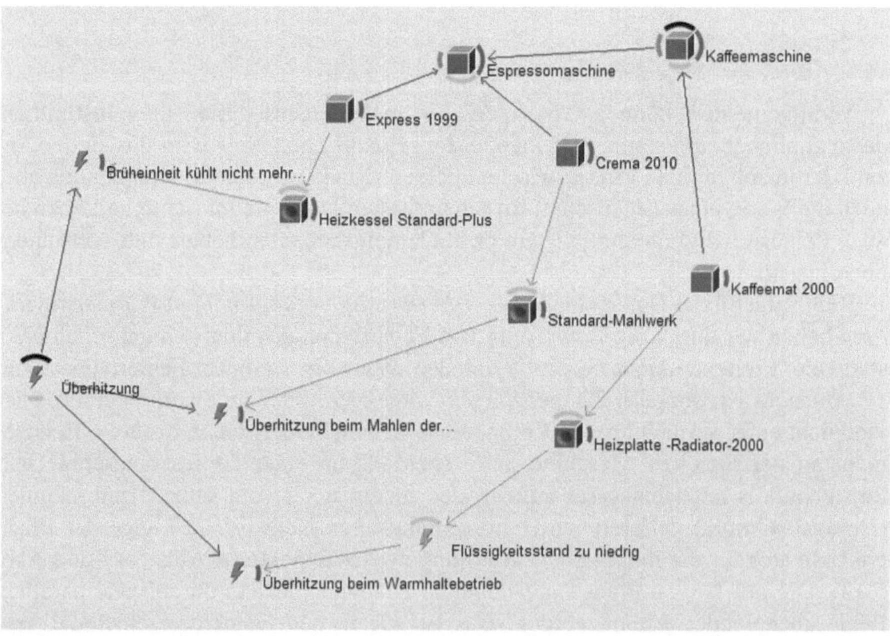

Abb. 5.13 Fehler mit geringer Ähnlichkeit, die außer dem Fehlertyp kaum noch etwas mit dem Ausgangspunkt zu tun haben

viel. Wir müssen also die Möglichkeit haben, einzelne Teilstrecken (Relationen) unterschiedlich zu gewichten. Ggf. müssen wir auch Attribute in die Berechnung mit einbeziehen – wenn es sich beispielsweise um ein Verschleißproblem handelt, kann es ausschlaggebend sein, wie viele Betriebsstunden die Maschine hatte.

5.2.6 Exkurs – Semantische Netze und Datenbanken

Nach den Nutzungsmöglichkeiten von Faktennetzen, die wir in diesem Kapitel kennengelernt haben, drängt sich die Frage nach der Abgrenzung semantischer Netze von relationalen Datenbanken auf. Ich möchte in diesem Kompendium nicht versuchen, eine **technische** Abgrenzung vorzunehmen. Die Unterschiede, die uns hier interessieren, sind eher die in der Verwendung. Wofür wir eher semantische Netze und wofür wir eher relationale Datenbanken verwenden würden, hängt vor allem von der Komplexität der Sachverhalte ab, die wir repräsentieren wollen:

- Können wir alle Sachverhalte in ein gleichförmiges Schema bringen oder müssen wir viele unterschiedliche Zusammenhänge abbilden? Können wir den Sachverhalt einfach in Form einer Tabelle abbilden? Wenn ja, spricht das für eine Datenbank, wenn nicht, dann spricht das für ein semantisches Netz.
- Profitieren wir von dem fließenden Übergang zwischen Schema und Daten?
- Wie änderungsfähig und erweiterbar müssen wir mit unserem Schema sein? Kennen wir schon alle Daten die wir repräsentieren wollen oder müssen wir mit strukturellen Überraschungen rechnen?
- Schließlich gilt die Nähe zu Datenbanken nur für reine Faktennetze. Überall, wo wir einen größeren Anteil an Themen und Begriffshierarchien haben, tun wir uns mit einem semantischen Netz deutlich leichter.

Weitere relevante Unterschiede liegen in der Art, wie auf der Basis eines semantischen Netzes eine Applikation aufgebaut wird:

- Semantische Netze packen typischerweise einen größeren Teil der Logik, die später das Verhalten der Anwendung steuert, in die Daten, d.h. in das semantische Netz. Funktionen der Anwendung können schon auf höheren Konstrukten aufbauen, z.B. Fehler einer bestimmten Klasse oder Komponenten eines bestimmten Lieferanten.
- Semantische Netze sind traditionell besser auf die Integration unstrukturierter Textinformation ausgelegt, an manchen Stellen gibt es fließende Übergänge (siehe auch Kap. 10).
- Wir haben gesehen, dass semantische Netze eine große Nähe zu den Ordnerstrukturen haben – während das Schema einer relationalen Datenbank nur technisch funktionieren muss und für den Nutzer nur sehr indirekt in der Anwendung sichtbar wird, hat der Nutzer eine sehr direkte Sicht auf die Zusammenhänge im semantischen Netz.

- Semantische Netze eignen sich nicht nur dazu, das existierende Wissen zu repräsentieren, sie können auch den Wissensbedarf abbilden, Diskussionen und sehr dynamische Themengebiete organisieren.

Diese Unterschiede summieren sich zu einer anderen Interaktionsebene. Einer der Pioniere semantischer Technologie in Deutschland, Gerhard Knorz, hat das sinngemäß einmal so formuliert (Knorz 2003): Nehmen wir einmal an, wir zerlegen das Heidelberger Schloss komplett in seine Bestandteile, vermessen und katalogisieren alle Steine. Auf diesem Datenbank-Inventar können Anwendungen aufgesetzt werden, die uns sagen wie viele Turmecksteine wir haben, die Transport und Lagerung optimieren und sogar statistische Auswertungen über Größe und Gewicht der Steine durchführen. Ein semantisches Netz soll andere Fragen beantworten, Fragen der Art: Hatte ich vom linken Turm aus eine schöne Sicht über die Stadt?[6]

5.3 Aufbau und Quellen

Ein reines Faktennetz hat ein spezifisches Profil: es enthält viele, untereinander komplex vernetzte Individuen. Das Netz enthält im Unterschied zum Themennetz eher wenige Begriffe, hauptsächlich die Klassenbegriffe (*Unternehmen, Projekt, Organisation, Abteilung, Person, Rolle, Ort* etc.), von denen sich die verschiedenen Individuen ableiten. Die Begriffe stehen in einer sehr strikten Ober-/Unterbegriffs-Relation, die das Rückgrat des Faktennetzes bildet. Das Netz enthält darüber hinaus relativ viele Relationstypen (*arbeitet bei, leitet, hat Teilorganisation, ist beteiligt an, hat Standort, hat Teilprojekt etc.).*

Entsprechend ergibt sich bei den Quellen, die wir zum Aufbau eines Faktennetzes nutzen können, ein ganz anderes Bild als bei den Themennetzen. Im Folgenden werden wir vor allem auf die Quellen und Techniken eingehen, bei denen die größten Abweichungen bestehen.

Die **Auswertung von Verzeichnisstrukturen** spielt erfahrungsgemäß beim Aufbau von Faktennetzen keine große Rolle. Der Grad an Systematik, der als Input für ein Themennetz ausreichend war, ist für ein differenziertes Faktennetz mit unterschiedlichen Objekt- und Relationstypen meist nicht genug: Die Ordnungskriterien und damit die Grundlage für die Typisierung von Objekten und Relationen wechseln in den meisten Verzeichnissen von Ebene zu Ebene und von Teilast zu Teilast. Im Projektverzeichnis eines Softwaredienstleisters z.B., das auf der ersten Ebene zwischen Beratungsprojekten, Implementierungsprojekten und Forschungsprojekten unterscheidet, sind die Beratungsprojekte dann vielleicht nach Kundenbranche aufgeteilt, die Implementierungsprojekte in Prototypen, Piloten und Produktivsysteme und die Forschungsprojekte nach Förderträger. Diese Informationen sind alle wertvoll – hier kann eine Typisierung der Objekte, ev. sogar eine Begriffshierarchie

[6]Siehe auch (Chan et al. 1993) zum Umgang von Nutzern mit relational-orientierten DB-Strukturen vs. semantisch-orientierten *conceptual structures*.

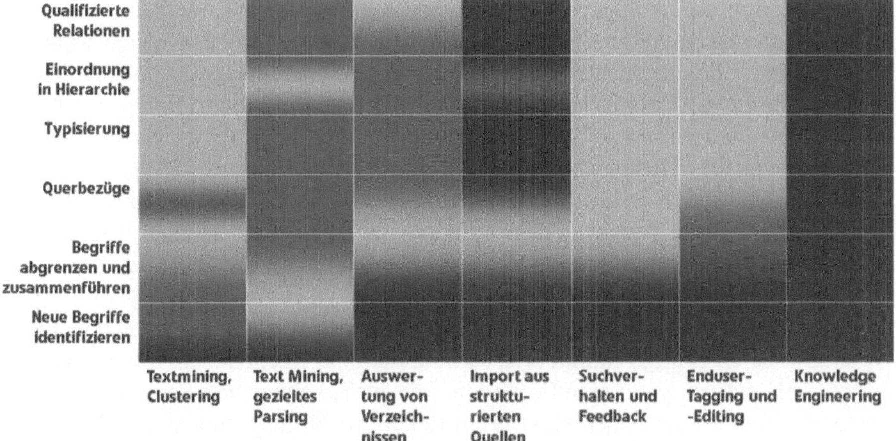

Abb. 5.14 Techniken zum Aufbau eines Faktennetzes

der Projekttypen und Querverbindungen von Projekten zu Kunden abgeleitet werden. Nur eben nicht automatisch, die Interpretation der Verzeichnisstruktur und das Trennen der Ordnungsdimensionen ist eine intellektuelle Leistung.

Das **Enduser-Editing** ist eine relevante Technik zum Aufbau von Faktennetzen, hat aber hier einen etwas anderen Charakter. Hier geht es weniger um Tagging von Dokumenten, sondern eher um das Füllen von Masken, ähnlich wie in Datenbankanwendungen. So können Mitarbeiter in einem Faktennetz zum Beispiel neue Projekte oder neue Kunden anlegen und pflegen, ohne sich unbedingt die gesamte Vernetzung klar machen zu müssen.

5.3.1 Text-Mining: gezieltes Parsing

Um einen Beitrag zum Aufbau eines Faktennetzes zu leisten, müssen Text-Mining-Verfahren spezifische Sachverhalte in den Texten erkennen und sie in Vorschläge für getypte Wissensnetz-Objekte und Verknüpfungen übersetzen. Diese Aufgabe erfordert ein wesentlich tieferes Detailverständnis einzelner Textpassagen, ein ganzheitliches und dafür oberflächliches Verständnis des gesamten Textes, wie es die statistischen Text-Mining-Techniken zum Aufbau assoziativer Netze an den Tag legen, ist bei der Extraktion getypter Objekte und Verknüpfungen nicht gefragt. Entsprechend kommen hier ganz andere Techniken zum Zug.

Ein gutes Beispiel, um einen ersten Blick auf diese Techniken zu werfen, ist die Erkennung von Personennamen in Texten. Wenn wir in einem Text eine Nominalphrase mit zwei Elementen finden, die beide großgeschrieben sind und von denen keines als Objekt im semantischen Netz vorkommt, dann handelt es sich mit einer gewissen Wahrscheinlichkeit um den Namen einer Person.

Wir können die Treffsicherheit erhöhen, wenn wir ein Vornamenswörterbuch einsetzen und das erste großgeschriebene Wort dort wiederfinden. Auch wenn die Nominalphrase drei Elemente enthält und wir erkennen das erste als einen Rollenbegriff (Vorstandsvorsitzender Wilhelm Wichtig), ist das ein klarer Indikator, ebenso eine i.d.R. zweistellige Zahl, die in Klammern hinter die Folge großgeschriebener Wörter gesetzt ist (Altersangabe).

An diesem Beispiel sind linguistische Techniken beteiligt – sie zerlegen den Zeichenstrom eines Textes zunächst einmal in sinnvolle Einheiten. Dazu kommen Regeln der Verarbeitung von Zeichenketten (auch als reguläre Ausdrücke bezeichnet) und Wörterbücher.

Je nach Objekttyp sind die Ergebnisse sehr unterschiedlich: Für manche Objekttypen gibt es eindeutige Indikatoren, z.B. weist eine Rechtsform-Angabe wie AG oder GmbH eindeutig auf eine Firma hin. Für das Erkennen von Personennamen in Texten können mit den oben skizzierten Regeln recht gute Quoten erzielt werden, auch Datumsangaben, technische Größen wie Messwerte etc. sind aussichtsreich. Viel schwieriger sind Objekttypen wie Produkte, Themen, wo eindeutige Indikatoren oft fehlen. Um die Schwierigkeit der Aufgabe generell einschätzen zu können, stelle man sich vor, man selbst müsse in Texten einer völlig fremden Sprache die Objekte des jeweiligen Typs identifizieren.

Weitaus schwieriger ist die Extraktion von *Fakten* aus fortlaufenden Texten. Ohne zu sehr ins Detail zu gehen, können wir sagen, dass wir es hier mit der vollen Bandbreite sprachlicher Varianz zu tun haben. Hier muss in jedem Fall sehr genau vorgegeben werden, welche Fakten, d.h. konkrete Objekte (Individuen), ihre Verknüpfungen und Attribute aus den Texten extrahiert werden sollen. Für Probleme der Art „Finde Produktionszahlen bekannter Produkte in bekannten Märkten in Texten“ gibt es Lösungen oder zumindest Ansätze. Erwarten wir mehr Hilfe beim Aufbau des semantischen Netzes als das Füllen vorgegebener Strukturen, also z.B. Dinge wie „Finde aus zehn Betriebsanleitungen und fünf Lexikonartikeln heraus welche Bestandteile eine Kaffeemaschine hat“ oder gar „Extrahiere aus diesem Haufen Dokumente die wichtigsten Aussagen“ sind wir mitten in der Forschung bzw. im Bereich der Science Fiction. Die größten Schwierigkeiten beim automatischen Aufbau von semantischen Netzen sind nämlich Abstraktion und Relevanz. Nur ein Bruchteil der Statements und Objekte im Text sind relevant für das semantische Netz. Diesen Teil aus der unübersehbaren Flut von Fakten und Objekten, die wir potentiell extrahieren können, herauszufiltern, von verschiedenen Formulierungsvarianten zu abstrahieren jedes Faktum und Objekt nur einmal aufzunehmen, rhetorische Wendungen und bildhafte Sprache auf die Substanz zurückzuführen, das sind alles noch ungelöste Probleme in der Analyse natürlicher Sprache.

5.3.2 Strukturierte Quellen im Unternehmen

In der Regel liegt in jedem Unternehmen eine Fülle von Fakten in strukturierter Form vor – in ERP-Systemen, weiteren Datenbanken Excel-Tabellen. Diese

Information kann durch die Definition einer Abbildung zwischen Quelle und Wissensnetz automatisch importiert bzw. abgeglichen werden. Strukturierte Quellen machen oft den mengenmäßig größten Anteil des Faktennetzes aus.

Meist verbleiben die operativen Daten in den angezapften Systemen, während die Stammdaten mit dem semantischen Netz abgeglichen werden. In unserem fortlaufenden Beispiel werden wir vielleicht die Information, welcher Lieferant welche Bauteile zu welchem unserer Produkte beiträgt, aus einem Supplier-Relationship-Management-System (SRM) übernehmen, einzelne Lieferungen mit Stückzahlen und Terminen dagegen nicht. Auch hier setzt sich das Thema „Objektidentität" fort: was in einem System *Lieferant* heißt, heißt in einem anderen vielleicht *Supplier*, *Hersteller* oder *Partner*. Die Firma *Heißkalt GmbH* wird im SRM vielleicht als *HEISSKALT* geführt oder mit dem vollen Namen *Heißkalt – Komponenten für Heizung und Klimatisierung GmbH*. Woran erkenne ich, dass es sich um ein und denselben Lieferanten handelt? Diese Fragen haben eine Tradition im Bereich Business Intelligence, dort spricht man von Data-Cleansing und hat ein ganzes Arsenal komplexer Verfahren u.a. zur Duplikaterkennung und Datenfusion entwickelt.[7]

Datenformate spielen bei der Übernahme von Informationen ins semantische Netz erfahrungsgemäß eine untergeordnete Rolle. Meistens haben wir mit Fragen der Art zu tun, wie sich die Produktkategorie *Küche und Haushalt* aus Quelle A zur Kategorie *Haushaltsgeräte* aus Quelle B verhält -können wir die Verkaufszahlen beider Kategorien vergleichen, obwohl *Haushaltsgeräte* keine Mixer und keine Dampfkochtöpfe, dafür aber Küchenwecker und -thermometer enthält. Ob die Informationen in einem der vielen XML-basierten Formate wie OWL oder RDFS oder als Excel-Tabelle geliefert werden, ist dagegen eher unerheblich. Professionelle Ontologie-Werkzeuge können eines oder mehrere dieser Formate lesen, die Übersetzung ins semantische Netz muss der Knowledge-Engineer in jedem Fall durch Definition einer Abbildung vorgeben, davor bewahrt uns kein Format.

Eine weitere Herausforderung bei der Übernahme von Daten aus Fremdquellen ins semantische Netz ist das Aktualisierungsverhalten: Welche Quelle ist der Master, wenn die Werte aus verschiedenen Quellen abweichen? Bei welchen Informationen bedeutet eine Abweichung einen Konflikt? Bei der Rechtsform eines Unternehmens möchten wir wahrscheinlich keine unterschiedlichen Angaben nebeneinander stehen haben, bei gelieferten Komponenten, Ländern, in denen ein Lieferant vertreten ist, lassen wir ggf. aus unterschiedlichen Quellen unterschiedliche Werte zu. Hier werden wir vor allem dann auf eine starke Formalisierung drängen, wenn wir automatische Updates durchführen wollen.

[7] Eine allgemeinverständliche Übersicht bieten z.B. Rahm u. Do (2000).

5.3.3 Knowledge-Engineering

Im Knowledge-Engineering der Faktennetze finden wir einen größeren Anteil an Modellierungsentscheidungen als bei den Themennetzen und eine höhere Komplexität. Das einzelne Objekte und die einzelne Verknüpfung werden dagegen eher automatisch aus anderen Quellen übernommen. Die Arbeit besteht also darin, Beispiele zu modellieren, Importe durchzuführen, das Verhalten der Anwendung auszuprobieren – so lange bis die Brücke geschlagen ist zwischen dem, was wir in der Anwendung wollen, und dem was, die Datenquellen hergeben.

Was bedeutet das für den Aufwand? Wir haben gesehen, dass wir in einem Faktennetz große Teile des Applikationsverhaltens schon im Aufbau und der Logik der Daten anlegen können. Die Konsequenz ist: Wir verlagern einen Teil der Definition der Anwendung zu den Fachexperten. Im Aufwand muss sich diese Art der Modellierung also u.a. mit der traditionellen Zusammenarbeit von IT-Abteilung und Fachbereich zur Erfassung von Anforderungen messen.

5.4 Zusammenfassung – Faktennetze

- Faktennetze etablieren Typen bei Objekten und Relationen.
- Sie unterscheiden zwischen Begriffe und Individuen.
- Rückgrat eines Faktennetzes ist eine Begriffshierarchie, die Typen definiert und die Vererbung von Eigenschaften zwischen Begriffen und auf Individuen steuert.
- Faktennetze lösen damit zentrale Ansprüche semantischer Netze ein und ermöglichen gezielte Ableitungen, spezifischen Sichten und Suchstrategien sowie die Berechnung von Ähnlichkeiten über eine Vielzahl von Kriterien.
- Zum Aufbau von Faktennetzen spielen strukturierte Quellen im Unternehmen eine zentrale Rolle.

Literatur

Chan HC, Wei KK, Siau KL (1993) User-Database Interface: The Effect of Abstraction Levels on Query Performance. MIS Quarterly 17 (4):441–464.

DIN-Norm 2330, Teil 12 (1993) Begriffe und Benennungen, Allgemeine Grundsätze. Beuth, Berlin

Knorz G (2003) Entwicklung eines Wissensportals der FH Darmstadt - Wissensmanagement in der öffentlichen Verwaltung. Vortrag beim 4. Darmstädter Technologie-Tag, 20. November 2003

Nadeau D, Satoshi S (2007) A Survey of Named Entity Recognition and Classification. Journal of Linguisticae Investigationes 30:3–26

Noy NF, McGuinness DL (2001) Ontology Development 101: A Guide to Creating Your First Ontology. Stanford Knowledge Systems Laboratory Technical Report KSL-01-05 and Stanford Medical Informatics Technical Report SMI-2001-0880, Stanford. Verfügbar unter: http://www-ksl.stanford.edu/people/ dlm/papers/ontology-tutorial-noy-mcguinness.pdf (25.9.2009)

Rahm E, Do HH (2000) Data Cleaning: Problems and Current Approaches. Bulletin of the Technical Committee on Data Engineering 23 (4):3-13

Kapitel 6
Expertensysteme und Ontologien

Die höchsten Komplexitätsstufen semantischer Netze, Expertensysteme und Ontologien,[1] werden wir zunächst von der Anwendung her beleuchten. Vor allem soll uns die Frage beschäftigen, wann wir überhaupt Modelle brauchen, die in ihrer Komplexität und Ausdrucksmächtigkeit noch über Faktennetze hinausgehen. Repräsentationsformalismen und Standards, die bei Expertensystemen und Ontologien eine große Rolle spielen, werden wir nur kurz streifen. Diese Themen füllen mühelos eigene Bücher, z.B. (Liebowitz 1997, Sure 2003, Allemang u. Hendler 2008, Staab u. Studer 2009).

6.1 Komplexitätsfaktoren

Wir haben festgestellt, dass semantische Netze Beschreibungen eines Themengebiets sind – verständlich für Mensch und Computer. Nun kann eine Beschreibung mehr oder weniger umfangreich ausfallen. Oft bestimmt der Detailgrad den Umfang: wenn wir in der Gebrauchs- und Reparaturanleitung für die Espressomaschine jede Schraube beschreiben, dann wird sie zwangsweise länger. Es gibt aber auch einen weiteren Faktor: die Allgemeinheit der Beschreibung. Möchten wir mit einer Anleitung für eine ganze Gruppe von Geräten auskommen, müssen wir alle Optionen beschreiben und einige Dinge allgemeingültiger darstellen, als wenn wir nur das Handbuch für die Crema 2010 schreiben. Das alles gilt auch für semantische Netze – stark vereinfacht können wir sagen, dass eine detailliertere Beschreibung uns in Richtung eines Expertensystems führt, während Ontologien einen höheren Allgemeingültigkeitsanspruch haben. Lassen Sie uns zur Illustration einen kleinen Ausschnitt des Kaffeemaschinenbeispiels herausgreifen und durch Hinzunehmen von Komplexitätsfaktoren in verschiedene Richtungen aufblähen.

---

[1]Eine aktuelle Diskussion des Begriffs *Ontologie* finden Sie in (Guarino et al. 2009). Hier wird der höhere Anspruch von Ontologien an Allgemeingültigkeit, der auch uns in diesem Kapitel beschäftigen wird, ausführlich dargestellt.

K. Reichenberger, *Kompendium semantische Netze*, X.media.press,
DOI 10.1007/978-3-642-04315-4_6, © Springer-Verlag Berlin Heidelberg 2010

6.2 Detailgrad des Modells

Das Modell der C2010 und ihrer Bauteile sah in unserem Beispiel zunächst relativ einfach aus.

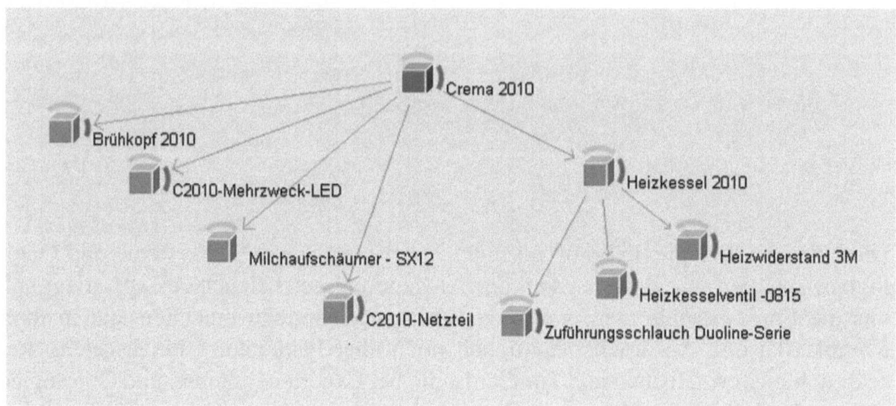

Abb. 6.1 Zerlegung der Crema 2010 in ihre Bauteile

Etwas komplexer wird es, wenn wir Varianten berücksichtigen. Beispielsweise wird die Crema 2010 in einer ganzen Reihe von Varianten gebaut: mit einer Frontverkleidung aus Aluminium oder aus Kunststoff, in unterschiedlichen Farben, mit unterschiedlichen Heizwiderständen oder Netzteilen für die verschiedenen Exportmärkte etc.

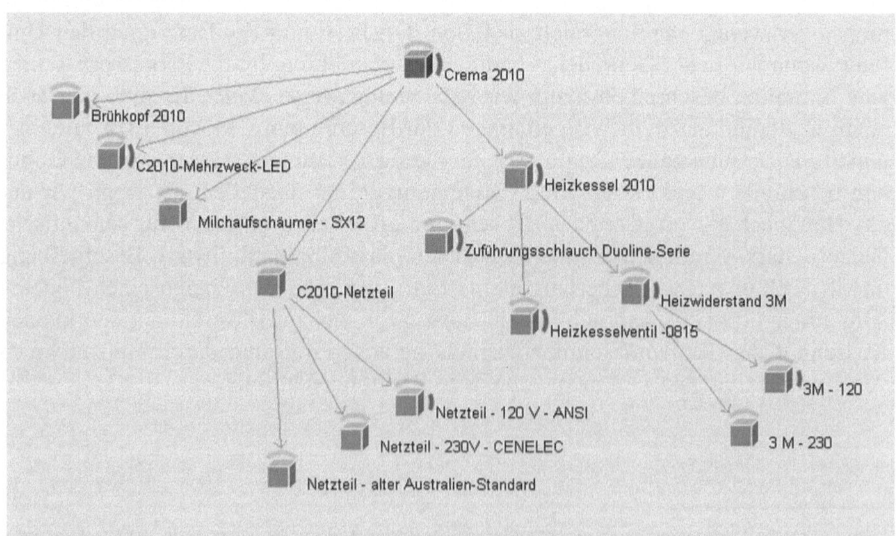

Abb. 6.2 Bauteile der Crema 2010 mit einer kleinen Auswahl aus den Varianten

Daraus kann schnell ein ausgesprochen komplexes Modell werden, vor allem, wenn wir auch noch abbilden möchten, welche Bauteil- und Ausstattungsvariante mit welcher anderen kompatibel ist. Z.B. enthält die Variante für den nordamerikanischen Markt keinen Milchaufschäumer, ein spezielles Netzteil und einen speziellen Heizkessel, der wiederum aus Standardkomponenten, aber auch aus speziellen Komponenten besteht.

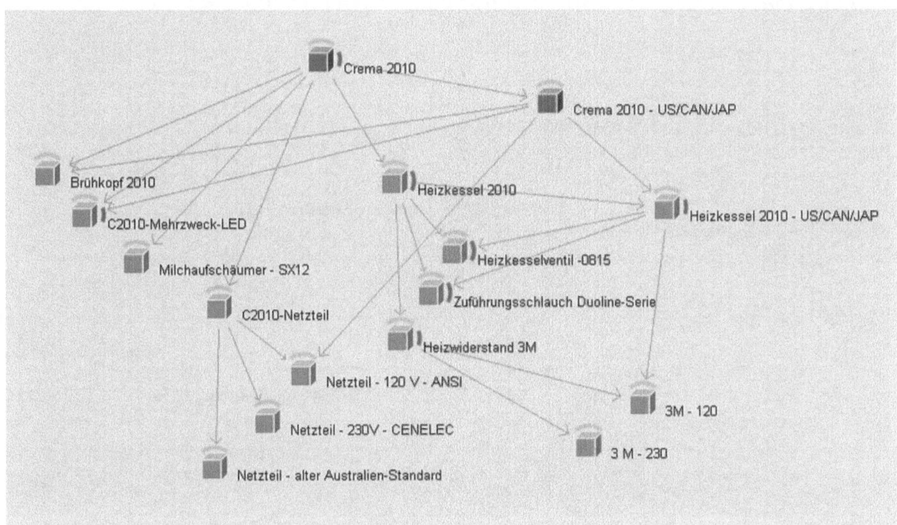

Abb. 6.3 Zuordnung der Bauteilvarianten zu einer Produktvariante

Wir sehen, dass die Komplexität mit der abgebildeten Zerlegungstiefe eines Produkts relativ schnell zunimmt. Was ein sinnvoller Detailgrad ist, hängt von der Anwendung und den Erwartungen der Nutzer ab. Wenn wichtige Fragen nur mit Hilfe eines bestimmten Detailgrads beantwortet werden können, dann ist diese Detailtiefe offenbar sinnvoll. Bei semantischen Netzen, die Dokumente (oder z.B. Fehler) erschließen, kommt ein weiterer Indikator hinzu: Haben wir mehr Objekte im semantischen Netz als Dokumente, die wir erschließen wollen, sind wir offenbar über das Ziel hinausgeschossen. Wenn sich umgekehrt hinter jedem Objekt des semantischen Netzes noch eine unüberschaubare Menge an Dokumenten verbirgt, haben wir zu kurz gegriffen.[2]

6.2.1 Funktionale Detaillierung

Auch funktional können wir weiter ins Detail gehen: Espressomaschinen haben beispielsweise keinen kontinuierlichen Warmhalte-Betrieb wie Filterkaffeemaschinen,

---

[2]Das hängt allerdings auch davon ab, ob wir Dokumente über die Kombination von Objekten erschließen oder nicht (siehe Abschn. 10.5).

daher passiert eine automatische Abschaltung nur im Notfall zur Verhinderung eines Brands. Ein Wiederaufnehmen des Betriebs wie es eine Bimetall-Sicherung erlaubt, ist nicht vonnöten. Um ausdrücken zu können, warum bei einer Espressomaschine eine Schmelzsicherung und bei einer Filterkaffeemaschine eine Bimetall-Sicherung eingebaut ist, müssen wir ganz neue Typen von Objekten hinzunehmen, z.B. Umstände oder Arten des Betriebs wie *Betrieb der Maschine mit ungefiltertem/ungefiltertem Wasser*, *Brühbetrieb* oder *Mahlbetrieb* etc.

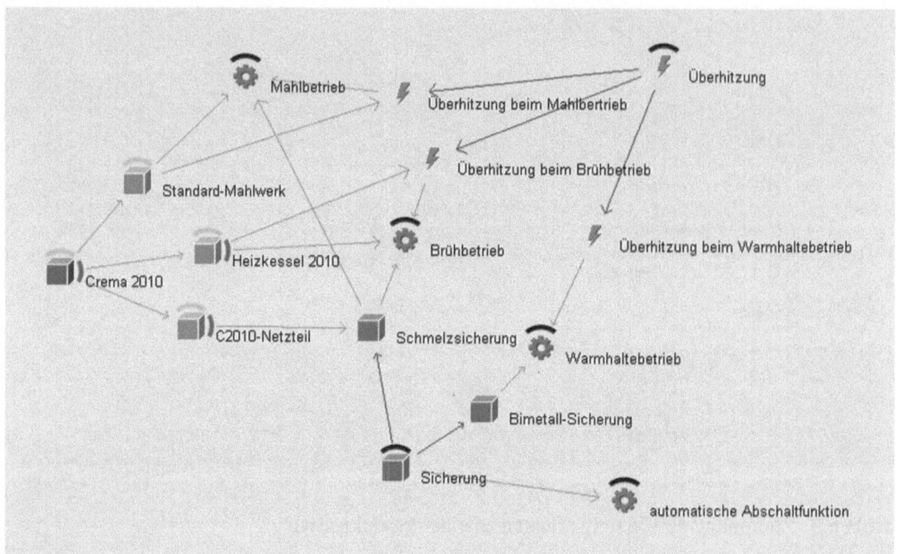

Abb. 6.4 Hinzunehmen neuer Objekttypen wie Betriebsarten

Ähnlich kann es für die Kollegen aus der Produktion nicht bei der Zerlegung in Bauteile bleiben. Sie denken oft in einer ganz anderen Bauteilhierarchie und interessieren sich nicht für funktionale Komponenten, sondern eher für räumliche Nachbarschaft, Zusammenbaureihenfolge und sich daraus ergebende Gruppen. Nachbarschaften müssen daher in einem für die Produktion relevanten Modell explizit gemacht werden, d.h. angrenzende Teile mit Relationen verknüpft werden. Im Zweifelsfall können wir nicht einmal bei der Verknüpfung von Frontblech und Seitenwand bleiben, sondern müssen jede einzelne Fügestelle als Objekt repräsentieren, dann nämlich, wenn wir auch das Fügeverfahren sogar die konkrete Maschine die diese Verbindung ausführt, mit erfassen wollen.

6.2.2 Zeitabhängige Aussagen

Ein geradezu klassischer Komplexitätsfaktor sind zeitabhängige Aussagen. Wofür brauchen wir so etwas? Nehmen wir an, Gabriele Gesamt leitet das Kaffeemaschinen-Entwicklungsprojekt erst seit Mitte des Jahres 2009 nachdem sie es von Renate Ruhestand übernommen hat. Suchen wir nun im Archiv Spezifikationsdokumente, dann sollten wir wissen, dass wir für Projekte mit Start vor Mitte 2009 unter Renate Ruhestand und nicht unter Gabriele Gesamt suchen sollten. Oder nehmen wir an, die Universal AG wechselt häufiger den Lieferanten für eine Komponente. Hier müssen wir die zeitliche Einschränkung auswerten, um zu wissen, an welchen Lieferanten wir uns bei einem bestimmten Fehler zu halten haben. In beiden Fällen ist die Relation zeitlich begrenzt, nicht das Objekt, so dass wir die zeitliche Gültigkeit an die Relation knüpfen.

6.2.3 Differenzierte Aussagen

Eine weitere Dimension, in der unser Modell komplexer werden kann ist die Differenziertheit der Aussagen. In Abschn. 5.1 hatten wir erwähnt, dass wir im semantischen Netz dazu neigen, verschiedene Sachverhalte auf eine vereinfachende Formel zu bringen und mit einer Relation abzubilden. Tun wir das, können wir z.B. die Ursache-Wirkungs-Zusammenhänge bei der Zubereitung von Espresso nur sehr grob abbilden, nach dem Motto: „Wassertemperatur, Druck, Mahlgrad des Kaffees und Befüllung des Siebs *haben Einfluss auf* Espressogetränk.“

Eine differenziertere Modellierung wird sehr schnell die Anzahl der Relationstypen in die Höhe treiben. Betrachten wir z.B. folgenden Abschnitt der Bedienungsanleitung: „*Reinigen sie vor dem Einsetzen des Filterträgers auf jeden Fall den Rand, damit kein Kaffeepulver in Berührung mit der Brühgruppe kommt. Sonst verbrennt es im Kontakt mit der heißen Brühgruppe und verfälscht den Geschmack des Kaffees.*“ Das könnten wir in einem semantischen Netz etwa mit folgenden Aussagen übersetzen

- Kaffeepulver *wird gefüllt in* Filterträger
- Kaffeepulver *kommt in Berührung mit* Brühgruppe,
- Brühgruppe *verbrennt* Kaffeepulver,
- [dieser Vorgang] *hat negativen Einfluss auf* Geschmack des Kaffees

Die negativer-Einfluss-Relation werden wir wahrscheinlich noch an einigen anderen Stellen in einem Kaffeemaschinen-Wirkmodell verwenden können. Die anderen Relationen werden eher Seltenheitswert behalten. Betrachten wir noch ein weiteres Beispiel aus der Bedierungsanleitung: „*Brühvorgang und Brühtemperatur müssen auf die Mahlung des Kaffees eingestellt sein. Ist der Brühvorgang auf eine feine Mahlung abgestimmt, dann werden die Aromen der dickeren Partikel nicht optimal gelöst und gelangen nicht in den Espresso. Ist der Vorgang hingegen auf eine grobe Mahlung abgestimmt, dann lösen sich aus den kleinen Partikeln gegen Ende des Brühvorgangs unerwünschte Bitterstoffe, die den Geschmack des Kaffees beeinträchtigen.*“ Dieses Beispiel produziert nicht nur viele Relationen:

- Brühvorgang *löst Geschmacksstoffe* aus Partikeln
- Brühvorgang *löst Bitterstoffe aus* Partikeln

- Ob die erste oder die zweite Aussage zutreffen (Geschmacksstoffe oder Bitterstoffe gelöst werden), *wird beeinflusst von* Druck und Mahlung

Es produziert auch viele Fragen: Wie repräsentieren wir den richtigen oder falschen Mahlgrad und Druck? Qualitativ als Begriffe wie *zu hoher Druck*, *zu niedriger Druck* oder quantitativ? Dann müsste die Einfluss-Relation auf einen bestimmten Druck-Wertebereich zeigen. Wie gehen wir damit um, dass dieser Wertebereich nicht feststehen, sondern wiederum nur in Kombination mit einem bestimmten Mahlgrad des Kaffeepulvers? Ganz gleich wie wir uns hier entscheiden, wir sind auf jeden Fall bei einem wesentlich komplexeren Modell.

Auch der Produktentwicklungsprozess kann differenzierter betrachtet werden. Die Crema 2010 kann es als Produktidee, als Sammlung von Anforderungen oder als CAD-Zeichnung geben. Lassen wir uns in der Modellierung darauf ein, kommen wir auch zu ganz anderen Arten von Relationen:

- Baugruppe X enthält Bauteil Y
- Baugruppe X enthält in der Standardausführung Bauteil Y
- Es ist geplant, dass Baugruppe X Bauteil Y enthalten soll
- Bauteil Y ist ein Kandidat, um in Baugruppe X eingebaut zu werden
- Wenn wir Bauteil Z aus Preisgründen verwerfen, dann wäre Bauteil Y eine mögliche Alternative um in Baugruppe X eingebaut zu werden

Wir werden im Folgenden Techniken und Konstrukte semantischer Netze kennenlernen, wie z.B. Meta-Relationen, mit denen wir derart differenzierte Aussagen zumindest teilweise abbilden können. Bevor wir uns auf eine solche Modellierung einlassen, sollten wir uns aber immer fragen: was erreichen wir mit einem komplexen Modell, was wir nicht auch mit einer ganz einfachen Modellierung erreichen, die alles auf eine Relation abbildet?

6.2.4 Komplexe Aussagen

Als Beispiel für komplexe Aussagen greifen wir noch einmal die Sicht der Produktion auf, speziell die Fügetechnik. Die Eignung einer Fügetechnik variiert je nach Materialien. Um das abzubilden, könnten wir im semantischen Netz jede Fügetechnik mit den einzelnen Materialien verbinden, das würde allerdings zu kurz greifen. Wenn sich beispielsweise das Hightech-Kleben eignet, um Aluminium und Kunststoff zu verbinden, kann es für das Fügen von Aluminium mit anderen Materialien, z.B. mit Stahl, gänzlich ungeeignet sein. Wir können also nur über **Kombinationen** von Materialien sinnvolle Aussagen machen. Daher zeigen in unserer nächsten Abbildung die Anlagen zum Laserhartlöten und die zum Hightech-Kleben auf die Relation zwischen zwei Materialien.

Wenn wir nun den Laserhartlöt-Anlagen noch zwei Komponenten hinzufügen, z.B. eine Vorschubeinheit und eine Anlagensteuerung, und vergleichen diese beiden Relationen mit denen zu den Materialkombinationen, sehen wir einen Unterschied in der Interpretation: eine konkrete Anlage wird **sowohl** eine Vorschubeinheit **als**

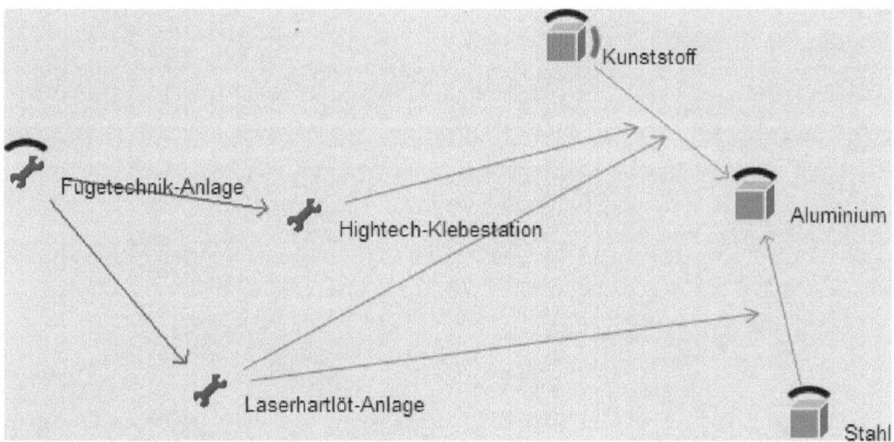

Abb. 6.5 Relationen auf Relationen am Beispiel Fügetechnik

auch eine Steuerung haben, wird aber **entweder** Aluminium mit Stahl **oder** Kunststoff mit Aluminium verbinden.[3] Was das für das Modell heißt, sehen wir in Abbildung 6.6.

Einen weiteren Komplexitätsfaktor haben wir nebenbei eingeführt: Ob und welches Lötzinn verwendet werden kann, hängt vom Verfahren und von seiner Anwendung ab – hier hätten wir eine Relation auf eine Relation auf eine Relation. Betrachten wir jetzt den Fügespalt, der maximal überwunden werden kann, dann hängt der von der Fügeaufgabe, dem Verfahren und dem verwendeten Lötzinn ab. Allgemein betrachtet heißt das, wir können beliebige Teile, beliebige Kombinationen und beliebige Aspekte einer Sache oder eines Sachverhalts zum Gegenstand der Betrachtung zu machen. In der Tat ist das eine sehr produktive menschliche Fähigkeit, wir sprechen in der Modellierung oft von Meta-Aussagen, bzw. Meta-Relationen.

6.3 Allgemeingültigkeit des Modells

Wir haben gesehen: Modellierungstiefe ist mehr als die Zerlegungstiefe des Geräts und kann schnell zu einer Vervielfachung der Objekte und Relationen führen. Interessanterweise können wir aber unser Fügetechnik-Beispiel mit wenigen Handgriffen radikal vereinfachen – unter einer Voraussetzung.

In dem Moment, in dem wir es mit einer konkreten Fügestation zu tun haben, werden komplexe Aussagen einfach, Meta-Relationen sowie AND- bzw. OR-Verknüpfungen der Relationen verschwinden. Das liegt daran, dass wir hier nicht mehr beschreiben, was mit einer Klasse von Maschinen möglich ist, sondern was

[3] Ross Quillians unterscheidet zwischen *conjunctive set* und *disjunctive set* (Quillian 1967).

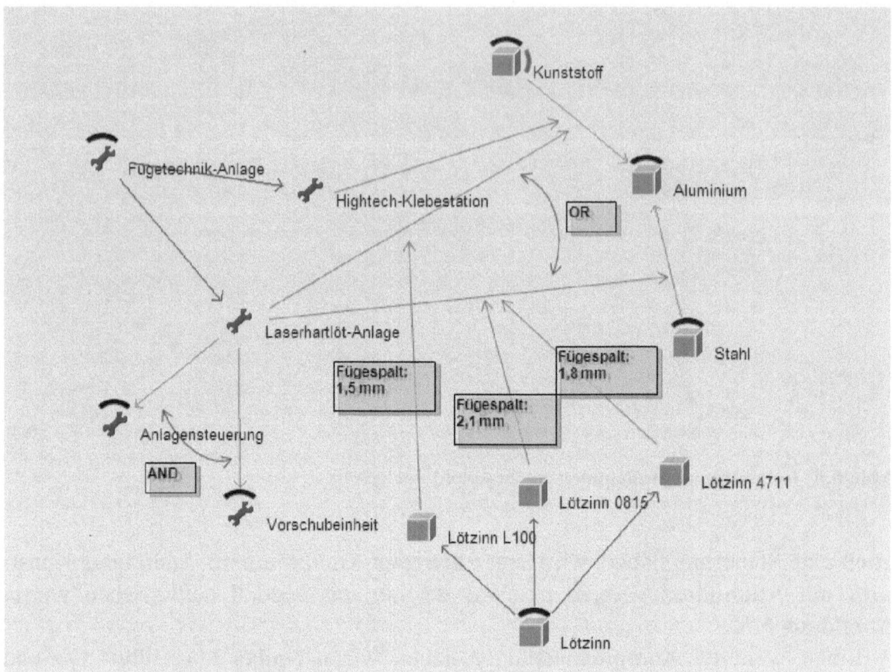

Abb. 6.6 Komplexe Aussagen

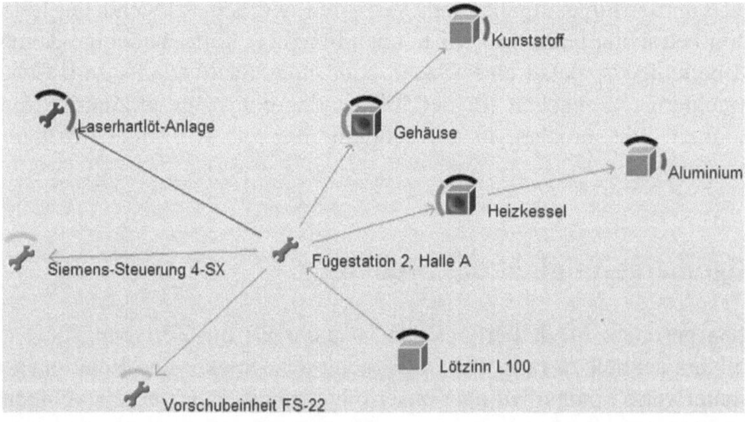

Abb. 6.7 Modellierung einer konkreten Fügestation

eine konkrete Maschine tatsächlich macht. Meta-Relationen, die uns gesagt haben, welches Lötzinn im Fall der Verbindung Aluminium-Stahl und welches bei Aluminium-Kunststoff zum Einsatz kommt, brauchen wir nicht mehr, weil es keine verschiedenen Fälle mehr gibt. Ein Modell der konkreten Fakten kann also viel einfacher sein als eines der allgemeinen Begriffe.

Mit dem Anspruch einer Allgemeingültigkeit und Kontextfreiheit der Modellierung können wir uns nicht nur Meta-Relationen und solche Dinge sondern zunächst auch eine Menge von Objekten einhandeln. Ein einfaches Beispiel: Für die Deutsche Bahn ist jeder Reisende auch ein Fahrgast – um das abzubilden, genügt uns ein Begriff mit Synonymen. Gehen wir über das Unternehmen Bahn hinaus und versuchen die Welt des Transports allgemeingültiger abzubilden, gibt es als Spezialfälle der Reisenden Fahrgäste (des öffentlichen Nah- und Fernverkehrs), Fluggäste, Autofahrer, Wanderer etc. Betrachten wir dieselben Reisenden aus einem anderen Blickwinkel, dem des Reisebüros, kommen Begriffe wie *Geschäftsreisender* und *Tourist* dazu, Touristen können wir wieder in Pauschaltouristen und Individualtouristen trennen, usw. usf. All diese begrifflichen Unterscheidungen bringen keine größere Detailtiefe in unsere Modellierung ein sondern verschiedene Sichten und damit eine größere Allgemeinheit. Zurück zur Universal AG: Auch die Begriffe bzw. Typen unserer bisherigen Modelle sind nicht allgemeingültig: was bei der Universal AG ein Bauteil ist, ist bei der Heißkalt GmbH ein Endprodukt. Die Wettbewerber unterscheiden vielleicht noch zwischen Endkunden- und Partnerkanal-Produkt. Ein Ersatzteil, das z.B. die Heißkalt GmbH nur über Werkstätten an den Endkunden bringt, verkaufen andere direkt im Laden usw. Wenn wir es hier allen recht machen wollen, dann müssen wir bei sehr allgemeinen vorgegebenen Typen bleiben (wie z.B. Gegenstand) und für den Endnutzer dynamisch eine Typisierung berechnen. Ein Vorgehen, das sowohl im Modell als auch in der Nutzung sehr viel aufwendiger ist (siehe auch den Abschnitt „Komplexere Instrumente“ in diesem Kapitel).

Aber selbst das hilft uns nicht, wenn die Abgrenzung der Begriffe sehr situationsspezifisch wird. Im Lexikon bezeichnet *Kaffeemaschine* eine Klasse technischer Geräte, bei der Universal AG wird man oft unter dem Begriff nur die eigenen

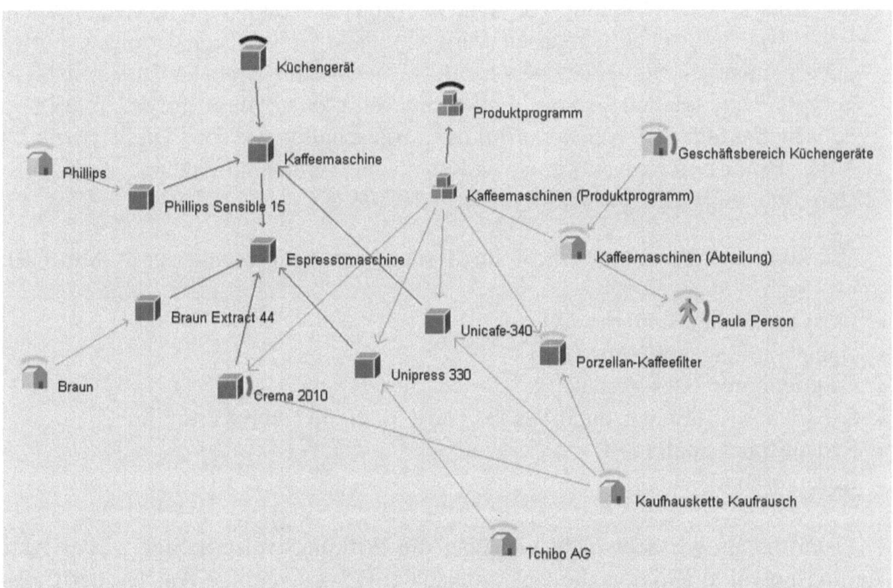

Abb. 6.8 Realisierung einiger Facetten des Begriffs *Kaffeemaschine*

Geräte verstehen. Vielleicht enthält bei der Universal AG die Produktgruppe *Kaffeemaschinen* aber auch Porzellanfilter, damit ist diese Produktgruppe nicht einfach ein Unterbegriff des allgemeinen Begriffs *Kaffeemaschinen* und nicht definierbar als *Kaffeemaschinen, die von der Universal AG hergestellt werden* (s. Abb. 6.8). Möglicherweise meint ein Mitarbeiter der Universal AG, wenn er oder sie Kaffeemaschinen sagt, aber auch den Geschäftsbereich Kaffeemaschinen oder einen Posten in der Bilanz, z.B. den Umsatz dieses Geschäftsbereichs.

Der Grad an Allgemeinheit, den wir anstreben, ist nicht nur eine Frage des Aufwands: Wir können uns leicht vorstellen, dass ein Nutzer, der nur an der „Hubschrauberperspektive“ interessiert ist, eine kondensierte Sicht vorziehen wird. In einem generischen Modell (z.B. zwischen verschiedenen Unternehmen) müssen wir jede Chance zur Zusammenfassung liegen lassen und alle Facetten eines Themas ausmodellieren.

6.3.1 Dynamik modellieren

Betrachten wir zur Abwechslung einmal einen natürlichen biologischen oder physikalischen Mechanismus, also ein Zusammenwirken, das von Auslösern, Reaktionen und Regeln bestimmt wird und nicht ohne weiteres in eine feste Abfolge zu bringen ist – im Gegensatz z.B. zu einem Produktionsprozess.

> **Synapsen** [...] sind Kontaktstellen zwischen Nervenzellen und zu anderen Zellen (wie Sinnes-, Muskel- oder Drüsenzellen). An ihnen findet die Erregungsübertragung von einem Axon auf eine andere Zelle statt [...] An chemischen Synapsen wird ein elektrisches Signal zunächst in ein chemisches Signal umgewandelt: Eine in der signalgebenden Nervenzelle erzeugte elektrische Entladung führt dazu, dass an der präsynaptischen Membran Neurotransmitter ausgeschüttet werden. Diese chemischen Botenstoffe regen dann wiederum eine signalempfangende Zelle an (http://de.wikipedia.org/wiki/Synapse – 10.10.2009)

Wir können ohne weiteres die Teile dieser Synapse repräsentieren (s. Abb. 6.9):

- Präsynaptische Membran (A)
- signalempfangende Zelle (B)
- Calciumporen oder –kanäle (6)
- Synaptische Bläschen, auch Vesikel (2), enthält die Neurotransmitter
- Synaptischer Spalt (4)
- Rezeptoren (5) etc.

Damit haben wir aber nicht viel über die Wirkungsweise gesagt. „...das Aktivierungspotential aktiviert die Calciumkanäle. Der kurzzeitige Anstieg der Ca2+-Ionen-Konzentration bewirkt, dass ein Teil der synaptischen Bläschen (2) mit der

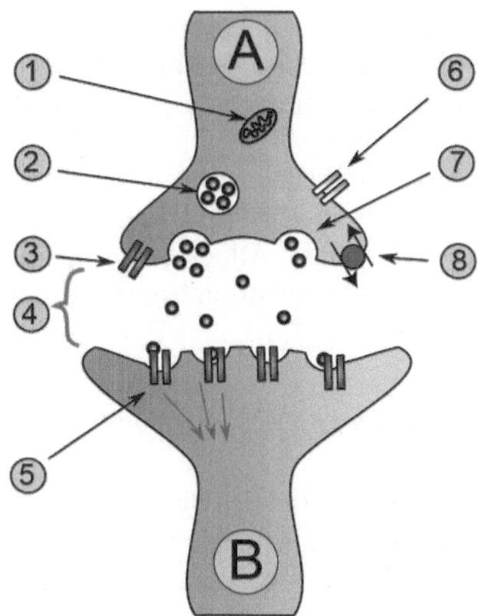

Abb. 6.9 Schematische Darstellung einer Synapse

Zellmembran verschmilzt (7) und so die Neutransmitter ausgeschüttet werden.“ Wollen wir aber einen bestimmten Zustand der Synapse im Netz manifestieren, müssen wir statt der Themen unterschiedliche Zustände der Basisobjekte modellieren. In dieser Variante hätten wir einen Zustand, in dem das Neurotransmitter-Objekt noch per semantische Relation im Vesikel-Objekt enthalten ist, einen, in dem diese Verbindung gelöst ist, einen, in dem das Neurotransmitter-Objekt mit dem Rezeptor verbunden ist etc. Dabei bleiben viele Fragen offen: eigentlich gelten die Aussagen ja jeweils nur für einem Teil der Vesikel und anderen Objekte, wie machen wir das? Modellieren wir alle Zustände gleichzeitig? Machen wir die Zustandsübergänge explizit?

Im Grunde eignen sich semantische Netze nicht, um Simulationsmodelle dynamischer Systeme aufzubauen. Wir können allerdings Vorgänge zu Begriffen wie Aktivierung der Kanäle, Anstieg der Ca2+-Ionen-Konzentration, Verschmelzen, Ausschüttung etc. abstrahieren und auf diesen Begriffen auch eine Abfolge modellieren. Das wiederum reicht vollkommen aus, um Dokumente zu erschließen.

6.3.2 Komplexere Instrumente

Aussagen werden in einem semantischen Netz als Attribute und Relationen repräsentiert. Die Beispiele aus den letzten Abschnitten führen uns an die Grenzen dessen, was wir mit diesem Instrumentarium sinnvollerweise abbilden können. Das hat weniger mit mangelnder Ausdrucksmächtigkeit zu tun: Mit Meta-Relationen, mit dem Bilden beliebiger Facetten eines Begriffs können wir enorm viel machen. Viele Vorteile semantischer Netze sind aber dahin, wenn wir sie nicht mehr auf Anhieb lesen und verstehen können. Gehen wir in der Komplexität über diese Grenzen noch hinaus, zu abgestuften oder z.B. quantitativen Aussagen und der Abbildung von dynamischen Zusammenhängen, dann sind semantische Netze möglicherweise nicht mehr der angemessene Formalismus.[4]

Ich hatte versprochen, Repräsentationsformalismen auf ein Minimum zu beschränken, daher werfen wir hier nur kurz einen Blick auf zwei prominente Vertreter einer ganzen Reihe von Techniken, die eine größere Differenziertheit und vor allem Allgemeingültigkeit in der Modellierung anbieten: logikbasierte Repräsentationsformalismen wie *description logic* und die *upper ontologies*.

6.3.3 Description logic

Es muss nicht gleich die Synapse sein, auch hier genügt uns ein einfaches Beispiel. Wir sprachen ja gerade von Porzellanfiltern. Die sind ein Grund, warum es logikbasierte Wissensrepräsentationen wie *description logic* gibt. Das Problem der Porzellanfilter in unserem Beispiel ist nämlich, dass sie den Begriff *Kaffeemaschinen* im Netz der Universal AG Netz von einem allgemeinen Kaffeemaschinen-Begriff entfernen. In den Warengruppen der Kaufhauskette Kaufrausch, eines großen Kunden der Universal, finden sich unter der Gruppe der Kaffeemaschinen keine Porzellanfilter. Dort sitzen sie unter Geschirr, ein Begriff, den es bei der Universal AG nicht gibt, da sie – außer den Porzellanfiltern selbst – gar keine Produkte in dieser Richtung herstellt.

Das unterschiedliche „Füllen" derselben Begriffe schafft ein großes Potenzial aneinander vorbei zu reden. Traditionelles Gegenmittel sind klare Definitionen. Wodurch werden Begriffe im semantischen Netz definiert? Bisher haben wir sie *extensional*, durch Aufzählung von Individuen, sowie durch Einordnung in eine Begriffshierarchie definiert. Logikbasierter Wissensrepräsentationen setzen an diese Stelle eine *intensionale* Definition, nach dem Motto: Welche Eigenschaften muss ein Ding haben, um eine Kaffeemaschine zu sein?

Mit einer solchen Definition könnten wir das unterschiedliche Verständnis formalisieren und damit aufdecken. Nach der Definition der Kaufhauskette wären Kaffeemaschinen dann etwa elektrisch betriebene Geräte, die aus Kaffeepulver und Wasser (optional auch Milch) Kaffe-Getränke herstellen. In der Definition der Universal AG sind Kaffeemaschinen schlicht diejenigen Produkte der Universal AG, die im Katalogabschnitt 4, betitelt *Kaffeemaschinen*, stehen. Wollen wir formale Definitionen nutzen, dann hält das bisher eingeführte Instrumentarium semantischer Netze nicht mehr die adäquaten Ausdruckmittel bereit. Hier müssen wir uns auf einen ganz anderen Repräsentationsformalismus einlassen. Das sieht dann in der OWL-Notation z.B. so aus:

---

[4]Der einzige mir bekannte Ansatz, der volle Ausdrucksmächtigkeit mit dem Anspruch auf Verständlichkeit und Nähe zur natürlichen Sprache verbindet, ist MultiNet (Helbig 2006).

```
<owl:Class rdf:ID="Kaffeemaschine "/>
    <rdfs:subClassOf rdf:resource="#KüchenGerät"/>
    <rdfs:subClassOf>
        <owl:Restriction>
        <owl:onProperty rdf:resource="#bereitetZu" />
        <owl:someValuesFrom rdf:resource="#Kaffegetränk" />
        </owl:Restriction>
    </rdfs:subClassOf>
    <rdfs:subClassOf>
        <owl:Restriction>
        <owl:onProperty rdf:resource="#brauchtZutaten" />
            <owl:unionOf rdf:parseType="Collection">
                    <owl: Class rdf:about="#Wasser" />
                    <owl:unionOf rdf:parseType="Collection">
                        <owl:Class rdf:about="#Kaffeepulver" />
                        <owl:Class rdf:about="#Kaffeebohnen" />
                    </owl:unionOf>
                </owl:intersectionOf>
        </owl:Restriction>
    </rdfs:subClassOf>
</owl:Class>
```

Selbstverständlich müssen auch alle in dieser Definition verwendeten Begriffe und Relationen ihrerseits auf ähnliche Weise definiert werden: *Küchengerät, Kaffegetränk, bereitetZu, brauchtZutaten* etc.

Abb. 6.10 Ausschnitt einer allg. Definition des Begriffs *Kaffeemaschine* in OWL-Syntax

Wenn wir Begriffe intensional über ihre Eigenschaften definieren wollen, müssen wir übertragbare und allgemeingültige Aussagen über die Zusammenhänge der Begriffe *Kaffee, Wasser, elektrisches Gerät* etc. machen. Nur dann können wir den Begriffen dynamisch Individuen zuordnen statt von Hand – wir sehen es einem Individuum an seinen Eigenschaften an, ob es eine Kaffeemaschine ist oder nicht. Das gilt auch für Unterbegriffe, die Fachbegriffe in der einschlägigen Literatur sind *instanciation* und *subsumption.*

Intensionale Definitionen mit der Möglichkeit der dynamischen Zuordnung von Unterbegriffen und Individuen sind in der Praxis gelegentlich, aber nicht immer von Vorteil. Viele Begriffe, mit denen wir Menschen umgehen, sind schwierig abzugrenzen aber nichtsdestotrotz in der Kommunikation sehr hilfreich.[5] Instanciation

---

[5] Ein gutes Beispiel sowohl für als auch gegen die dynamische Zuordnung von Individuen ist der Begriff Millionen-Stadt. Schon der Name suggeriert, dass die Einordung einer Stadt unter den Begriff *Millionen-Stadt* einfach an einer Eigenschaft festzumachen ist, nämlich an der Einwohnerzahl. Das wäre auch insofern praktisch, als dass ein Verzeichnis von Millionenstädten aus dem Jahr 2000 beispielsweise heute bereits hoffnungslos veraltet ist. Auf der anderen Seite ist aber die

auf formalen Definitionen ist eher dort interessant, wo Wissensrepräsentationen völlig unabhängig voneinander entstehen und weder eine Einigung noch eine manuelle Abbildung möglich sind, das kann beispielsweise in Semantic-Web-Szenarien der Fall sein.

Neben einer dynamischen Zuordnung von Individuen erlaubt eine formale Beschreibung der Zusammenhänge komplexe Aussagen[6] und sehr weitgehende Inferenzen. Mit diesem Anspruch verschieben wir aber das Gleichgewicht, das wir auf die Formel „Repräsentation, die gleichermaßen für Rechner wie für Menschen verständlich ist" gebracht hatten, deutlich in Richtung Rechner und automatische Verarbeitung – egal welchen Formalismus wir einsetzen.[7]

6.3.4 Komplexere Instrumente – upper ontologies

Ein anderer Ansatz der Verallgemeinerung sind die *upper ontologies*. Die Idee ist einfach: Wenn wir auch vielleicht in ganz verschiedenen Branchen tätig und in verschiedenen und Kulturen beheimatet sind, sind wir doch alle denselben physikalischen Gesetzen unterworfen. Da muss es doch möglich sein, grundlegende Begriffe allgemein und unabhängig von einem spezifischen Business-Kontext zu modellieren, so dass jeder sich auf diese Begriffe beziehen kann.

Das ist tatsächlich möglich, die Begriffe, die dabei herauskommen, sind dann aber sehr grundlegend. Auch hier liegt jedem Begriff eine formale Definition zugrunde, lassen Sie uns das aber lieber an einem informellen Beispiel verstehen. Nehmen wir dazu die *Endurants* und *Perdurants* aus der DOLCE upper ontology (s. Abb. 6.11), etwa zu übersetzen mit *Gegenstände* (wobei die Endurants auch alle Lebewesen umfassen) und *Ereignisse*. Das Buch, das Sie gerade lesen, ist z.B. ein Endurant, die Fußballweltmeisterschaft 2010 ein Perdurant. Der Unterschied hat offensichtlich mit Zeit zu tun, ist aber trotzdem nicht einfach zu fassen. Beide haben eine zeitlich begrenzte Existenz,

---

Abgrenzung einer Stadt von ihrer Umgebung notorisch schwierig, entsprechend müssten wir eine ganze Reihe von Städten eher unter den Begriff *Vielleicht-Millionen-Stadt-kommt-darauf-an-was-man-mitzählt* packen. Oder eine Stadt wie Frankfurt, die heute, im Jahr 2010, etwas über 650.000 Einwohner hat, aber mit den Pendlern tagsüber an die Million heranreicht. Überhaupt, was ist mit Städten, die 990.000 Einwohner haben, sind das keine Millionenstädte? Oder nehmen wir die Definition eines (bildenden) Künstlers als jemand, der Gemälde, Zeichnungen, Skulpturen schafft. Ist Franz Kafka demnach ein bildender Künstler? Kafka hat gezeichnet, die Zeichnungen, die die klassische Fischer-Taschenbuch-Ausgabe zieren, sind von ihm. Trotzdem betrachten wir ihn nicht als Grafiker oder bildenden Künstler. Was ist dabei unser Kriterium? Sein Beruf? Danach war Kafka Versicherungsangestellter. Von der Schriftstellerei konnte er nie leben.

[6] Eine Abbildung dynamische Zustände – mit denen wir ja im Synapsenbeispiel Schwierigkeiten hatten – mit Hilfe der Prädikatenlogik finden Sie beispielsweise in Heidemann u. Klenk (2008).

[7] Wie ausdrucksmächtig und adäquat die logikbasierten Formalismen sind, ist durchaus umstritten. Nicola Guarino (2009) beispielsweise argumentiert, dass relevante semantische Unterscheidungen wie die zwischen Verknüpfungen und Attributen oder die zwischen Objekttypen und -rollen nicht in das Grundvokabular von description-logic-Sprachen wie z.B. OWL eingegangen sind.

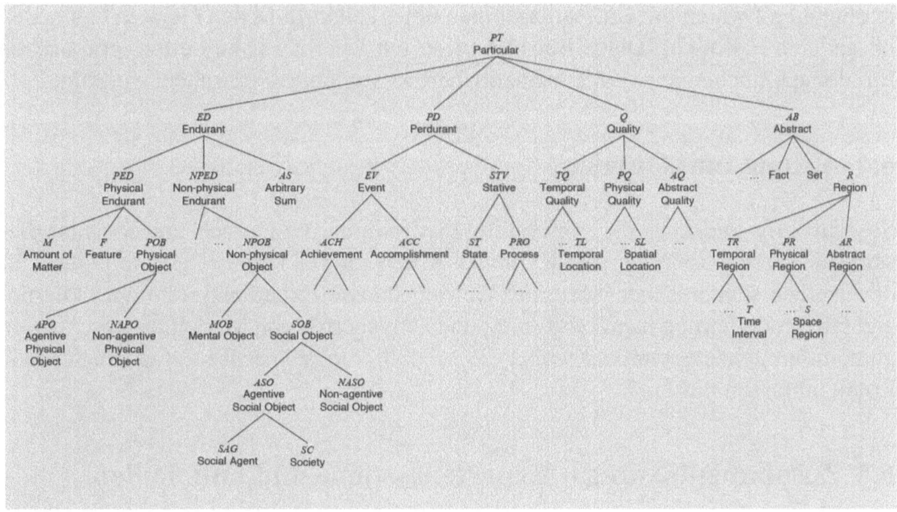

Abb. 6.11 DOLCE upper ontology, nach (Guarino 2008)

denn auch das Buch wandert irgendwann in den Müll. Von der Länge der Existenz möchte man die Einordnung nicht abhängig machen, eine Eintagsfliege lebt kürzer als eine WM dauert, und viele Publikationen, wahrscheinlich auch dieses Buch, haben kürzere Lebenszeit als z.B. ein Ereignis wie die Völkerwanderung.

Das entscheidende Kriterium, das Guarino anführt, ist, dass ein Endurant in seiner Gänze (d.h. mit allen Teilen) zu einem bestimmten Zeitpunkt gegenwärtig ist – das gilt für das Buch, nicht aber für die WM, denn deren Teile sind einzelne Spiele, Teile der Spiele einzelne Ereignisse (Tor in der 92. Min.). Die passieren ja gerade nicht alle gleichzeitig – sonst wäre der Witz einer WM auch ziemlich dahin. Jetzt kann man pedantisch werden (man muss es bei dem Thema *upper ontologies* auch) und neben den Teilen auch die Eigenschaften aufführen – ist dieses Buch, weil sich seine Papierfarbe über die Zeit verändert, vielleicht doch ein Perdurant? Am Ende bleibt wahrscheinlich die Erkenntnis: Alle diese Kategorien, auch die abstraktesten, sind Einteilungen, die der Mensch im Umgang mit seiner Umwelt trifft. Natürlich kann man auch über ein Buch als eine Reihe von Ereignissen, von der Papierherstellung und dem Schreiben des Manuskripts bis zum Recycling sprechen, aber in den allermeisten Situationen, in denen wir über ein Buch sprechen, interessieren uns diese Aspekte einfach zu wenig.[8]

Die Einordnung des Begriffs *Kaffeemaschine* in einen upper ontology hätte ebenfalls den Konflikt zwischen der Universal AG und ihren Kunden offenbaren können:

[8]Deswegen ist ein Buch meistens auch kein physischer Gegenstand, sondern ein abstrakter Gegenstand, wenn wir uns nämlich für seinen Inhalt interessieren.

in einem Fall wären die Kaffeemaschinen unter „elektronischen Geräten" gelandet, im anderen Fall nicht. Diese Beispiel zeigt: ein Überbau kann helfen, praktischen Probleme brauchen aber i.d.R. keinen Überbau von philosophischem Zuschnitt.

6.4 Aufbau und Quellen

So schwierig und lang die Abschnitte zuvor waren, so einfach und kurz ist dieser: Außer redaktioneller, intellektueller Arbeit gibt es keine relevante Quelle für den Aufbau semantischer Netze der Gewichtsklasse Expertensystem oder Ontologie. Die Modellierung kann i.d.R. nur von Fachexperten und Modellierungsexperten gemeinsam geleistet werden, wobei die Modellierungsexpertise ggf. sogar formale Logik umfassen muss.

6.5 Zusammenfassung – Expertensysteme und Ontologien

- Wo ein semantisches Netz aufhört und ein Expertensystem oder eine Ontologie anfängt, ist eine Frage der Komplexität und des Anspruch an die formale Verarbeitbarkeit des Modells.
- Formale Verarbeitbarkeit brauchen wir für weitgehende Schlussfolgerungen und für allgemeingültige Aussagen, die z.B. quer über verschiedene Datenbestände Gültigkeit haben.
- Vor allem das Schlussfolgern auf allgemeinen Begriffen führt dazu, dass wir uns mit komplexen Möglichkeiten und Varianten statt mit einfachen Fakten auseinandersetzen müssen.
- Dort wo sehr hohe Anforderungen an Allgemeingültigkeit bestehen, werden häufiger auch andere Instrumente als die bisher vorgestellten beliebig definierbaren Objekte und Relationen eingesetzt. Zwei davon haben wir kennengelernt: Logik-orientierte Repräsentation mit intensionalen Definitionen sowie upper ontologies.
- Wenn die Anforderungen komplexer werden, dann werden es auch die Mittel, das bringt nicht nur einen erhöhten Aufwand mit sich, auch Einfachheit und Verständlichkeit der Repräsentation gehen verloren.

Literatur

Allemang D, Hendler J (2008) Semantic Web for the Working Ontologist: Effective Modeling in RDFS and OWL. Morgan Kauffman, San Mateo

Baader F, Calvanese D, McGuinness DL, Nardi D, Patel-Schneider PF (2003) The Description Logic Handbook: Theory, Implementation, and Applications. Cambridge University Press, New York

Bateman J, Hois J, Ross R, Tenbrink T, Farrar S (2008) The Generalized Upper Model 3.0: Documentation. Collaborative Research Center for Spatial Cognition, University of Bremen, Bremen

Gruber TR (1993) A Translation Approach to Portable Ontologies. Knowledge Acquisition 5: 199–220

Guarino (1997) Understanding, Building and Using Ontologies. International Journal of Human-Computer Studies 46:293–310

Guarino N (2009) The Ontological Level: Revisiting 30 Years of Knowledge Representation. Borgida A, Chaudhri V, Giorgini P, Yu E (Hrsg) Conceptual Modelling: Foundations and Applications. Springer, Heidelberg

Guarino N, Oberle D, and Staab S, (2009) What Is an Ontology? Staab S, Studer R (Hrsg) Handbook on Ontologies, Zweite Auflage. Springer, Heidelberg

Heidemann G, Klenk S (2008) Prädikatenlogik – Übungsblätter zur Vorlesung Grundlagen der Künstlichen Intelligenz (Winter 07/08). Verfügbar unter: http://www.iis.uni-stuttgart.de/lehre/ws07-08/grundlagen_der_kuenstlichen_intelligenz/KI-08-FOL.pdf (2.8. 2009)

Helbig H (2006) Knowledge Representation and the Semantics of Natural Language. Springer, Heidelberg

Liebowitz J, Hrsg (1997) Handbook of Applied Expert Systems. CRC Press, Boca Raton

Masolo C, Borgo S, Gangemi A, Guarino N, Oltramari A, Schneider L (2002) WonderWeb Deliverable D17 (version 2.0). The WonderWeb Library of Foundational Ontologies and the DOLCE ontology. Verfügbar unter: http://www.loa-cnr.it/Papers/WonderWebD17V2.0.pdf (25.9.2009)

Staab S, Studer R (2009) Handbook on Ontologies, Zweite Auflage. Springer, Heidelberg

Sure Y (2003) Methodology, Tools & Case Studies for Ontology Based Knowledge Management. PhD thesis, University of Karlsruhe

Kapitel 7
Bewertung und Kombination der Ausbaustufen

Wir haben uns in den vorangegangenen Kapiteln bemüht, die unterschiedlichen Ansprüche an semantische Netze und die damit verbundenen Aufwände, Möglichkeiten und Grenzen klar zu trennen und sind dabei teilweise schon recht ins Detail gegangen. In der Praxis werden wir oft Mischungen finden, vor allem zwischen Themennetzen und Faktennetzen. In diesem Abschnitt werden wir noch einmal eine kurze Zusammenschau versuchen und dann zeigen, wie verschiedene Ausbaustufen semantischer Netze zusammenwirken.

7.1 Kosten und Nutzen im Vergleich

Die Frage nach leicht- und schwergewichtiger Modellierung hat eine gewisse Tradition in der Wissensrepräsentation. Zur Blütezeit der Expertensysteme wurde Information so strukturiert, dass ein System auf dieser Basis weitgehend vollautomatisch komplexe Entscheidungen wie z.B. medizinische Diagnosen treffen konnte. Mit ihrem Schwerpunkt auf formaler Logik, Ausdrucksmächtigkeit in der Modellierung, Abbildbarkeit beliebig komplexer Aussagen und Schlussfolgerungen stehen die höchsten Ausbaustufen semantischer Netze in der Tradition der Expertensysteme.

Später hat sich die Vorstellung durchgesetzt, dass auch die Unterstützung menschlicher Informationsbeschaffung und die Vorbereitung menschlicher Entscheidungen ein sehr lohnendes Ziel ist. Auch diese Aufgabe ist nicht einfach – die menschliche Kommunikation gibt einen enormen Standard vor – aber hier kann mit wesentlich geringerem Aufwand eine große Verbesserung erzielt werden.[1] Lassen Sie uns die verschiedenen Ausbaustufen semantischer Technologie und die entsprechenden „Gewichtsklassen" der zu bewältigenden Aufgaben noch einmal an einem Beispiel nebeneinander stellen

Nehmen wir an die Universal AG, die sich seit einigen Jahren auf einem recht erfolgreichen Internationalisierungskurs befindet, gewinnt einen neuen Vertriebspartner hinzu, der ihre Produkte auf den Philippinen vermarktet. Dort häufen sich

[1] Siehe auch Schnurr et al. (2001).

K. Reichenberger, *Kompendium semantische Netze*, X.media.press, 85
DOI 10.1007/978-3-642-04315-4_7, © Springer-Verlag Berlin Heidelberg 2010

auf einmal die Beschwerden, der Kaffee, den die Kaffeemat 2000 brühe, sei zu dünn. Der Grund: Das Mahlwerk der Maschine ist sehr empfindlich, was eine gleichmäßige Netzspannung angeht. Ist diese unregelmäßig, arbeitet auch das Mahlwerk unregelmäßig. Wenn hohe Luftfeuchtigkeit dazu kommt, dann verklumpt das Kaffeepulver und der Kaffee wird zu dünn. Der Support-Mitarbeiter weiß das alles nicht. Er oder sie fragt seine semantische Support-Applikation nach *Philippinen* und *dünner Kaffee*. An diesem Beispiel können wir noch einmal die Leistungen der unterschiedlichen Ausbaustufen vergleichen:

- Vom Themennetz können wir eine Lösung nur dann erwarten, wenn genau dieser Fall schon einmal aufgetreten ist. Das klingt nach wenig, aber viele Unternehmen wären froh, wenn sie jedes Problem nur einmal lösen müssten. Ansonsten kann es uns natürlich alle Fälle liefern, die mit dem Thema *dünner Kaffee* ausgezeichnet sind (oder mit *verklumptes Kaffeepulver*, wenn wir schon einen Schritt weiter analysiert haben). So können wir uns einen Überblick über mögliche Ursachen verschaffen.
- Ein Faktennetz kann übertragen, von Malaysia auf Philippinen, oder kombinieren („irgendwo gab es schon mal Problem mit unregelmäßiger Netzspannung, woanders mit hoher Luftfeuchtigkeit. . .“). Es kann den Zusammenhang von verklumptem Kaffee zum Mahlwerk herstellen und Fälle anderer Maschinen anbieten, die das gleiche Mahlwerk benutzen.
- Die Experten-Ausbaustufe hat als einzige den Anspruch den Fehler selbstständig zu diagnostizieren, und damit auch, ihn voraussagen und vorneherein vermeiden zu können. Dazu ist eine Menge an Weltwissen nötig, etwa Wissen um die Luftfeuchtigkeit auf den Philippinen und um den Zusammenhang von Luftfeuchtigkeit und dem Verklumpen von Pulver. Aber auch Fachwissen wird gebraucht: Verklumpung führt zu dünnem Kaffee, das Mahlwerk ist empfindlich gegenüber unregelmäßiger Netzspannung etc.

Betrachten wir noch einmal den gesamten Weg von der Aufgabe des Nutzers, über seine Fragen und Interaktionen bis zur Antwort. Auf diesem Weg gibt es viele Zwischenstationen, Zwischenfragen und –antworten. Die einfacheren Repräsentationen sind so etwas wie Landkarten, sie wollen den Nutzer auf diesem Weg unterstützen. Sie wollen ihm helfen, die richtigen Fragen zu stellen, die Antworten zu verstehen und von dort zu neuen Fragen zu kommen. Schwergewichtige, Expertensystem-orientierte Repräsentationen wollen den Weg überflüssig machen. Sie erschließen auch keine Dokumente mehr, sie sind die definitive Informationsquelle.

Die Betrachtung des gesamten Ablaufs gibt uns noch einmal eine andere Sicht auf die Unterschiede zwischen den verschiedenen Ausbaustufen. Gehen wir davon aus, dass wir Dokumente und Fakten beim Aufbau eines semantischen Modells ggf. schon vorfinden, ist die zentrale Frage: Welche Ziele verfolgen wir mit dem semantischen Überbau, den wir über die Fakten und Dokumente legen?

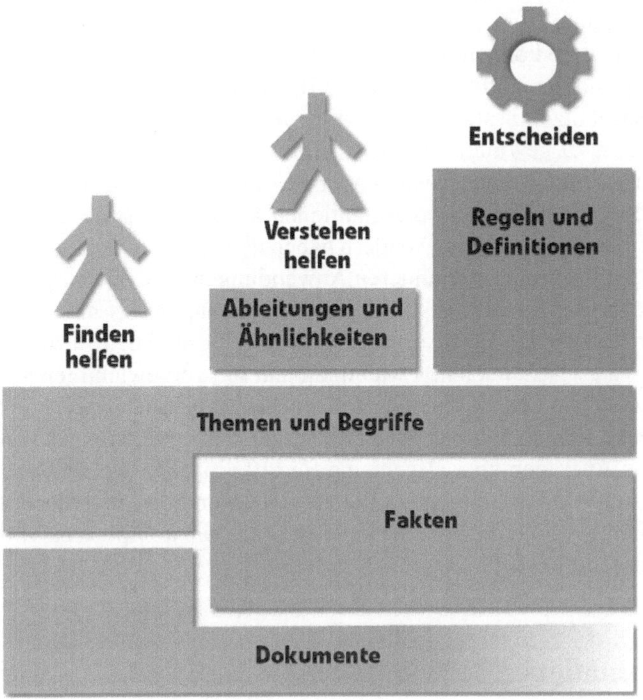

Abb. 7.1 Leistungen semantischer Modelle

Auf der linken Seite, bei den leichtgewichtigen Modellen, ist das Ziel Kommunikation, das semantische Netz soll Information zugänglich machen. Dazu muss es über diese Information mit dem Nutzer kommunizieren können, also z.B. verstehen, was ein Nutzer meint, wenn er *Filtern* oder *Experte Heizkessel* eingibt. Hier wollen wir Mehrdeutigkeit und Unsicherheit nicht ausräumen, sondern abbilden – uns interessiert gerade, wenn unsere Nutzer *coffee machines* immer *coffee makers* nennen oder mit *Filter* in der Regel den *Wasserfilter* meinen. Die Herausforderungen, die ein kommunikativer Ansatz mit sich bringt, werden wir in den Kap. 10 und 12 vertiefen.

Je weiter wir nach rechts gehen, desto tiefer wollen wir die Information verstehen, desto mehr Arbeit wollen wir dem Nutzer abnehmen.[2] Die Währung in der wir diese Leistungen bezahlen, ist erhöhter Aufwand in der Modellierung. Eine weitere Schwierigkeit, die wir hier beobachten: Bei Ontologien mit einem hohen Anspruch

[2]In der verbreiteten Darstellung des sog. *Semantic Web Stack*, an den sich diese Darstellung anlehnt, geht es z.B. oberhalb der Regeln mit *Proof* und *Trust* als Leistungen höchster Stufe weiter.

an Allgemeinheit ist nicht nur ihre Erstellung der begrenzende Faktor. Selbst wenn sie einmal gebaut sind, sind ihre Verbreitung und ihr Einsatz begrenzt, weil sie schwierig zu verstehen und in die eigene Anwendung zu übernehmen sind.[3] Teils ist es aufwändiger, schwergewichtige Wissensrepräsentationen zu benutzen, als es ist, Leichtgewichtige zu bauen.

Expertensysteme können folgerichtig dort zum Zug kommen, wo ex-ante ein beliebiger Aufwand gerechtfertigt ist, um z.B. auf dem Operationstisch oder in einem Katastrophenschutz-Einsatz ein paar Minuten Zeit oder ein paar Prozent Entscheidungssicherheit zu gewinnen. Beide, Ontologien und Expertensysteme finden wir dort, wo ein sehr häufig wiederkehrender Prozess vollständig automatisiert werden soll. Als schwergewichtige Repräsentationen konkurrieren sie nicht mit Suchmaschinen oder Ordnerstrukturen, sondern haben den Anspruch das explizit zu machen und zu modularisieren, was in anderen Anwendungen im Code ausprogrammiert ist.

Wir haben gesehen, der Anspruch an die Leistungen des modellierten Wissens bringt auch Kosten mit sich, sowohl beim Aufbau als auch in der Nutzung. Dabei können wir zwischen leichtgewichtigen und schwergewichtigen Modellen keine harte Grenze ziehen und an einem einzelnen Faktor festmachen. Detailtiefe, thematische Breite und Allgemeinheitsanspruch tragen alle zur Komplexität bei. Wenn wir differenzierte Aussagen über allgemeine Begriffe machen wollen, eine hohe Zerlegungstiefe für viele Varianten modellieren wollen und das auch noch zeitabhängig, dann erreichen wir irgendwann eine neue Qualität, die komplexere Mittel und einen höheren Aufwand fordert.

7.2 Kombinationen

Assoziative Netze können als Vorstufe für Themennetze dienen, diese Möglichkeit haben wir schon relativ ausführlich behandelt. Aber es bieten sich auch andere Kombinationen an.

7.2.1 Zusammenwirken von Themen und Fakten

In der Regel kommen in realen Anwendung Themennetz und Faktennetz in unterschiedlichen Gewichtungen zusammen. Oft haben wir einige Hundert Themen in einem Netz, dann kommen aber Tausende von Fakten aus Stammdaten, Zehntausende von Fakten aus Bewegungsdaten sowie Hunderttausende von Dokumenten hinzu.

---

[3] Darauf weist (Hepp 2007) hin und gibt gleichzeitig einen sehr aufschlussreichen Überblick über die Verbreitung und Nutzung semantischer Netze verschiedener Ausbaustufen bis hin zu Ontologien.

Wenn wir Themen und Fakten verbinden, dann liegt es nahe mit den Themen die Faktenwelt und ihre Objekte zu klassifizieren. Wie wir gesehen haben, sind die allerdings in aller Regel schon klassifiziert – mit Typen (d.h. Individuen-ausprägenden Begriffen. Beispiel: Bei der Universal AG klassifizieren die Kaffeemaschinentypen die einzelnen Produkte. Nun können wir ein Themennetz von Features und Getränken daneben stellen.

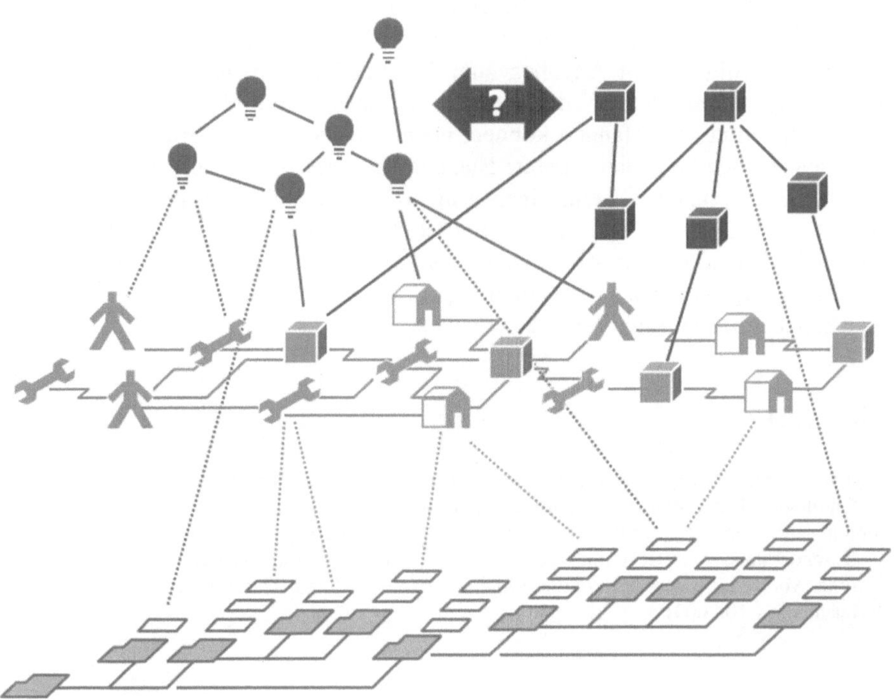

Abb. 7.2 Zusammenwirken von Themen- und Faktennetzen

Über die Themen und Begriffe können wir dann neue Wege auf den Fakten gehen – ähnliche Produkte über ihre Features identifizieren, oder potentielle Kunden finden, die an den Themen interessiert sind, die wir gerade erfolgreich in einem Projekt bearbeitet haben. Oder wir können Störungen eingrenzen indem wir die Ähnlichkeit von Fehlern über die Lieferkette und die Fehlertypologie gleichermaßen ermitteln. So kommen wir mit einem kleinen, mäßig trennscharfen Themennetz in Verbindung mit einem aus existierenden Quellen gezogenen Faktenbestand schon erstaunlich weit. Wie Suchen, Aussagen und Ableitungen, die über eine Kombination aus Themen und Fakten gehen, im Detail funktionieren, sehen wir im Kap. 12.

7.2.2 Beimischungen von Expertensystem-Anteilen

Anteile von Expertensystemen in einem semantischen Netz wären in unserem laufenden Beispiel Bereiche mit viel Detail – wenn wir etwa eine bestimmte Komponente wie das Mahlwerk mit seiner Stromversorgung bis in jede Schraube und Sicherung, Netzfilter und Controller ausmodellieren, mit Varianten für die Länderstandards, Zusammenhang zwischen Grobkörnigkeit des Kaffeepulvers und Zubereitungsformen des Kaffees. Dazu müssten wir in diesem Teil des Netzes eine ganze Reihe neuer Objekte, Relationen und Attribute einführen (Objekte und ihre Anschlüsse, wie sind sie zusammengeschaltet, Sicherheitsbestimmungen, Toleranzen, Körnigkeit mit Angaben zum Teilchendurchmesser oder Angaben wie grobkörnig, mehlig etc.). Weder werden aber andere Teile des Netzes mit diesen Informationen etwas anfangen können, noch umgekehrt – im Grunde können wir für einen solchen Fall auch separate Netze modellieren, die Synergie ist minimal.

Interessanter kann es sein, einen sehr allgemeinen Bereich des semantischen Netzes als *upper ontology* zu modellieren. Hier liegt der Schwerpunkt nicht so sehr auf Verständlichkeit, diese *upper ontology* stellt eher einen technischer Teil des Netzes dar, kann aber als Interlingua zwischen verschiedenen Sichten und Geschäftsbereichen fungieren.

Literatur

Hepp M (2007) Possible Ontologies: How Reality Constrains the Development of Relevant Ontologies. IEEE Internet Computing 11: 90–96

Schnurr HP, Staab S, Studer R, Sure Y (2001) Ontologiebasiertes Wissensmanagement – Ein umfassender Ansatz zur Gestaltung des Knowledge Life Cycle. Interner Report Universität Karlsruhe. Verfügbar unter: http://www.aifb.uni-karlsruhe.de/~sst/Research/Publications/reinhard-buch.pdf (1.10.2009)

Kapitel 8
Projekt- und Anwendungsbeispiele

Wenn Sie es bis hierher geschafft haben, dann haben Sie sich sicherlich schon ein Bild davon machen können, was semantische Netze in welcher Ausbaustufe leisten. Im Idealfall kämen wir jetzt zu der Frage, was das mit Ihnen zu tun hat. Eine direkte Antwort ist jedoch, ohne Ihr Unternehmen und Ihr Geschäft zu kennen, schwierig. Wir behelfen uns daher hier mit einer Checkliste und einer Reihe von praktischen Beispielen.

8.1 Typische Einsatzszenarien für semantische Netze

Einige Situationen, in denen semantische Netze die Bereitstellung von Informationen erleichtern können, haben wir – eher nebenbei – bereits kennengelernt:

- **Erschließung von Dokumenten** – Dort, wo wir es nicht den Zufälligkeiten einer Volltextsuche überlassen wollen, ob ein Dokument gefunden wird, sondern – zumindest für einen Teil der Information – einen kontrollierten, direkten Zugriff ermöglichen wollen, bieten sich semantische Netze als eine Ordnungsstruktur an, die sowohl die Suche intelligenter macht als auch eine direkte Navigation ermöglicht.
- Oft finden wir im Unternehmen **strukturierte Daten, denen ein thematischer Bezug fehlt**. Tools, in denen z.B. Supportvorfälle oder Vertriebstermine erfasst werden, beschränken sich meist darauf, diese Information nur zu verwalten. Wollen wir den Nutzer aber inhaltlich unterstützen – bei der Problemlösung oder bei der Vorbereitung des Kundentermins – dann müssen wir die Verwaltungsinformationen (wann wurde das Problem aufgenommen, wem wurde es zugeordnet, wann findet der Termin statt?) um eine inhaltliche Komponente ergänzen: Wir müssen, wenn es um den technischen Support geht, Diagnosen, Lösungsvorschläge und ähnliche Fälle anbieten. Oder dem Vertriebsmitarbeiter Produktneuigkeiten, Erfolgsgeschichten aus Projekten und weitere Themen für das Gespräch mit dem Kunden vorschlagen. Diese inhaltliche Ergänzung zu liefern, ist ein semantisches Netz ideal geeignet (siehe auch Abschn. 5.2 und das Projektbeispiel „Qualitätssicherung ").

K. Reichenberger, *Kompendium semantische Netze*, X.media.press, 91
DOI 10.1007/978-3-642-04315-4_8, © Springer-Verlag Berlin Heidelberg 2010

In einer ganzen Reihe von weiteren Situationen, die wir bisher nicht erwähnt haben, sind semantische Netze einschlägig:

Übersetzung von der Sprache der Kunden in die des Unternehmens – Diese Übersetzung ist erfolgskritisch, z.B. wenn es darum geht die Kundenanforderungen zu verstehen, mit den Leistungen des eigenen Unternehmens abzugleichen, und daraus wiederum ein „kundenverständliches" Angebot zu machen. Die Übersetzung ist einfach, wenn der Kunde für dieselben Dinge lediglich andere Namen benutzt; beispielsweise nennen die Kunden eines Druckmaschinenherstellers eine Komponente seiner Maschinen beharrlich *Walze*, das Unternehmen nennt diese Komponente *Zylinder*. Oft ist der Kunde auch weniger differenziert in seinem Sprachgebrauch, sagt *Walze*, meint aber nur die Hülle, nicht die gesamte Komponente (inkl. Lager) oder meint das gesamte Farbwerk mit vier oder mehr Walzen. Oder er bezieht sich nur auf einen ganz bestimmten Typ Walze, (z.B. eine Farbwalze, nicht eine Andruck- oder Feuchtwalze). Am anspruchsvollsten sind die Fälle, in denen der Kunde einfach sein Problem benennt: „ich muss Bibeldruckpapier (extrem dünnes Papier) sechsfarbig bedrucken, ohne dass es reißt". Diese Anforderung muss zunächst einmal in Eigenschaften von Walzen, Antrieben und Papiergreifern übersetzt werden. In jedem dieser Fälle muss zur Übersetzung mehr oder weniger komplexes Zusammenhangswissen herangezogen werden, eine Anforderung, für die sich semantische Netze sehr gut eignen.[1]

Ordnung in ein Wiki oder ein Diskussionsforum bringen – Wikis und Foren sind sehr gute Mittel, um die Informationen aus den Köpfen der Mitarbeiter herauszubekommen und festzuhalten. Je erfolgreicher sie sind, desto unübersichtlicher werden aber diese Sammlungen von Informationen. Mit der Zeit stellt sich heraus, dass sich nur die Experten, die das System aktiv aufgebaut haben, noch in der Fülle der Information zurechtfinden – nicht mehr die achtzig Prozent der Mitarbeiter, für die die Inhalte bestimmt sind. Ein semantisches Netz kann hier die fehlende Strukturierung beitragen ohne die Nutzer zu sehr einzuschränken und die Themen, die wahrscheinlich wieder quer über die Beiträge verstreut sind, zusammenhalten.

Bottom-up Aufbau von strukturierten Daten – Das Sammeln unstrukturierter Daten ist meistens nicht das Problem, sei es in einem Wiki oder auf einem gemeinsamen Laufwerk. Anders verhält es sich jedoch, wenn wir im Unternehmen einen Bestand strukturierter Daten aufbauen und aktuell halten möchten ohne aufwändige Prozesse in Gang zu setzen. Dieser Bedarf besteht häufig bei Daten, die nicht direkt in operativen Prozessen eingesetzt werden, z.B. einem Katalog von Wettbewerbsprodukten, von relevanten Veranstaltungen o.ä. Heute wird diese Art Information meist in Excel-Tabellen gesammelt – mit den bekannten Problemen, was die Aktualität und das Teilen der Information angeht. Hier ist ein semantisches Netz eine flexible und einfache Alternative gegenüber einer Datenbank. Es ermöglicht uns halb-strukturiert ohne aufwändige Schema-Definition anzufangen.

[1] Wenn es um die Kommunikation mit dem Kunden geht, dann können wir in den meisten Unternehmen zudem davon ausgehen, dass ein gewisser Aufwand gerechtfertigt ist.

Und es kann das aufgebaute Wissen direkt Suchmaschinen und anderen Applikationen zur Verfügung stellen.

Personalisierung und Rechteverwaltung – Im semantischen Netz können sehr bequem Regeln formuliert werden, die Information verteilen – Wenn sich an einer Maschine oder Anlage die Indikatoren für eine bestimmte Art von Funktionsstörung häufen (Toleranzen kommen an ihre Grenzen, es muss häufiger nachjustiert werden etc.), dann wird der Service-Mitarbeiter, der für die Betreuung der Anlage zuständig ist, automatisch benachrichtigt. Oder den Zugriff regeln – Dokumente zu einer Reklamation dürfen nur die Betreuer des Kunden, der den Fehler gemeldet hat, einsehen und darf nur der Teamleiter ändern. Regeln der Personalisierung und Rechteverwaltung machen meist in hohem Maße Gebrauch von Ableitungen und Abstraktionen: *an einer Maschine oder Anlage* umfasst alle Stationen und Komponenten, *eine bestimmte Art von Funktionsstörung* bezeichnet eine ganze Gruppe von Fehlerklassen. Hier können auch Metainformationen relevant werden – von wem stammt die Information, welchen Gültigkeitsbereich hat sie, wie aktuell und wie vertraulich ist sie? Oft ist dies der Fall bei sicherheitsrelevanten Anwendungen. Hier profitieren wir vor allem von der Modellierungsmächtigkeit und Flexibilität semantischer Netze.

Allgemeine Richtlinien auf konkrete Situationen beziehen – Das können allgemeine gesetzliche Rahmenbedingungen wie Ausfuhrbestimmungen, Schadstoff- oder Gefahrgut-Verordnungen, Arbeitssicherheit etc. sein, es kann aber auch um ein Unternehmens- oder Prozess-Handbuch gehen. In all diesen Fällen steht der Nutzer vor der Frage, wie sich sein Vorhaben in das allgemeine Regelwerk einordnet – ist die Bestellung, die ich vorhabe, eine Investition oder ein Werkvertrag oder eine Projekt-Fremdleistung? Welches Verfahren gilt? Wer genehmigt sie? Die allgemeinen Regeln müssen immer mit der konkreten Situation „instanziiert" werden: Für dieses Produkt, dieses Volumen, diesen Kunden in diesem Land gelten folgende Bestimmungen. Die Leistung des semantischen Netzes kann neben der Identifikation relevanter Richtlinien auch die Erklärung von „Teilstrecken" sein – was sind überhaupt die Kriterien? Welche Inhaltsstoffe machen das Produkt zum Gefahrgut? Sind die Verordnungen europaweit gleich oder nicht? Sind die relevanten Richtlinien einmal ausgemacht, geht es mit den Umsetzungsfragen weiter – Wie muss ich diese Güter verpacken? Wie organisiere ich einen Gefahrgut-Transport? Wer hat so etwas schon mal gemacht?

Harmonisierung verschiedener Klassifikationssysteme – Unterschiedliche Bereiche im Unternehmen reden oft aneinander vorbei, weil sie z.B. die eigenen Produkte unterschiedlich klassifizieren. Der Vertrieb der Universal AG ordnet die Produktpalette vielleicht nach Produkten für gewerblichen Einsatz, Produkten für Privat-Haushalte und Premium-Produkten. Von den funktionalen Kategorien, wie sie das Marketing verwendet (*Küchengeräte*, *Waschen+Putzen*, darunter *Waschmaschinen, Trockner, Bügeleisen*), lassen sich einige eindeutig in die Produktklassifikation des Vertriebs einordnen – Alle Bügeleisen finden sich komplett unter der Kategorie *Privat-Haushalte*, andere Produkte, wie die Kaffeemaschinen, sind wieder einmal über alle Vertriebskategorien verstreut. Die

Entwicklung hat vielleicht, abgesehen von kleinen Abweichungen bei den Waschmaschinen und Trockengeräten, eine ähnliche Einteilung wie das Marketing, berücksichtigt aber gar keine Klein- und Ersatzteile. Auch außerhalb des Unternehmens finden wir relevante Produktklassifikationen auf Lieferanten- und auf Kundenseite. Darunter sind auch Standardklassifikationen; widersinnigerweise gibt es sogar mehrere Standards (bei den Produkten z.B. eCl@ss und UNSPSC). Mit all diesen Klassifikationen wird gearbeitet, IT-Systeme verlassen sich auf sie – sie wegzuwerfen und auf der grünen Wiese eine neue, vereinheitlichte Klassifikation hochzuziehen, ist ein illusorisches Vorhaben. Hier ist es sinnvoller, unterschiedliche Klassifikationen beizubehalten und zwischen ihnen zu übersetzen. Dabei wird es nicht immer ausreichen, unterschiedlich benannte aber äquivalente Klassen ineinander abzubilden. An vielen Stellen sind die Klassen verschiedener Klassifikationssysteme nach unterschiedlichen Gesichtspunkten gebildet.

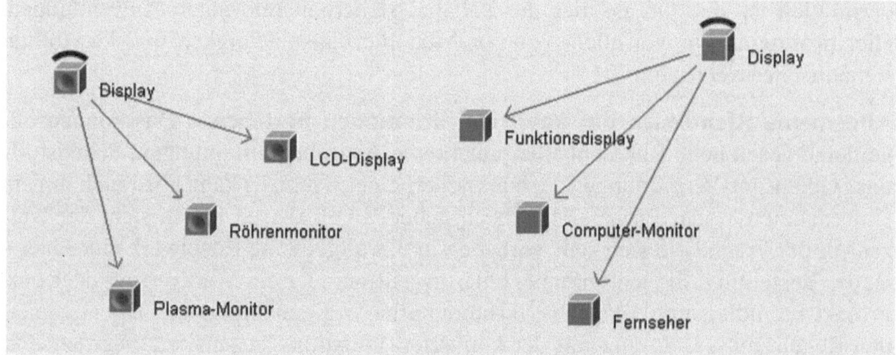

Abb. 8.1 Aufgabe: Abbildung verschiedener Produktklassen ineinander

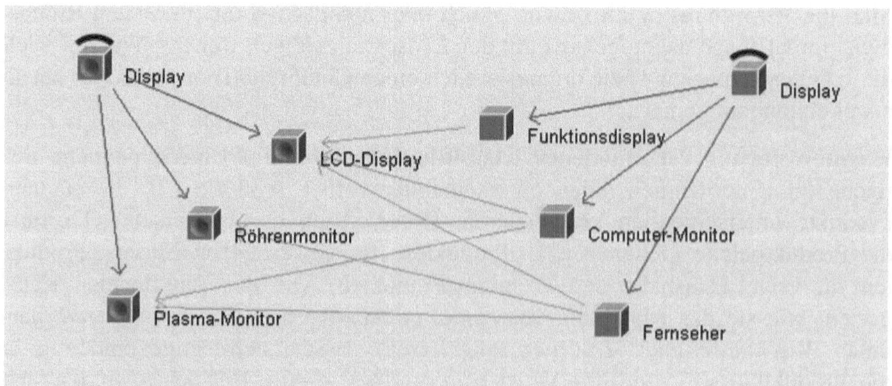

Abb. 8.2 Zuordnung möglich, aber keine Eindeutigkeit

Je nach Anwendung und Anspruch reicht es aus eine Zuordnung zu schaffen, die nicht eindeutig ist. Ein Gerät, das wir nach der linken Klassifikation als Röhrenmonitor klassifiziert haben, gehört auf jeden Fall auch auf der rechten Seite unter den Begriff *Display*. Wir können aber aus der Einordnung links nicht ersehen, ob es sich um einen Computermonitor oder um einen Fernseher handelt. Wenn wir Eindeutigkeit herstellen wollen, z.B. weil wir die Verkaufszahlen (rechte Seite) mit den Produktionszahlen (linke Seite) vergleichbar machen wollen, dann müssen wir oft eine Ebene tiefer gehen als die existierenden Klassifikationen [2]:

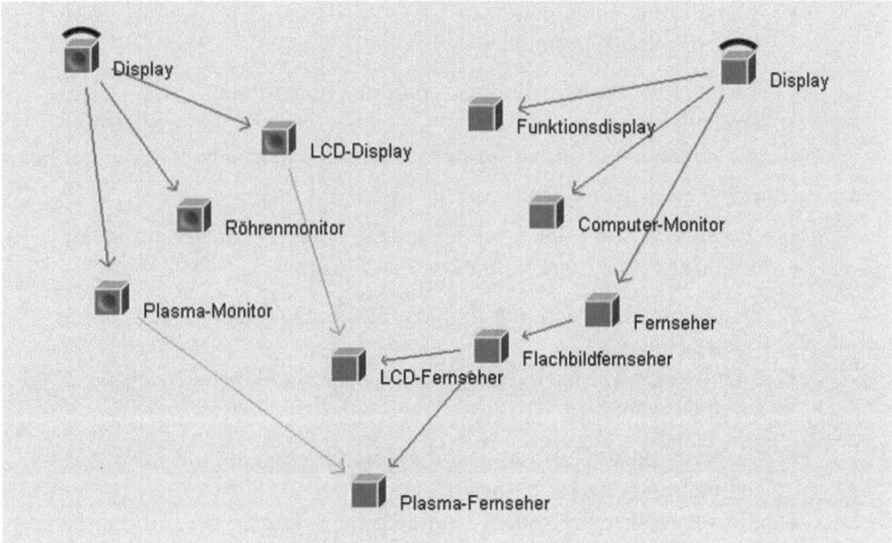

Abb. 8.3 Nur durch „Ausmultiplizieren" (Kombinieren der Aspekte *Fernseher* und *LCD* zu *LCD-Fernseher*) kann Eindeutigkeit hergestellt werden

Die Themen dieses Abschnitts repräsentieren nur einen kleinen Ausschnitt typischer Aufgabenstellungen für semantische Netze. Weitere Anwendungen finden Sie gleich in den Projektbeispielen, vorher aber noch ein kleiner Test.

8.2 Welche Ausbaustufe brauche ich?

Nun haben wir einige Kapitel den verschiedenen Ausbaustufen semantischer Netze, dem damit verbundenen Aufwand und dem erzielbaren Nutzen gewidmet. Wie können wir nun die eigene Aufgabe[3] so charakterisieren, dass wir zu einer Einschätzung kommen können, welche Ausbaustufe die geeignete dafür ist? Folgende Checkliste soll dabei helfen, indem sie Alternativen anbietet und polarisiert:

[2] Jochen Geise zeigt in seiner Arbeit, wie weit man mit der Verwendung der Ober-/Unterbegriffsbeziehung zwischen den verschiedenen Klassifikationen kommen kann (Geise 2003).

[3] Hier konzentrieren wir uns auf Wissensmanagement-Aufgaben. Technische Anwendungen, bei denen Ontologien zum Einsatz kommen, finden sie z.B. in Oberle (2005) und Cardoso et al. (2007).

Welche der folgenden Aussagen treffen auf Ihr Vorhaben zu?

- Unser Problem ist: Die relevante Information findet sich nur in den Köpfen; wie bringe ich Mitarbeiter dazu, Ihr Wissen weiterzugeben?
- Unser Problem ist zu viel Information, wie finden die Mitarbeiter in dem ganzen Haufen an Informationen die richtigen und wichtigen?

- Ich will Suchen unterstützen
- Ich will Suchen vermeiden

- Ich möchte den Informationsbedarf erst aufnehmen/ kennenlernen
- Ich kenne den Informationsbedarf meiner Mitarbeiter genau

- Die Fragen sind immer wieder anders, keine kommt zweimal vor
- Bei uns geht es immer um dieselben Fragen

- Beantwortet werden die Fragen durch Dokumente und durch andere Nutzer
- Beantwortet werden die Fragen durch Nachschlagen in transaktionalen Systemen

- Die wertvollste Ressource ist die Zeit derjenigen, die Informationen beitragen und strukturieren können
- Die wertvollste Ressource ist die Zeit der Nutzer, die Informationen suchen

Sie haben das Muster vielleicht erkannt: Die jeweils erste Antwort in unseren Antwortpaaren spricht für ein einfaches Themennetz, die zweite zeigt eher in Richtung eines Ausbaus zu einem Faktennetz. Allgemein können wir sagen: Je besser bekannt, je spezifischer, je häufiger wiederkehrend der Informationsbedarf, desto eher lohnt sich ein komplexes semantisches Netz. Im Extremfall ist das Informationsinteresse der Nutzer stark in einen bestimmten Prozess eingebunden (genau an dieser Stelle in der Projekt-Risiko-Kalkulation müssen wir alte Projekte berücksichtigen oder müssen Standort, Typ und Größe des Projekts zu einem Wert verrechnen, die Menge an Fremdleistungen bestimmen o.ä.). In solchen Fällen sollten wir ein Faktennetz mit hoher Tiefe und geringer Breite aufbauen, eventuell sogar mit einem Expertensystem-Anteil.

Diese Überlegungen helfen uns die Frage zu beantworten „Ist der Preis für eine mehr oder weniger aufwändige Modellierung gerechtfertigt?“ Wie hoch dieser Preis genau ist, hängt wieder von anderen Faktoren ab: Woher kommt die Information, die erschlossen werden soll? Wer gibt sie ein? Welche Quellen haben wir für strukturiertes Wissen? Kann das Wissen als Hintergrundwissen vorgegeben werden? Oder spielt sich alles zwischen wenigen Experten ab?

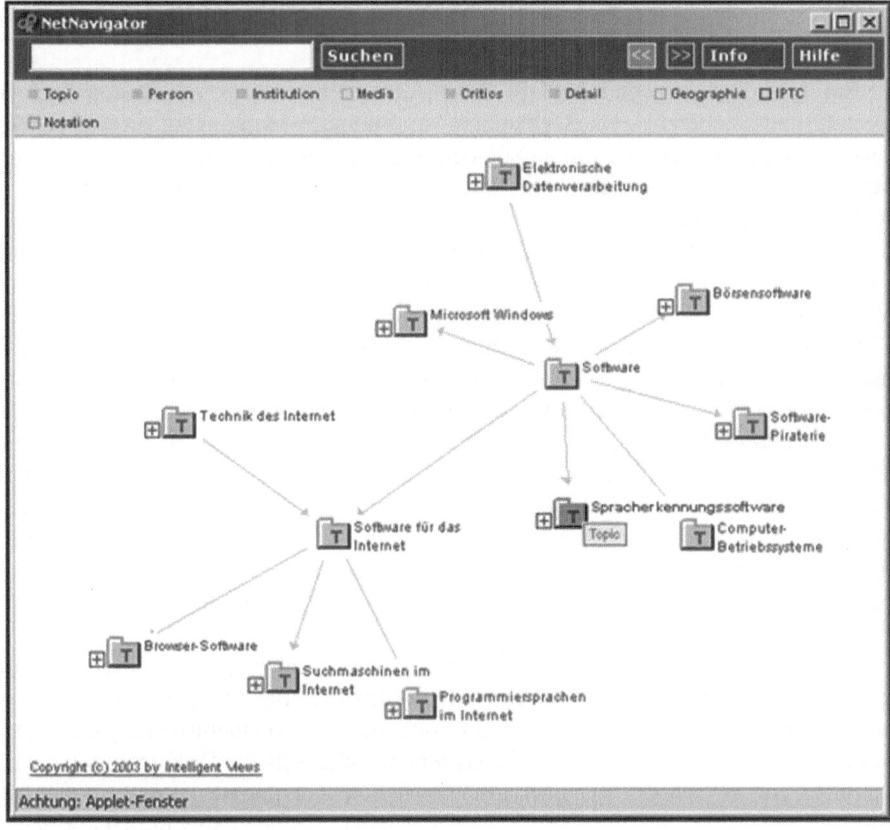

Abb. 8.4 Thematischer Einstieg in das Pressearchiv

8.3 Projektbeispiel Pressearchiv

Situation – Ein Zeitungsverlag betreibt ein Pressearchiv, das die eigenen Texte und die Texte zahlreicher nationaler und internationaler Publikationen dokumentiert und den eigenen Redakteuren sowie externen Kunden für Recherchezwecke bereitstellt. Diese Pressedatenbank enthält mehrere Millionen Artikel, täglich kommen einige Tausend hinzu. Interessanterweise hatte der Verlag schon seit geraumer Zeit einen hierarchisch strukturierten und vernetzten Schlagwortkatalog aufgebaut, lange bevor semantische Technologien aufkamen. Die Umstellung des Schlagwortkatalogs auf ein semantisches Netz hatte folgende Ziele:

- Der Schlagwortkatalog sollte besser handhabbar werden, die Pflege begann bei Querverweise und Mehrfacheinordnung an ihre Grenzen zu stoßen.
- Dann sollte die Zuordnung der Artikel zu den Schlagworten effizienter werden, dabei wurde eine halbautomatische Lösung angestrebt.[4] Schließlich wollte der

[4]Hier wurden die schon eingeführten Clustering-Verfahren eingesetzt, siehe auch Kap. 3.

Verlag mit dem Schlagwortkatalog die Recherche besser unterstützen und sie als eigenes *Asset* vermarkten.

Ein typischer Anwendungsfall: Eine Redakteurin sucht im Rahmen einer Hintergrund-Recherche zum Afghanistan-Konflikt nach Material zur russischen Besetzung Afghanistans. Bei einem solchen Thema, das nunmehr einige Jahrzehnte her ist, sucht sie wahrscheinlich nicht nach einem speziellen Artikel und kann erst recht keine Metadaten als Suchkriterien angeben (Artikel, die zu diesem Datum, von diesem Autor, in dieser Zeitung/Zeitschrift erschienen sind). Wahrscheinlich wird sie nicht einmal hinreichend selektive Anhaltspunkte für eine Volltextsuche haben. Vielmehr muss sie zuerst ins Thema „reinkommen“. In einer solchen Recherche-Situation ist der Einstieg über das Themennetz mit Exploration in die Breite ideal als erster Schritt vor einem Abtauchen in die einzelnen Artikel. Zu diesem Zweck bietet ihr das Pressearchiv eine Visualisierung des Themennetzes an.

Natürlich wird auch nach wie vor die Volltextsuche angeboten: Hier kann das Themennetz helfen, eine sehr breite Suche – wie es z.B. „Konflikt Afghanistan“ wäre – zu fokussieren, in dem es alle Volltexttreffer nach ihren Themen bzw. Dossiers gruppiert: *russischer Einmarsch 1979 (28 Treffer), Menschenrechtsverletzungen in Afghanistan (83 Treffer), Taliban (144 Treffer), Einmarsch der USA und ihrer Verbündeten 2001 (156 Treffer), Diskussion über die deutsche Präsenz in Afghanistan (191 Treffer)* etc.[5]

Der Schlagwortkatalog des Pressearchivs ist ein lupenreines Themennetz mit der ausschließlichen Funktion das existierende Textmaterial zu organisieren. Daraus ergeben sich interessante Unterstützungsmöglichkeiten bei Überarbeitung und Optimierung des Themennetzes. So weist das semantische Netz die Dokumentare, die es betreuen, auf „überlastete“ Themen hin, die zu viele Dokumente enthalten. Oder auf Themen, die drohen abzusterben, weil keine neuen Dokumente mehr hinzukommen. Es nutzt sogar Cluster-Analyse-Techniken wie sie auch für die halbautomatische Zuordnung von Artikeln zu den Themen eingesetzt werden, um auf thematisch heterogene Schlagworte hinzuweisen – z.B. lässt sich das Schlagwort *Menschenrechtsverletzungen in Afghanistan* in Artikel über Menschenrechtsverletzungen des Taliban-Regimes und einen kleineren Anteil Artikel über Menschenrechtsverletzungen an Gefangenen des Afghanistan-Kriegs in Guantánamo Bay unterteilen. Mit den gleichen Techniken lassen sich überlappende Schlagworte identifizieren, die viele ähnliche Artikel enthalten und möglicherweise zusammengelegt werden sollten.

8.4 Projektbeispiel Technologie-Atlas

Situation – Die inpro, ein Forschungs- und Entwicklungsdienstleister, übernimmt Aufgaben der Technologiefrüherkennung und -bewertung für seine Kunden aus der Automobilbranche. Im Rahmen dieser *Technology Watch* erstellen ausgewiesene Experten Studien, vor allem im Bereich Produktionstechniken. Der Kunde

[5] Wir sehen: Bei einem umfangreichen Netz bilden sich auch recht komplexe Begriffe aus (vergleiche Abschn. 11.4).

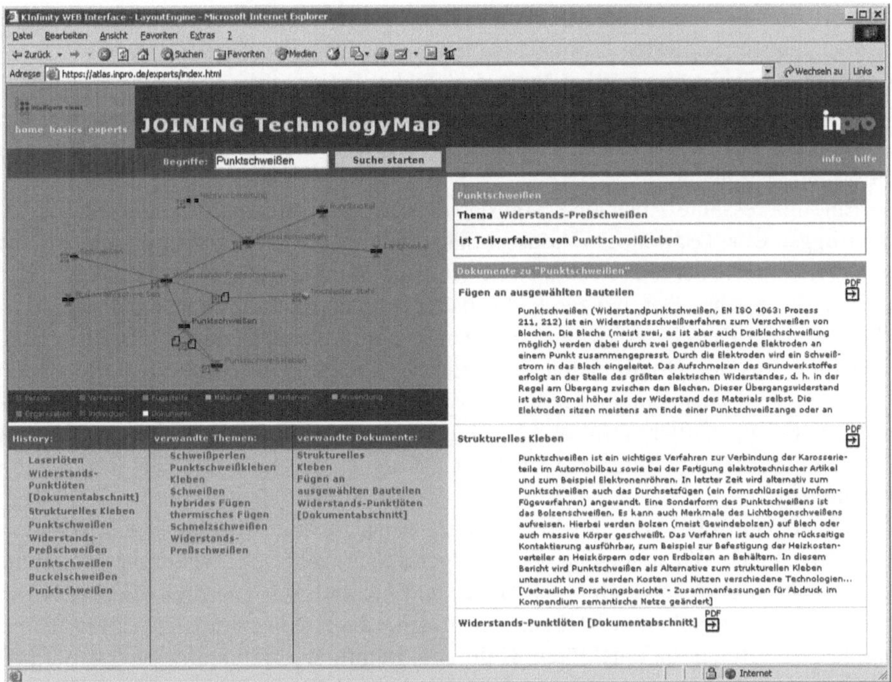

Abb. 8.5 Screenshot des Technologie-Atlas

der inpro, z.B. ein Produktionsplaner bei einem Automobilhersteller, bekommt von den Experten regelmäßig Berichte über die neuen Möglichkeiten aktueller Fertigungsverfahren auf den Tisch – gedruckt oder auf CD-ROM. Was immer wieder passiert: Der Produktionsplaner wird in seiner Diskussion mit den Kollegen aus der Fahrzeugentwicklung mit einer neuen Fragestellung, sagen wir dem Fügen von Kunststoffteilen, konfrontiert. Spricht er die Forscher an, sie müssten doch einmal etwas zu diesem Thema herausbringen, machen die ihn postwendend darauf aufmerksam, dass er den entsprechenden Bericht bereits seit einem halben Jahr auf dem Schreibtisch liegen hat.

Wie kommt es dazu? Vor einem halben Jahr wusste der Produktionsplaner noch nicht, dass er vor der Aufgabe des Fügens von Kunststoffteilen stehen würde – alle Berichte durchzulesen für den Fall, dass diese Information irgendwann einmal relevant werden könnte; dafür hat niemand Zeit. Auch der Titel der Studie, „Neue Möglichkeiten in der Fügetechnik durch KTL-Beschichtung", ist wenig hilfreich. Auf Seite 150 wird dann erwähnt, dass mit dieser Beschichtung auch das Fügen von Kunststoffteilen möglich wird. Wenn der Nutzer allerdings schon weiß, dass KTL-Beschichtung der Schlüssel ist, wofür braucht er dann noch den Experten und seine Studie? Das war eine der Erfahrungen des Projekts: Es braucht Übersetzungen von Sprache des Spezialisten in Sprache des Anwenders, selbst wenn beide Ingenieure sind.

Entsprechend war in diesem Projekt die Anforderung an das semantische Netz, den angebotsorientierten Transfer in einen nachfragegesteuerten Austausch zu überführen. Das semantische Netz des Technologie-Atlas präsentiert komplexe technische Information aufgabenspezifisch und bettet sie in den Arbeitskontext des Nutzers ein. Mit semantischer Suche und Navigation steuern die Nutzer selbst den Informationstransfer.

Eine interessante Ausnahme von der konsequenten Bedarfsorientierung gibt es allerdings: Der Technologie-Atlas enthält einen didaktisch aufbereiteten Teil zu den Grundlagen der Fügetechnik mit Absprungpunkten in das semantische Netz und in die Suche. Der Nutzer kann also für jedes im Grundlagenteil angesprochene Thema Details anfordern, aus dem semantischen Netz oder, über das Netz vermittelt, aus den Dokumenten. So bietet der Technologie-Atlas einen fließenden Übergang zwischen einem Lernmodus, in dem die Nutzer dankbar für didaktische Auswahl, Aufbereitung und Strukturierung der Information sind, und einem Suchmodus, in dem ihre Aufgaben und Fragen die Auswahl der Information bestimmen.[6]

Das semantische Netz des Technologie-Atlas ist eine Mischung aus Themen- und Faktennetz. Wir unterscheiden eine geringe Anzahl von Typen wie Materialien, Verfahren und Anwendungen. Diese sind hierarchisch geordnet, die Verfahren beispielsweise zerfallen in Kleben, Schweißen, Löten, Nieten etc. Die Lötverfahren wiederum zerfallen in Tauchlöten, Kaltlöten, Lichtlöten, Induktionslöten usw. Hinzu kommt: Der Kunde erwartet vom Technologie-Atlas nicht nur Zugang über die Technologie sondern auch den Zugang über Anwendungen, über Randbedingungen und Risiken und über die Wirtschaftlichkeit der einzelnen Fügetechniken. Welche Verfahren für welche Materialien und welche Anwendungen geeignet sind, ist über Querverbindungen ausgedrückt – ebenso, welche Geräte und Hilfsstoffe benötigt werden. Das Netz umfasst einige tausend Objekte und Verknüpfungen bei etwa zwei Dutzend Relationstypen. Eine wichtige Erfahrung in der Modellierung: Die Versuchung war groß beim Aufbau dieses Netzes über ein Themen- und Faktennetz hinauszugehen (nicht von ungefähr haben wir in Abschn. 6.2 an einem Fügetechnik-Beispiel über komplexe Aussagen gesprochen). Es hat sich aber gezeigt, dass der Nutzen einer detaillierteren Modellierung der Fügetechniken nicht den zusätzlichen Aufwand rechtfertigt.

8.5 Projektbeispiel SAP Research Net

Situation – Hier sind wir beim Forschungsbereich der SAP, mit ca. 250 zeitgleich laufenden Forschungsprojekten zu Themen der Informatik und einigen hundert Mitarbeitern an weltweit 13 Standorten. Die SAP Research betreibt einiges an Informationsinfrastruktur, ein Mitarbeiterverzeichnis, Projektshares, Wikis – aber alle diese Systeme beantworten nicht Fragen wie:

[6] Zur Verbindung von semantischer Vernetzung und E-Learning siehe auch Seeberg (2003).

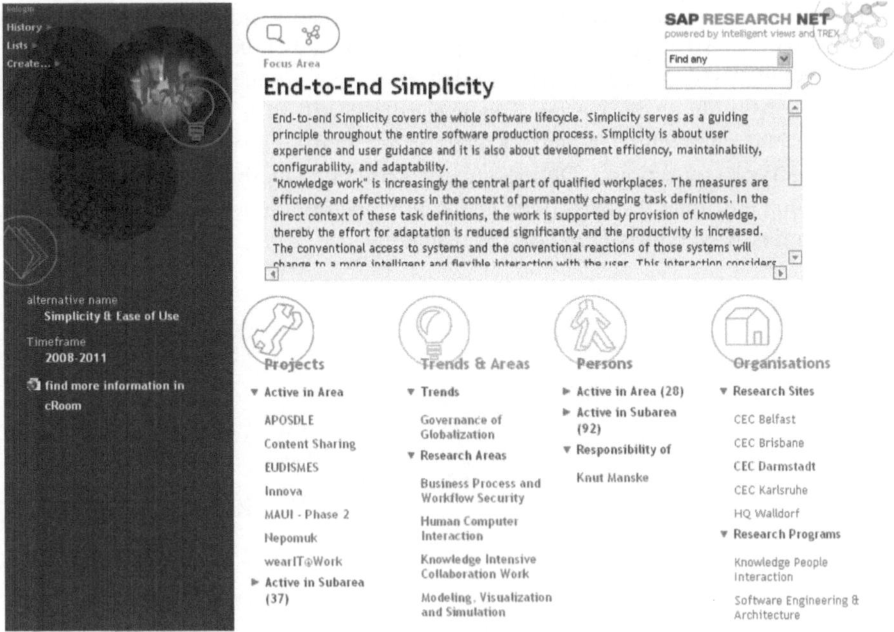

Abb. 8.6 Screenshot des SAP Research Net

- Welche Gemeinsamkeiten gibt es zwischen Projekt A und B? Welche Forscher bzw. Forschergruppen sollten sich austauschen?
- Was sind die inhaltlichen Schwerpunkte an Standort S?
- In meinem Projekt, in dem es um intelligente mobile Services geht, habe ich eine Teilaufgabe User-Interface-Design; das liegt außerhalb des Spezialgebiets meines Teams. Wer kann mir helfen? Wo sitzen die Experten?
- Wie passen die Projekte zu den strategischen Zielen des Unternehmens? Welche Bereiche im Unternehmen interessieren sich für welche Forschungsergebnisse?

Das SAP Research Net ist eine Mischung aus Themen und Fakten. Im Faktenteil finden wir Personen, Abteilungen, Standorte und Projekte – die Personen sind den Standorten, Abteilungen und Projekten zugeordnet. Forschungsthemen sind zu Trends und Focus Areas gruppiert und können Personen, Abteilungen und Projekten zugeordnet sein. In diesem Zusammenspiel funktioniert der Faktenanteil des semantischen Netzes als ein Mechanismus zur Verteilung von Themen:

- Projekte akkumulieren Themen über Unterprojekte
- Personen akkumulieren Themen über Veröffentlichungen und Projekte
- Abteilungen und Standorte akkumulieren Themen über ihre Mitarbeiter

Die größte Herausforderung in der Modellierung ist die Übertragbarkeit: Wohin dürfen wir die Themen verteilen – gerade wenn wir die Themenhierarchie mit einbeziehen – ohne dass die Aussagen zu ungenau werden? Ist wirklich jeder Mitarbeiter Experte in jedem Projektthema? Wie steht es mit den Teilprojekten?

Das Modell des Research Net arbeitet stark mit Basiskategorien. Die in der folgenden Abbildung markierten Typen werden auch im User-Interface des SAP Research Net unterschieden. Jede Kategorie ist eine Sicht und fasst die darunter liegenden Typen zusammen. Der gesamte begriffliche Oberbau dient nur dazu, Relationen und Attribute festzumachen und trägt keine Individuen (siehe auch Abschn. 12.4 über das Ausfaktorisieren von Eigenschaften).

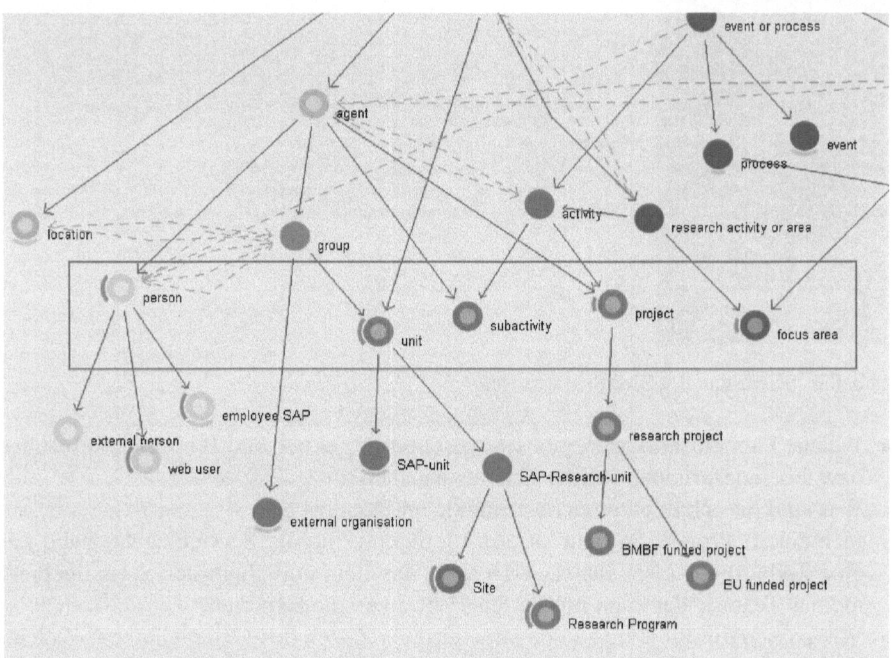

Abb. 8.7 Ausschnitt aus der obersten Modell-Ebene des Research Net – die Ebene der Kategorien ist markiert

Hauptfunktionalität ist das Nachschlagen von Personen, Projekten, Themen und das Entdecken von Verbindungen. Hier spielen vorgefertigte Abfragen und die Visualisierung eine große Rolle. Beispielsweise werden die Standorte, die in Abb. 8.6 als relevant für das Thema *End-to-End-Simplicity* ausgewiesen werden, teilweise über die Mitarbeiter, die an diesem Standort arbeiten, und teilweise über die Projekte abgeleitet. Zu diesen abgeleiteten Standorten kann sich der Nutzer den tatsächlichen Zusammenhang in einer Visualisierung des semantischen Netzes anzeigen lassen.

Auch die semantische Suche über angeschlossene Fileshares mit Projektberichten und anderen Dokumenten ist eine wichtige Funktionalität. Hier werden inhaltliche Kriterien aus dem Themennetzteil und Metadaten-Kriterien (Projektname, -typ, Standort etc.) aus dem Faktenteil kombiniert.

Eine spezielle Funktionalität liefert der *staffing calculator*. Er beantwortet die Frage: Wer könnte, falls die Förderung für mein Projekt nächsten Monat genehmigt wird, kurzfristig das Team verstärken? Die Vorschläge kommen über das Matching der Projektanfoderungen mit der Expertise der Mitarbeiter zu Stande und berücksichtigen ihre Verfügbarkeit, die aus einem Tool zur Kapazitätsplanung gezogen wird.

8.6 Projektbeispiel Reklamationen und Qualitätssicherung

Situation – Bei diesem Projekt bewegen wir uns im Bereich Qualitätssicherung eines Automobilzulieferers. Eine der vornehmlichen Aufgaben der Qualitätssicherung ist es, Fehler in der Produktion schon im Vorfeld zu vermeiden, indem mögliche Fehlerquellen identifiziert und ausgeräumt werden. Wenn Fehler unterlaufen, müssen sie der Organisation möglichst schnell bekannt werden, ihre Ursache muss identifiziert und beseitigt, Konsequenzen müssen eingedämmt werden.

In diesem Unternehmen werden bereits verschiedene IT-Systeme für Qualitätsmanagement und Service eingesetzt, z.B. ein SAP-Reklamationsmanagement-Modul, ein Produktdaten-Management-System (PDM), ein System zur Verwaltung der Service-Einsätze. Diese Systeme unterstützen allerdings nur operativ, helfen also die ergriffenen Maßnahmen zu organisieren und zu dokumentieren. Sie helfen dem Nutzer nicht herauszubekommen, welche Maßnahmen überhaupt ergriffen werden müssen, was die möglichen Ursachen für einen aufgetretenen Fehler sind und mit welchen Folgen zu rechnen ist. Das dafür nötige Wissen über Zusammenhänge kann in diesen Systemen nicht abgebildet werden.

Für diese Art Unterstützung brauchen wir eine Sicht auf Zusammenhänge über die ganze Wertschöpfungskette, die z.B. alle Information zu bestimmten Komponenten auf einen Blick bereit stellt – von wem wird sie geliefert, in welche Produkte geht sie ein, welche Fehler sind an dieser Komponente schon aufgetreten, welcher

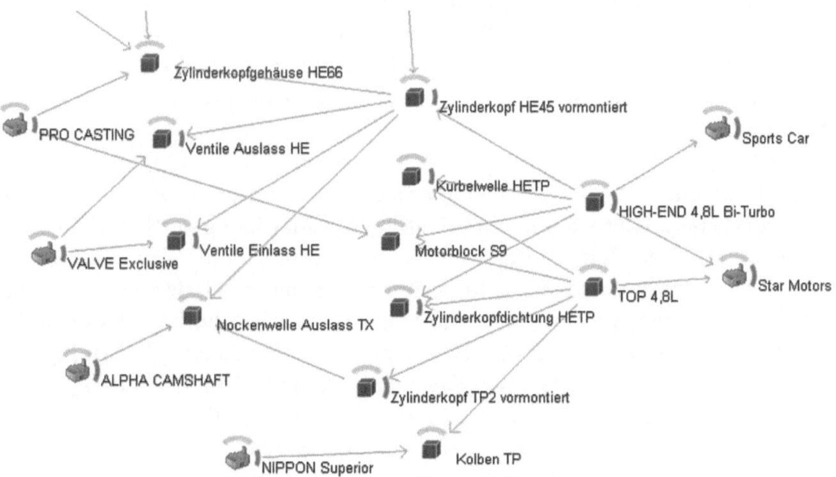

Abb. 8.8 Welche Endprodukte (Motoren, ganz rechts im Bild) enthalten welche Teile welcher Zulieferer?

Mitarbeiter, intern oder extern, ist zuständig? Hier spielt die Leichtigkeit, mit der im semantischen Netz Folgerungen, Abkürzungen und Zusammenfassungen möglich sind, eine große Rolle, genau wie die Visualisierung der Vernetzung.

Nutzer können sich so in einer grafisch-interaktiven Sicht die Zusammenhänge Schritt für Schritt klarmachen und beispielsweise sehen, dass zwar in die zwei verschiedenen Produktlinien verschiedene Ventile eingebaut werden, beide aber doch wieder vom selben Zulieferer kommen.

Typische Suchen – z.B. alle Produkte, in denen eine bestimmte Komponente verbaut ist (auch über mehrere Ecken) oder alle Zulieferer, die direkt oder indirekt an einem Produkt beteiligt sind – sind vorformuliert und stehen als Informationsangebote direkt bei den Objekten zur Verfügung. Abstraktion und thematische Verknüpfungen ermöglichen eine aussagekräftige und robuste Fehlerklassifikation: Wenn beispielsweise in Fehlern eines bestimmten Typs gesucht wird, werden automatisch Unterkategorien mit einbezogen. Auf die Frage nach „Beschädigung im Lenksystem“ wird ein Fehlerfall „Bruch der Lenkwelle“ als relevant gefunden, auch wenn die Suchbegriffe nicht direkt in der Problembeschreibung vorkommen.

Akkumulierte Fehlertypen und Ursachen helfen dabei Schwachstellen zu analysieren: Bei welchen Eigenschaften der Produkte häufen sich Fehler? Hat die Organisation ein Problem mit den Prozessen oder mit der Mitarbeiterqualifikation? Oder häufen sich Bedienfehler, weil die Produkte vielleicht zu komplex sind? Welche ähnlichen Fehler sind schon einmal aufgetreten bei dem Lieferanten des Bauteils, bei einem der Bearbeitungsschritte, bei einer der beteiligten Maschinen?

Der Schwerpunkt des semantischen Netzes liegt hier auf den Fakten, dabei ist es sinnvoll, zusätzlich zu unterscheiden in:

- Stammdaten (Lieferanten, Kunden, Produkte, Bauteile, Maschinen, Anlagen) mit einer verhältnismäßig geringen Anzahl und Dynamik, so dass manuelle Modellierungseingriffe möglich sind.
- Bewegungsdaten (Fehlerfälle, Reklamationen, interne Störungen). Sie werden von den Stammdaten und den Themen „klassifiziert“ und fallen in relativ großer Zahl an – sie müssen also genau so verarbeitet werden wie durch Bearbeiter oder Maschine erfasst.

Bei den Themen des Netzes handelt es sich vor allem um Bearbeitungsprozesse und Fehlerklassen. Hier war es sehr wichtig, zur Einordnung der Fehler in Klassen ein eindeutiges aber gleichzeitig flexibles System anzubieten. Die Auswertungen der Fehlererfassung hatten bis dahin nämlich immer unter den eingeschränkten Möglichkeiten einer baumartigen Fehlerklassifikation gelitten. *Korrosion* war beispielsweise in diesem Baum unter Beschädigung verzeichnet, gleichzeitig wurde das Thema *Rostspuren* unter *Verschmutzung* geführt. Mit der Folge, dass die Auswertungen je nach Zusammenstellung unvollständig blieben. Andere Beschädigungen wurden von der Klassifikation „unterschlagen“, weil sie als Folge einer fehlerhaften Maschineneinstellung unter Fehlbedienung eingeordnet worden waren. Hier fehlte eine konsequente Trennung von Fehlerursachen und -folgen in der Klassifikation.

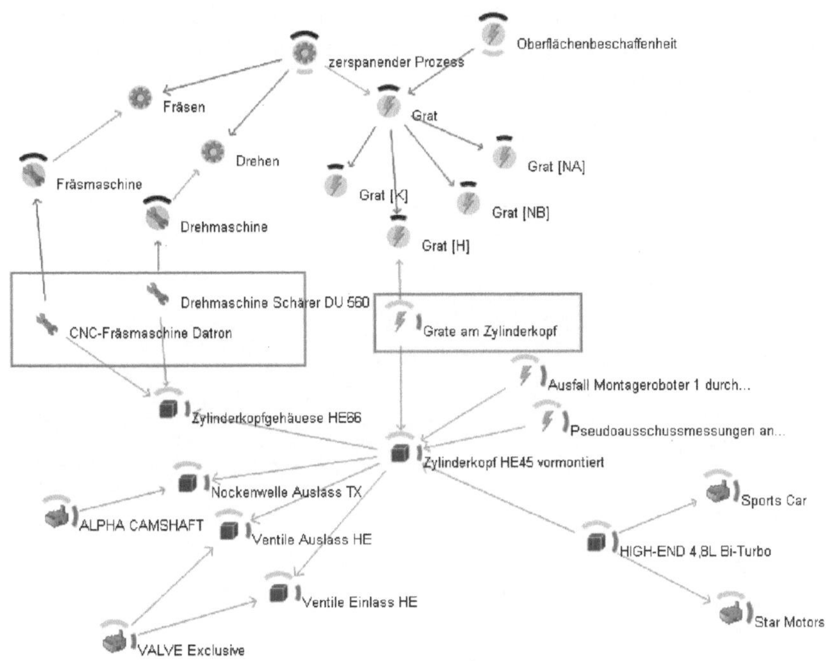

Abb. 8.9 Themenzusammenhänge helfen beim Eingrenzen der Fehlerursachen

Interessant ist in diesem Netz auch die Kombination von Fakten und grundsätzlichen Zusammenhängen zwischen Fehlertyp und Bearbeitungsschritt. Das obige Beispiel zeigt: Grate können bei spanender Bearbeitung auftreten, nicht bei der Verpackung. Das Wissen um diesen Zusammenhang erlaubt die Einschränkung der Fehlersuche auf bestimmte Maschinen und Bearbeitungsschritte.

8.7 Projektbeispiel Vorentwicklung

Situation – Das Unternehmen, das wir in diesem Beispiel besuchen, stellt Flugzeuge her und nutzt das semantische Netz unter anderem in der Vorentwicklung. Bei solchen komplexen Produkten ist auch in frühen Entwicklungsphasen schon ein großes Team beteiligt und ein entsprechend hohes Maß an Koordination und Überblick gefordert. Gleichzeitig sind Strukturen wie z.B. ein Produktaufbruch im Produktdaten-Management-System (PDM) oder die Dokumentation der Anforderungen in einem Requirements-Management-System erst im Entstehen. Daher sollte das semantische Netz bei der Strukturierung eines „ungepflegten Dokumentbestands“ helfen und gleichzeitig eine Möglichkeit bieten, verbindliche Strukturen wie den Produktaufbruch in Baugruppen und Komponenten iterativ dynamisch zu entwickeln und mit unschärferen Strukturen (Funktionen, Anforderungen, Randbedingungen etc.) zusammenzubringen.

Das resultierende semantische Netz ist ein Modell des zu entwickelnden Produkts, bildet aber auch die Projekt- und Linienorganisation ab sowie die fachlichen Zusammenhänge und Interaktionen. Es enthält eine abstrakte Hierarchie der Bauteile und verbindet sie mit den Personen und Abteilungen – zum einen über die Projekte, zum anderen auch direkt.

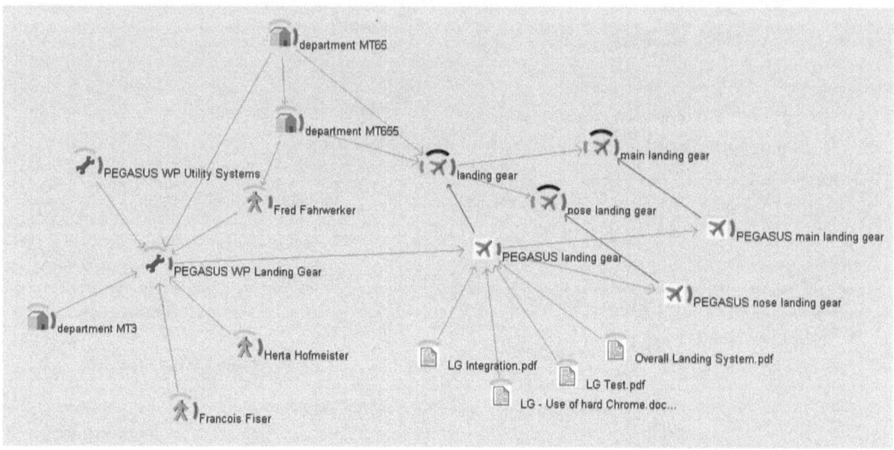

Abb. 8.10 Einordnen von Ansprechpartnern und Dokumenten in die Welt der Komponenten

So unterstützt das semantische Netz die Koordination, indem es Fragen beantwortet wie: wenn ich zu diesem Zeitpunkt noch einmal etwas an der Aufhängung des Fahrwerks ändere, welche anderen Komponenten und Arbeitspakete (globale Sicherheit, Gewicht etc.) sind betroffen? mit wem muss ich diese Änderungen koordinieren? wer ist organisatorisch, wer ist fachlich zuständig?

Zudem werden in diesem semantischen Netz die Komponenten des Flugzeugs mit ihren Anforderungen und Funktionen verbunden. Hier können wir unterscheiden zwischen primären Funktionen wie Starten, Landen, Rollen, die **von** Komponenten wie dem Fahrwerk ausgeführt werden und sekundären Funktionen, die **mit** dem Fahrwerk durchgeführt werden – wie z.B. das Einfahren und Ausfahren desselben.

Eine interessante Herausforderung stellt sich, wenn die Entwicklung die frühe Phase verlässt, die zentralen Strukturen sich verfestigen und viele Varianten hinzukommen. Hier dürfen wir nicht der Versuchung erliegen, mit dem semantischen Netz zu große Anteile der PDM-Funktionalität nachzubauen.[7] Auf der anderen Seite erwies sich in diesem Projekt das semantische Netz als ein gutes Mittel, eine thematische Orientierung und Mehrdimensionalität zu bewahren, die

[7] Wie viele spezialisierte Enterprise Software enthalten auch PDM-Systeme eine Menge an Semantik – tief im Programmcode versteckt. Selbst wenn aber ein semantisches Netz die überlegene Repräsentationsform für diese Semantik sein sollte, ist es meiner Ansicht nach nicht sinnvoll mit ausgereiften Enterprise Applications zu konkurrieren.

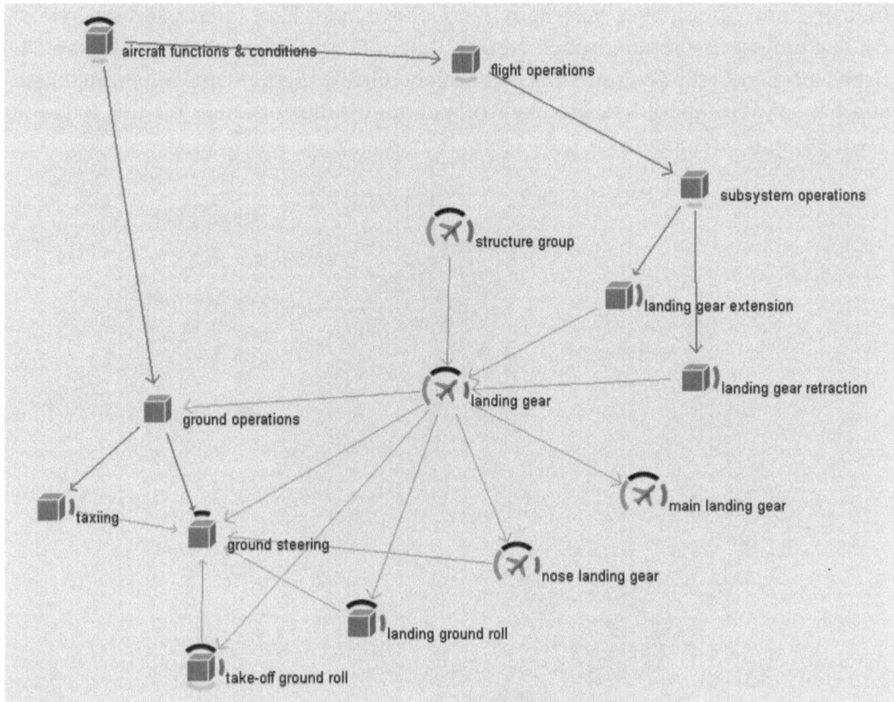

Abb. 8.11 Komponenten und Anforderungen, an denen sie beteiligt sind

verloren geht, wenn die Komponenten von ihren Anforderungen getrennt und in einen eindeutigen Produktaufbruch gezwungen werden. Zudem enthält ein PDM nur noch gesicherte Ergebnisse, keine Möglichkeiten und Gestaltungsalternativen. In den im PDM hinterlegten Dokumenten können die Nutzer beispielsweise nachsehen, welche Entscheidung für die Befestigung des Fahrgestells am Rumpf getroffen wurde. Warum sie so ausgefallen ist, was die Alternativen waren, und warum diese verworfen wurden, können sie dem PDM nicht entnehmen. Dazu müssen die Nutzer in die Dokumente abtauchen, die im Entscheidungsprozess entstanden sind – E-Mails, Notizen, Besprechungsprotokolle. Diese Dokumente werden in keinem System festgehalten. Sie zu erschließen ist eine wichtige Aufgabe, für die sich ein semantisches Netz hervorragend eignet, vor allem, wenn es schon den Entwicklungsprozess begleitet hat.

8.8 Nutzung semantischer Technologie in der Industrie

Mit den in diesem Kapitel vorgestellten Projekten sind wir stichprobenartig in bestimmte Anwendungen eingestiegen. Um ein umfassenderes Bild zu bekommen, betrachten wir abschließend noch einen etwas größeren Ausschnitt von Projekten in

Industrie und öffentlicher Verwaltung in Deutschland. Hier interessiert uns, welche Anwendungen mit semantischen Netzen unterstützt werden, aber auch in welchen Branchen Semantik genutzt wird und welche Größe die verschiedenen Installationen haben. Wie überall in diesem Kompendium konzentrieren wir uns dabei auf Themen- und Faktennetze.[8]

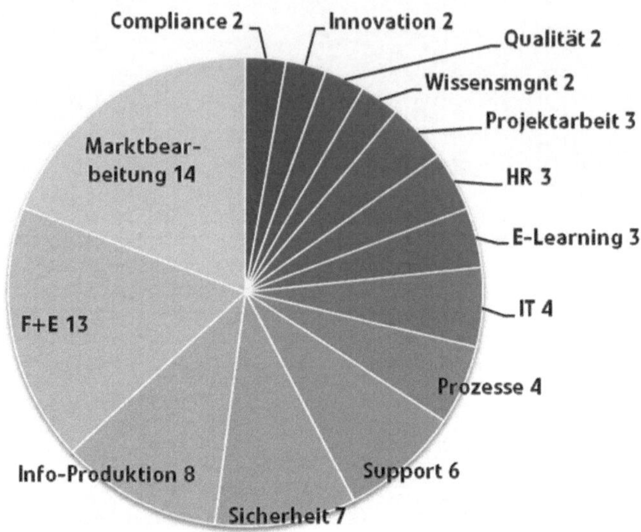

Abb. 8.12 Semantik-Projekte nach Anwendungsbereich (insges. 73 Projekte)

Es mag den einen oder anderen überraschen, in dieser Aufstellung nur zwei echte Wissensmangement-Projekte zu finden. Bis zu einem gewissen Grad ist das eine Darstellungsfrage. In vielen der Projekte, die wir hier sehen, gibt es einen Wissensmanagement-Anteil, sehr oft haben dabei Wissensmanagement-Abteilungen mit Fachbereichen zusammengearbeitet. Das Besondere an den zwei ausgewiesenen Wissensmangement-Projekten ist: sie wurden auf Initiative eines Wissensmanagement-Bereichs durchgeführt, Fachbereiche waren hier nur beratend beteiligt.

Ungewöhnlich sind auch die acht Projekte, die *Produktion von Information* als Anwendung haben. Hier handelt es sich um Projekte, in denen Information nicht ein Werkzeug ist, das benötigt wird um eine bestimmte Dienstleistung zu erbringen oder ein Produkt zu entwickeln, herzustellen oder zu vertreiben, sondern in denen Information selbst das Produkt ist. Die Kunden sind hier Informationsanbeiter wie Verlage, Fachinformationszentren oder Archive. Informationsanbieter gehören übrigens folgerichtigerweise zu den ersten Anwendern semantischer Technologien in Deutschland.

[8]Diese Aufstellung hat keinen Anspruch auf Vollständigkeit. Im Gegenteil habe ich mich auf Projekte und Projektvorhaben beschränkt, die ich persönlich betreut habe, oder zumindest so gut kenne, dass ich mir der Angaben zu Anwendungsbereich und Größe sicher sein kann.

Neben dem offensichtlichen Zusammenhang zwischen der Anwendung *Informationsproduktion* und der Branche *Verlage und Informationsanbieter* gibt es eine Reihe von weiteren Auffälligkeiten in der Kombination von Branchen (Abb. 8.13) und Anwendungen. So bestreitet die Branche *Life Science* allein acht der dreizehn F+E-Projekte. Überhaupt hat diese Branche eine gewisse Sonderstellung bei der Nutzung semantischer Technologien. In keinem anderen Industriezweig existieren so viele so umfangreiche Klassifikationen – möglicherweise ein Produkt der langen Tradition eigener und eindeutiger Begrifflichkeit in den Life Sciences. Demgegenüber laufen z.B. die Anwendungen *Marktbearbeitung* oder *Support* quer über alle Branchen.

Die Nutzung semantischer Technologie beginnt oft mit relativ kleinen Installationen. Rund ein Drittel der Netze bleiben unter 5.000 Objekten, zwei Drittel unter 10.000 Objekten. Was nicht weiter überrascht: die ausschließlich von Hand aufgebauten Netze sind im Schnitt deutlich die kleinsten. Diese Netze haben einen hohen Themenanteil. Bei den Netzen, die zum Teil durch Importe gefüllt wurden, finden wir dagegen einen klaren Schwerpunkt auf Fakten.

Wir finden aber auch einen signifikanten Anteil an großen semantischen Netzen im produktiven Einsatz. Wie entstehen diese Netze? Große Themennetze werden oft (aber nicht immer) von Informationsanbietern erstellt. Von diesen Anwendungen abgesehen sind bisher sind nur sehr wenige Netze einer Größenordnung von Hunderttausenden oder Millionen von Objekten im Rahmen einer Einführung

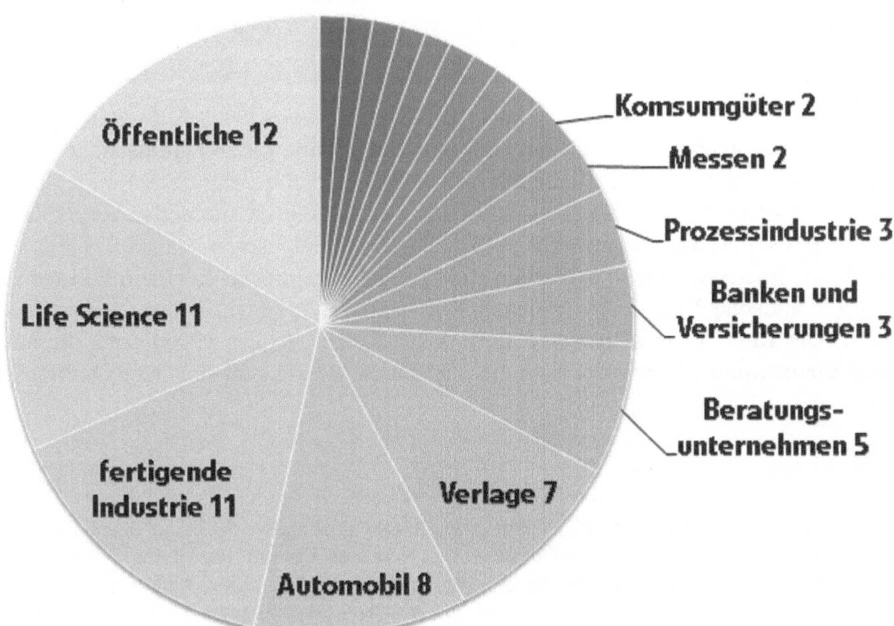

Abb. 8.13 Semantik-Projekte nach Branchen

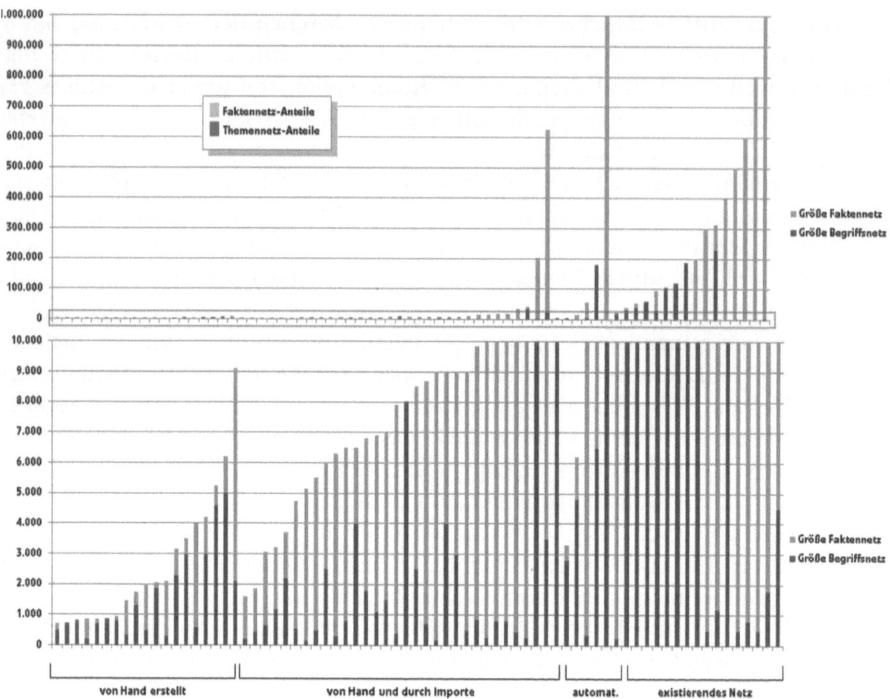

Abb. 8.14 Größenverteilung der Installationen – Der Bereich unter 10.000 Objekten ist im unteren Teil der Grafik vergrößert dargestellt; die beiden größten Netze (in dieser Darstellung oben abgeschnitten) umfassen 2,5 Mio. respektive 12 Mio. Objekte

semantischer Technologie entstanden – und wenn, dann durch automatische Techniken. Alles andere finden wir im Diagramm unter *existierendes Netz*. Einige dieser Netze entstammen dem Umstieg bzw. der Aufrüstung existierender spezifischer Wissensbestände auf semantische Netze. Diese Bestände waren, je nach Projekt, oft weit von einer semantisch expliziten Repräsentation entfernt: In einem Fall wurde das semantische Netz z.B. aus den SGML-Daten eines Print-Wörterbuchs extrahiert. Der Rest der großen Netze sind „Fremdnetze", extern verfügbare Thesauri und Taxonomien wie z.B. der Medizin-Thesaurus MESH oder die Gene Ontology.

Literatur

Böhnstedt D, Scholl P, Rensing C, Steinmetz R (2009) Collaborative Semantic Tagging of Web Resources on the Basis of Individual Knowledge Networks. Lecture Notes in Computer Science 5535:379-384, Springer, Heidelberg

Cardoso M, Hepp M, Lytras D, Hrsg (2007) The Semantic Web: Real-World Applications from Industry. Springer, Heidelberg

Dirsch-Weigand A, Schmidt I, Hrsg (2006) Semantische Wissensstrukturen – Praxis und Perspektiven, nfd Information – Wissenschaft und Praxis 57

Geise J (2003) Implementierung von Mappings zwischen horizontalen Produktklassifikationsstandards im Bereich des E-Procurements mit Hilfe semantischer Netze. Diplomarbeit an der Technischen Universität Darmstadt

Hofmann R (2005) Rational-ökonomische Wissensbewirtschaftung als Aufgabe der Unternehmensführung in Beratungsbetrieben. In: Schlegel T, Spath D (Hrsg) Entwicklung innovativer Dienstleistungen. Fraunhofer IRB Verlag, Stuttgart

Oberle D (2005) Semantic Management of Middleware. Springer, Heidelberg

Pees G (2009) E-Learning im Zeitalter semantischer Netzwerke. In: Handbuch E-Learning, 21. Ergänzungslieferung, Wolters Kluwer, Neuwied

Scheck M (2005) Automatische Klassifizierung und Visualisierung im Archiv der Süddeutschen Zeitung. MedienWirtschaft 1/2005:20–24

Seeberg C (2003) Life Long Learning. Modulare Wissensbasen für elektronische Lernumgebungen. Springer, Heidelberg

Seeberg C, Steinacker A, Faatz A, Steinmetz R (2002) Metadaten aus Autorensicht – ein Erfahrungsbericht über ein webbasiertes Multimedia-Lernsystem am Beispiel k-MED. informationstechnik und technische informatik (it+ti), 44:217–222.

Spahn M, Kleb J, Grimm S, Scheidl S (2008) Supporting business intelligence by providing ontology-based end-user information self-service. In: Proceedings of 1st International Workshop on Ontology-Supported Business Intelligence, ACM, New York

Steinacker A (2002) Medienbausteine für web-basierte Lernsysteme. Dissertation, TU-Darmstadt. http://elib.tu-darmstadt.de/diss/000278/diss.PDF (12.5.2008)

Thor A, Kirsten T, Rahm, E (2007) Instance-based matching of hierarchical ontologies. Proceedings of 12. GI-Fachtagung für Datenbanksysteme in Business, Technologie und Web

Wilmsmeier M, Baumer C (2009) Kennzahlen bekommen eine Sprache – Was bedeutet eigentlich der Kontext von Kennzahlen? In: Bentele M, Hochreiter R, Krcmar H, Schütt P, Weber M (Hrsg) Geteiltes Wissen ist doppeltes Wissen. Tagungsband zur KnowTech 2009. CMP-WEKA Verlag, Poing

Kapitel 9
Knowledge-Engineering

Wir haben uns inzwischen einen Überblick über die Spielarten und Möglichkeiten semantischer Technologien verschafft. Wie gehen wir methodisch vor, um uns diese Möglichkeiten zu erschließen, wie organisieren wir den Aufbau eines semantischen Netzes? Hier spielen persönliche Vorlieben, Lern- und Arbeitsstile eine gewisse Rolle, aber natürlich gibt es auch hier Erfahrungswerte.

9.1 Die Wahl des Ausgangspunkts

Mit der Frage nach dem richtigen Einstieg steht eine schwierige Frage ganz am Anfang unseres Knowledge-Engineering-Projekts. Viele Ausgangspunkte bieten sich an, wir haben die Qual der Wahl. Eines steht fest – und ist ein enormer Vorteil semantischer Netze gegenüber relationalen Datenbanken – wir müssen nicht *top down* als allererstes ein vollständiges Schema definieren. Schemafragen sind ein sehr systematischer aber auch ein denkbar schwieriger Startpunkt für eine Modellierung. Sie erfordern komplexe und feinsinnige Entscheidungen – Entscheidungen, die uns oft leichter fallen, wenn wir uns mit den Daten und Anforderungen der Anwendung vertraut gemacht haben.

Einen einfacheren *Bottom-up*-Einstieg versprechen die vorliegenden Informationsquellen. Wir könnten uns also als Erstes die Dokumentenbestände vornehmen und automatisch, halbautomatisch oder manuell die wichtigsten Themen extrahieren. Oder wir importieren die strukturierten Informationen aus den vorhandenen Datenbanken, wenn wir ein Faktennetz aufbauen. Bei dem zu beginnen, was ein Unternehmen an Dokumenten oder an Datenbankeinträgen angehäuft hat, ist ein legitimer Zugang, aber es ist nicht der einzige und er birgt gewisse Risiken. Mehr als ein Projekt musste später feststellen, dass die angesammelten Dokumente und Daten gar nicht die Aufgaben der Nutzer repräsentieren. Oft hören wir dann von den Anwendern: „Von all dem, was sich in diesem Datenbestand an Themen findet, ist nur ein so kleiner Anteil interessant – lieber erzähle ich Euch direkt, was mich interessiert, bevor ich aus einem Haufen irrelevanter Themen wieder das herausdestilliere, was wirklich wichtig ist".

K. Reichenberger, *Kompendium semantische Netze*, X.media.press,
DOI 10.1007/978-3-642-04315-4_9, © Springer-Verlag Berlin Heidelberg 2010

Sollten wir also eher vom Informationsbedarf als vom Informationsangebot ausgehen? Suche und Informationsversorgung zu unterstützen ist immerhin die wichtigste Aufgabe eines semantischen Netzes. Wenn wir Anwendungsfälle sammeln und das semantische Netz daran ausrichten, können wir einigermaßen sicher sein, nur Dinge zu modellieren, die nachher auch wirklich gebraucht werden. Wir nehmen uns also vor „wenn der Nutzer *xyz* eingibt, sollte als Suchergebnis *abc* rauskommen“ oder „wenn der Nutzer sich Details zum Arbeitspaket A ansieht, sollte das semantische Netz immer auch bestimmte Informationen zum Kunden des Gesamtprojekts, in das A eingebettet ist, zeigen“. An diesen Anwendungsfällen richten wir dann das semantische Netz aus. Dieses Vorgehen ist prinzipiell genau richtig, es hat nur einen Nachteil: Selbst wenn wir die Anwendungsfälle alle zu Beginn unseres Projekts vorliegen haben, ist es alles andere als einfach, jede Modellierungsentscheidung direkt und systematisch von den Features und Informationsangeboten der Anwendung abzuleiten. Das bedeutet nämlich immer wieder quer durch alle Schichten (vom Schema und von den Daten über die Suchstrategie bis zur Nutzerinteraktion) zu gehen, um zu entscheiden, wie wir eine Information modellieren. Zudem laufen wir hier eventuell Gefahr mit strukturierten Daten zu planen, die die Datenquellen später gar nicht hergeben.

Wir halten fest: In der Frage des richtigen Startpunkts ergibt sich kein klares Bild – wir haben viele Kandidaten für den Ausgangspunkt der Modellierung und jeder hat etwas für sich: Was ist technische Grundlage? Das Schema. Was ist ohne weiteres da? Die Informationsquellen. Was ist zwingend? Der Nutzen, das Applikationsverhalten. Hinzu kommt, dass die Bausteine eines semantischen Netzes wie Schema, Instanzen, Verhalten, Suchen und Ableitungen eher ineinander greifen, als in sauber getrennten Schichten aufeinander aufzubauen.

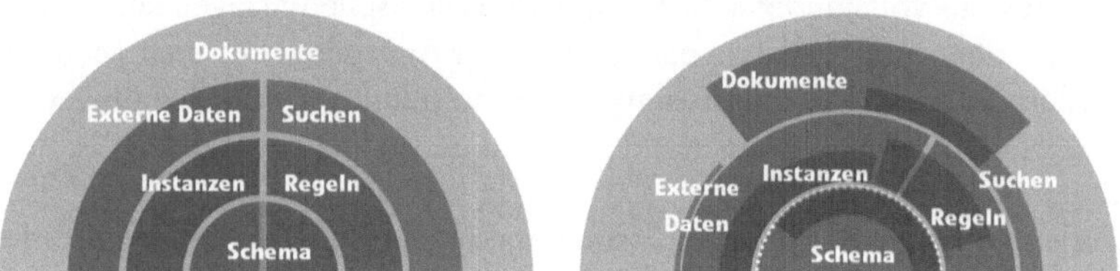

Abb. 9.1 Aufbau eines semantischen Netzes – Ideal und Wirklichkeit

9.2 Iteratives Vorgehen

Alles hängt mit Allem zusammen, wir haben keinen offensichtlichen Ausgangspunkt. Wie vermeiden wir unter diesen Umständen fehlerhafte Modellierungsentscheidungen? Mein Tipp: wir vermeiden sie gar nicht. Am besten, wir nutzen die Flexibilität semantischer Netze konsequent aus, indem wir einigermaßen plausible Modellierungsentscheidungen treffen, diese Entscheidungen allen genannten Randbedingungen und Anforderungen (Nutzererwartungen, Datenverfügbarkeit, Konsistenz des Schemas) aussetzen und sie im Konfliktfall korrigieren – und das immer und immer wieder.

Bei diesem typisch iterativen Vorgehen gibt es kleine und große Iterationen. Eine kleine Iteration kann z.B. darin bestehen, dass wir an einem Anwendungsfall entlang ein Beispiel modellieren, schauen ob es funktioniert, prüfen, ob die Datenquellen die entsprechenden Zusammenhänge hergeben und dann die Schemaverletzungen und -erweiterungen, die für das Beispiel nötig waren, wieder aufräumen. Hier kommt uns enorm zugute, dass semantische Netze erlauben, das Schema im laufenden Betrieb zu ändern.

Wo der direkte Weg von den Anwendungsfällen zu den einzelnen Modellierungsentscheidungen schwierig ist, können wir jederzeit auf ein klassisches Modellierungsprinzip zurückkommen und einfach die Zusammenhänge des Wissensgebiets so genau wie möglich abbilden. Nach dem Motto: wir modellieren einfach die Logik des Geschäfts – die Endnutzer werden schon Gebrauch davon machen. Damit haben wir auch ein Zwischenziel, auf das wir dann schon hinarbeiten können, wenn das Anwendungsverhalten noch nicht vollständig feststeht.

Überhaupt ist die wichtigste Größe, der Nutzer, schwierig „auszurechnen". Eine große Iteration sieht daher oft so aus, dass wir das semantische Netz bzw. die darauf aufbauende Anwendung so weit bringen, dass die Nutzer etwas damit anfangen können und sie ihnen dann vorsetzen. Erfahrungsgemäß fällt in dem Moment, in dem zum ersten Mal ein Nutzer auf unsere Anwendung schaut, von den Funktionen und Themen, die wir für wichtig hielten, ein guter Teil als unwichtig oder gar unsinnig weg, es kommen aber mindestens nochmal genau so viele dazu, an die wir anfangs gar nicht gedacht hatten. Hier ist unsere Kritikfähigkeit gefragt – wir sollten auf keinen Fall versuchen erst mit einer perfekten Lösung an die Nutzer heranzutreten, sondern im Gegenteil uns so früh und so oft wie möglich diesem Reality-Check unterziehen.

Die Iterationen gehen so weiter, dass wir nur die wichtigsten der neuen Nutzerwünsche umsetzen, und das Ergebnis wieder den Nutzern zeigen, so lange bis das semantische Netz das tut, was die Nutzer erwarten (oder sich die Nutzer umgekehrt an das Verhalten des semantischen Netzes gewöhnt haben). Erst dann kümmern wir uns um Details und Fleißarbeit wie die produktive Anbindung strukturierter Quellen oder Zugriffsrechte.

In diesen Iterationen versuchen wir immer wieder, die Faktoren *Datenlage in den Quellen*, *Funktionen und Informationsangebote*, *Wiedergabe der Business-Logik* in ein klares Schema und ins Gleichgewicht zu bringen. Wenn wir z.B. eine Modellierung zu sehr „verbiegen" um in einer bestimmten Situation genau das Verhalten hinzubekommen, das der Nutzer haben möchte, dann rächt sich das oft an anderer Stelle in der Anwendung. Ein Beispiel: Das semantische Netz eines weltweit arbeitenden Ingenieurbüros soll Auskunft darüber geben, welche Abteilung mit welchen Kunden zusammenarbeitet und soll diese Information auch auf die Bereichsebene und das gesamte Unternehmen zusammenziehen. Jetzt hängen die Kunden alle an den Projekten, die die Abteilungen durchführen. Das einfachste könnte es also sein, die Projekte alle mit der Teilorganisationsrelation, mit der wir die Organisationsstruktur aufgebaut haben, unter die Abteilungen zu hängen – so müssen wir immer nur über eine Relation nach oben aggregieren. Möchten wir dann aber das Budget oder die Standorte der Abteilungen ebenfalls zu einem Gesamtbereichsbudget oder zu allen Standorten der Firma zusammenziehen, sind uns die Projekte auf einmal nicht mehr willkommen. Sonst haben wir auf einmal jeden Ort der Welt, an dem wir schon einmal in einem Projekt mitgewirkt haben als Firmenstandort. Hier hätten wir also doch besser eine unterschiedliche Relation eingerichtet, wie z.B. Abteilung *ist beteiligt an* Projekt.

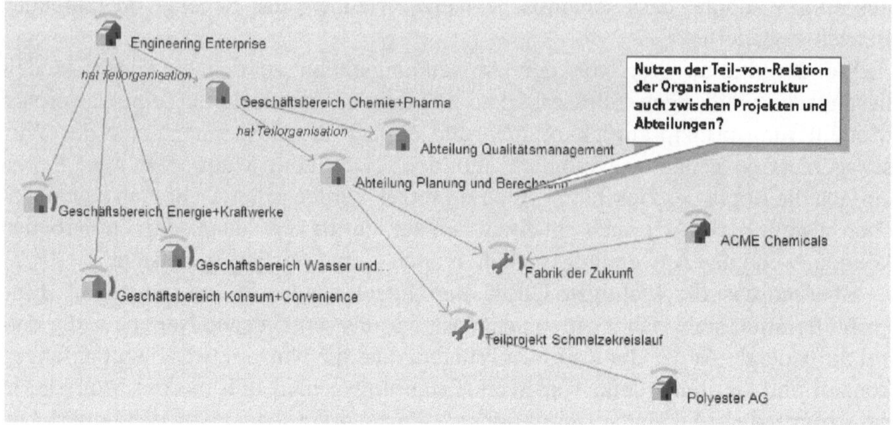

Abb. 9.2 Modellierungsentscheidung mit Konsequenzen

Wenn wir schon Faktoren ins Gleichgewicht bringen, dürfen wir einen weiteren wichtigen Faktor nicht vergessen, nämlich die Verständlichkeit bzw. Nachvollziehbarkeit. Es kann besser sein, den Nutzern gelegentlich ein fragwürdiges Ergebnis einer Schlussfolgerung zuzumuten, wenn sie dafür sehr einfach nachvollziehen können, wie dieses Ergebnis zustande gekommen ist und sich selbst schnell ein Bild von seiner Relevanz machen können. Wir müssen also immer abwägen: Selbst wenn ein Modell genau das tut, was gewünscht ist, kann ich es noch nachvollziehen? Gehen wir einen Schritt weiter, müssen wir gleich die Frage nach den Folgekosten mit einschließen: Wenn wir einmal diese Funktionalität anbieten, können wir dieses Angebot auch aufrechterhalten, kann das semantische Netz die notwendigen Zusammenhänge auf Dauer flächendeckend in ausreichender Qualität und Aktualität enthalten?

9.3 Die Interaktion mit Fachexperten

Eines sollten wir vorausschicken: Wenn wir unsere Anwendungen auf semantischen Netzen aufbauen, dann bauen wir sie damit auf einer engen Interaktion mit den Fachexperten und auf einer intensiven Auseinandersetzung mit den Inhalten auf. Dass eine solche Annäherung zwischen Technik und Inhalt überhaupt stattfindet und dass die Fachanwender die Business-Logik zu einem großen Teil selbst gestalten, ist ein großer Vorteil gegenüber traditionellen IT-Vorhaben. Nun zu den Herausforderungen, vor die uns das stellt.

Wir gehen bei Themennetzen davon aus, dass Fachexperten idealerweise das Netz selbstständig aufbauen. Hier findet die Interaktion mit dem Knowledge-Engineer nur am Anfang für die grundsätzlichen Weichenstellungen statt. Für ein Faktennetz müssen Fachwissen und Modellierungsexpertise zusammenkommen – i.d.R. interagieren wenige Knowledge-Engineers mit mehreren Fachexperten. Dabei ist es meistens schwierig, ganz direkt Modellierungsentscheidungen einzufordern. Fragen wie *„ist A Oberbegriff von B? Ist X ein anderer Typ als Y? Kann es unter diesem Objekt noch Spezialfälle geben?"* gehören nicht zu den alltäglichen Überlegungen eines Nutzers und fordern ein hohes Maß an Abstraktionsvermögen. Wenn wir das im Hinterkopf behalten, werden wir vielleicht etwas anders an die Befragung der Fachleute herangehen.

Z.B. können wir unsere Fragen wesentlich konkretisieren und auch vereinfachen, wenn wir einen Teil der Entscheidungen vorwegnehmen. Ein sehr interessantes Beispiel für dieses Vorgehen fand ich in einem Technologie-Unternehmen, das an einer großflächigen Einführung semantischer Netze arbeitet. Hier hat sich der Projektleiter zur Erfassung der Anforderungen der verschiedenen technischen Bereiche zunächst auf eine Menge von Objekttypen festgelegt und organisiert die Interviews mit den Fachanwendern rund um eine Matrix dieser Objekttypen mit Fragen wie: *„Was interessiert euch an einer Technologie, an einer Komponente, an einer Abteilung? Welche Verbindungen zwischen einer Technologie und einer Abteilung könnt ihr euch vorstellen? In welche Richtung wollt ihr Informationen sehen und weiter explorieren können?"* Dieses Vorgehen gibt ein Gerüst vor, bringt die Fachanwender aber gleichzeitig dazu, etwas formeller „in Typen zu denken" und offenbart auch schnell die Punkte, an denen eine Typeinteilung umstritten oder mehrdeutig ist.

Enorm hilfreich ist es natürlich, wenn auch der Knowledge-Engineer den Gesamtkontext überblickt. Allein der Versuch, diesen Kontext mit seinen Implikationen zu verstehen, kann z.B. Konflikte aufdecken und Missverständnisse vermeiden. Wenn wir auf die Frage, ob Bauteil Y Unterbegriff oder Teil von Bauteil X ist, zur Antwort bekommen, dass es sich um eine Teil-von-Beziehung handelt, kann es sich beispielsweise lohnen nachzufragen, ob Y immer zusammen mit X verbaut wird, bzw. in jedes Gerät eingebaut ist, in das das Oberbauteil auch eingebaut ist. Hier hören wir vielleicht, manchmal würde statt Y auch Z eingebaut, das käme darauf an, welche Variante von X verwendet wird; es sitzt also noch ein Unterbegriff von Bauteil X dazwischen (siehe Abb. 9.3). Oder die Fachanwender finden die Vorstellung, X und Y *gleichzeitig* irgendwo einzubauen völlig absurd, was wiederum für die Ober-/Unterbegriffsrelation spricht.

Abb. 9.3 Einordnung in Gesamtkontext zur Klärung von Modelldetails

Wir hatten schon im Abschn. 4.3 festgestellt: am schwierigsten ist es oft, einen Überblick über die Themen eines Unternehmens zu erhalten. Chiara Ghidini und Kollegen schlagen eine simple, aber effektive Interviewtechnik vor, die an das Requirements-Engineering angelehnt ist (Ghidini et al. 2008). Eine kleine Gruppe Fachexperten notiert die Themen ihres Geschäfts und versucht sie zu ordnen – und zwar mehrfach in aufeinanderfolgenden Durchgängen. Die verschiedenen Ordnungsdimensionen und auch die Konflikte in der Strukturierung der Themen kommen durch die mehrfache Gruppierung ans Licht; daraus kann der erste Wurf für einen begrifflichen Überbau modelliert werden.

9.4 Dokumentation der Modellierungsentscheidungen

Wie bei jeder Engineering-Aufgabe ist es auch beim Knowledge-Engineering hilfreich Modellierungsentscheidungen zu dokumentieren. Die Entwicklung eines semantischen Netzes ist ein komplexer Prozess; Entscheidungen, die aus einer Perspektive selbstverständlich scheinen, sind aus einer anderen Sicht erklärungsbedürftig – Warum haben wir die Relation *Fehler tritt auf bei* nicht strenger definiert und nur zwischen Objekten vom Typ *Fehler* und Objekten vom Typ *Komponente* zugelassen? Weil wir es vielleicht letzte Woche mit einem Fehler zu tun hatten, der nur bei der Ausführung einer bestimmten Funktion auftritt und wir den Fehler direkt mit der Funktion verbinden wollten:

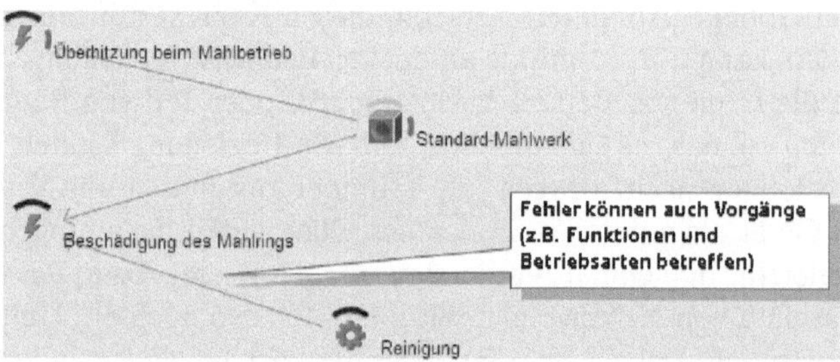

Abb. 9.4 Dokumentation einer Relationsdefinition

Oder wir fragen uns: „Warum hängt der Begriff *Produktionsstandort* unterhalb von *geographischer Ort* und *Organisation* gleichzeitig?" Weil wir die Städte oder Gemeinden, in denen die Fabriken stehen, nicht extra als Objekte einführen wollen, sondern Informationen wie *liegt in Land X* direkt der Fabrik selbst zugeordnet haben. Das sind typische Entscheidungen wie sie im Laufe der Modellierung gefällt und eben auch wieder in Frage gestellt werden, wenn neue Beispieldaten und Fälle auftauchen.

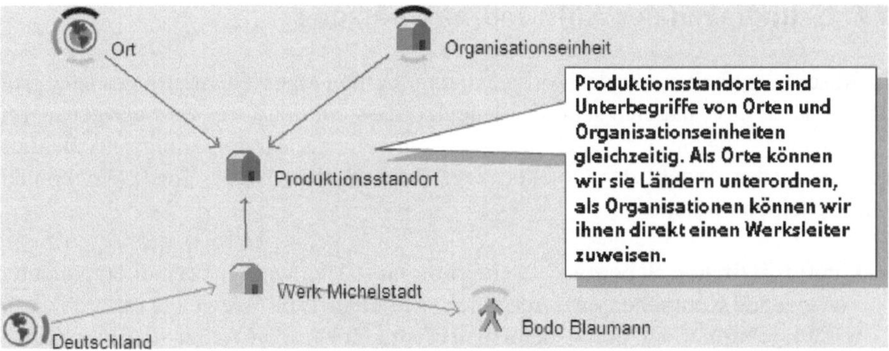

Abb. 9.5 Dokumentation einer Typhierarchie-Entscheidung

9.5 Konsistenzprüfungen des Modells

Wir haben häufig bestimmte Erwartungen an unser semantisches Netz. Vielleicht möchten wir in unserem Themennetz keine Begriffe sehen, die mehr als ein Dutzend Unterbegriffe (auf einer Ebene nebeneinander) enthalten. Oder wir möchten in unserem Faktennetz keine Abteilungen ohne Mitarbeiter haben. Solange wir zu unseren Vorstellungen Regeln aufstellen können, können wir sie auch als Abfragen formulieren. Das semantische Netz kann uns dann seinerseits automatisch auf Konstellationen hinweisen, die unseren Erwartungen nicht entsprechen.

Ich rate allerdings nicht dazu, diese Konstellationen automatisch „reparieren" oder ihr Auftreten verhindern zu lassen.[1] Oft ist nicht klar, was im Konfliktfall passieren soll bzw. eine angemessene Reaktion erfordert doch wieder einen Nutzereingriff. Den dreizehnten Unterbegriff einfach nicht zuzulassen, hilft dem Nutzer nicht weiter, im Grunde braucht es hier eine weitere Gruppierungsebene, aber die kann der Nutzer bzw. Knowledge-Engineer nur selbst schaffen, nicht das System. Hinzu kommt: Während wir das semantische Netz aufbauen, müssen wir häufig mit „inkonsistenten" Zuständen operieren. Lassen wir diese gar nicht zu, können wir uns leicht durch unsere Regeln selbst blockieren. Dann würden wir z.B. gerne Abteilungen eintragen oder importieren, dürfen das aber nicht, weil wir noch keine Informationen über Mitarbeiter haben. Wir könnten sogar in regelrechte *deadlocks* laufen, etwa wenn wir Abteilungen ohne Mitarbeiter nicht zulassen, aber auch definiert haben, dass wir Mitarbeiter nur eintragen dürfen, wenn wir sie einer Abteilung zuordnen.

[1]Die einzige Ausnahme ist die Zyklenfreiheit der Ober-/Unterbegriffsrelation – hier sollte die Konsistenz automatisch erzwungen werden, da sonst Vererbung, Definition von Eigenschaften etc. nicht ausgewertet werden können.

9.6 Grundlagen der Aufwandsabschätzung

In Abschn. 4.4 haben wir den Aufwand zum Aufbau eines Themennetzes sehr grob abgeschätzt. Dort hat sich schon angedeutet, dass ein Schlüssel zu einer genaueren Abschätzung eher in der Anzahl und der Tragweite der Modellierungsentscheidungen als in der Anzahl der Objekte eines semantischen Netzes liegt. Wir können unterscheiden zwischen:

- **Grundsätzlichen Schema-Entscheidungen** – Trennen wir Fremdkomponenten von eigenen Komponenten durch einen speziellen Typ? Wie genau differenzieren wir Projektmitarbeit durch unterschiedliche Relationen (*leitet, arbeitet hauptsächlich im Projekt, arbeitet nebenbei im Projekt*)? Diese Entscheidungen fallen pro Netz an, der Aufwand ist in erster Linie abhängig von der Komplexität des Netzes und der Erfahrung des Knowledge-Engineers.
- **Modellierungsentscheidungen mittlerer Tragweite**, z.B. Granularitätsentscheidungen, wie die Entscheidung bei einer bestimmten Produktkategorie in der Zerlegung eine weitere Ebene hinunter zu gehen oder die Entscheidung eine neue Fehlerklasse aufzumachen. Wie viele Entscheidungen dieser Art anfallen, ist eher abhängig von der Anzahl der unterschiedlichen Themenfelder als von der Menge der Einzelobjekte.
- **Detailentscheidungen** wie Auftrennen, Zusammenlegen von Objekten oder Einordnen von Begriffen in die Hierarchie. Diese Entscheidungen fallen pro Objekt an.

Ein Faktor, der pauschal bei jeder Entscheidungsebene hinzu kommt, ist die Vertrautheit mit dem Themengebiet. Bei Detailentscheidungen spart eine gute Fachkenntnis eher den Rechercheaufwand, bei Grundsatzentscheidungen schafft sie eine Sicherheit, die hilft Wichtiges von Unwichtigem zu trennen sowie schnell Fälle und Beispiele zu konstruieren.

9.7 Die Werkzeuge

Den Abschnitt über geeignete Werkzeuge für das Knowledge-Engineering werden wir sehr kurz halten; hier geht nichts über das eigene Ausprobieren. An dieser Stelle seien nur die wichtigsten Anforderungen an eine Umgebung zur Erstellung semantischer Netze genannt:[2]

- Eine charakteristische Eigenschaft von Projekten, die semantische Unternehmensnetze aufbauen, ist die enge Verzahnung von Schema, Applikationsverhalten, Anwendungsfällen, Beispielen, konkreter Vernetzung und Import von Daten aus existierenden Quellen. Diese Verzahnung verlangt unbedingt ein integriertes Werkzeug, das es erlaubt, immer wieder zwischen den Teilaufgaben hin- und

[2] Editoren für semantische Netze gibt es übrigens schon seit über 20 Jahren, siehe Rostek u. Fischer (1988).

herzuwechseln, ein Beispiel aufzubauen, eine Suche abzuändern, eine Korrektur am Schema vorzunehmen, in der Applikation zu sehen, ob die Navigation noch stimmt usw.

- Ein sehr hilfreiches Feature ist die Bearbeitung des Netzes in einer visuellen Darstellung; nicht umsonst sind die allermeisten Beispiele in diesem Buch grafisch dargestellt.
- Dass ein Werkzeug zum Aufbau semantischer Netze leicht zu bedienen sein sollte, ist selbstverständlich und schnell gesagt – wie wichtig dieser Punkt ist, hängt von Ausprägung des semantischen Netzes ab. Expertensysteme verlangen derart schwierige Modellierungsentscheidungen, da stellt auch ein komplexes Tool kein großes zusätzliches Handicap dar. Beim Aufbau eines Themennetzes dagegen ist ein einfaches Werkzeug essentiell.
- Ein letzter wichtiger Aspekt wird leicht vergessen: ein semantisches Netz ist immer eine zentrale Ressource in einem Unternehmen oder mindestens in einem Bereich, das Werkzeug muss also kooperatives Arbeiten erlauben.

9.8 Exkurs: Textbasiertes versus unabhängiges Editing

Dort, wo wir das semantische Netz von Hand aufbauen, aber uns dabei an Texten orientieren, bringen neue Techniken wie semantische Wikis eine alternative Arbeitsumgebung und Vorgehensweise ins Spiel: Objekte und ihre Verknüpfungen werden auf natürlichsprachlichen Aussagen in einem Text gegründet und dort (beim Schreiben des Textes oder nachträglich) in einem Markup-Prozess identifiziert, herausgezogen, formalisiert. Dies geschieht in der selben Umgebung die für das Text-Editing verwendet wird.

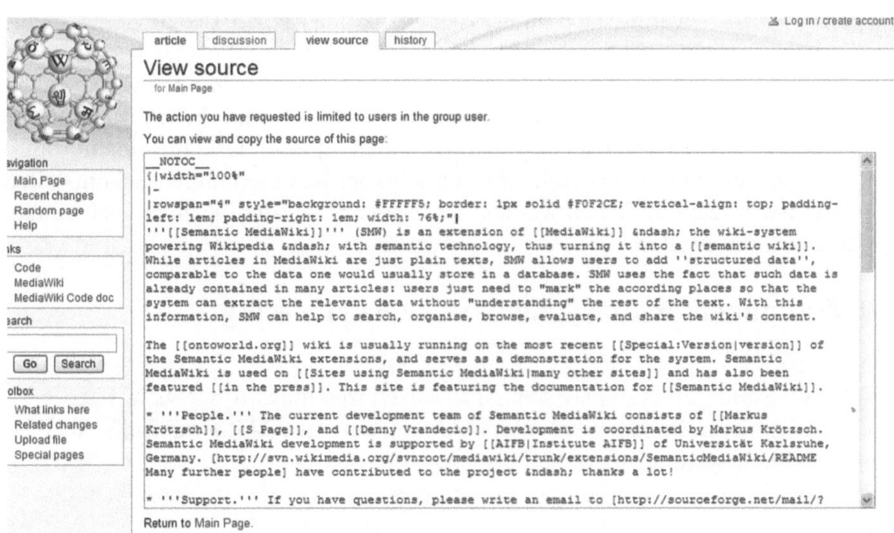

Abb. 9.6 Textbasiertes Editing in einem SemanticMediaWiki

Wenn das semantische Netz dieselben Aussagen macht wie der Dokumentbestand, aus dem wir das Netz generieren (bzw. eine Untermenge davon), dann spricht einiges für ein textbasiertes Modell. Das ist dort der Fall, wo es um enzyklopädischen oder didaktischen Inhalt geht, also die Aussagen, die das Gebiet strukturieren, direkt in den Texten vorkommen. Daher ist die Wikipedia sicherlich Paradebeispiel für SemanticMediaWikis.

Diese Arbeitsweise passt weniger gut für Arbeitsdokumente (Meeting-Protokolle, Angebote, Konzeptpapiere etc.). Hier werden wir sehr oft vor der Aufgabe stehen, gerade das als Tags oder Relationen zu modellieren, was im Text nicht explizit formuliert ist – z.B. weil der Gegenstand des Meetings und die verschiedenen Rollen allen Beteiligten seit langem bekannt sind und daher nicht noch einmal im Meeting-Protokoll aufgeführt sind. Schließlich ist es ja auch eine der zentralen Aufgaben semantischer Netze Objekte zu repräsentieren und mit Dokumenten zu verbinden, die nicht wortwörtlich im Text vorkommen.

Zudem ist Text als „natürliche Umgebung“ zum Editieren semantischer Netze nur auf den ersten Blick attraktiv. Text ist zwar das Medium, in dem Menschen typischerweise ihr Wissen festhalten, das macht aber eine Formalisierung eher schwerer als leichter. Der Witz eines semantischen Netzes besteht nun einmal zu einem großen Teil darin, sich von spezifischen Formulierungen zu lösen. Wenn im Text steht „das Gerät macht alles automatisch: Kaffee mahlen (optional), Wasser abmessen, Espresso brühen. . .“ müssen wir daraus im semantischen Netz vielleicht eine Variante der Crema 2010 mit Relation zu einem Mahlwerk machen. Hier hilft die textliche Formulierung wenig bei der Modellierung. Zudem kann die Herkunft der formal modellierten Information aus einem natürlichsprachlichen Text schnell die unrealistische Erwartung wecken, das Modell aktualisiere sich automatisch bei Änderung des Textes.

Im Grunde passt die Überführung eines Textes in ein semantisches Netz am besten dort, wo wir – warum auch immer (bei enzyklopädischen Texten vielleicht aus Tradition) – zunächst das falsche Medium gewählt haben und besser von vorneherein strukturierte Information hätten anlegen sollen. Auch wenn Texte also selten die ideale Umgebung zur Erstellung semantischer Netze sind, haben semantische Netze nichtsdestoweniger den Anspruch sprachlich repräsentierte Information sinnvoll zu ergänzen und Texte erschließen zu können. Die vielfältigen Schnittstellen semantischer Netze mit Texten werden wir daher im nächsten Kapitel noch einmal systematisch aufarbeiten.

9.9 Zusammenfassung – Knowledge-Engineering

- Beim Aufbau eines semantischen Netzes müssen wir viele Faktoren in Einklang bringen: Funktion, getreue Abbildung, Einfachheit, Redundanzfreiheit.
- Das ist ein sehr komplexes Optimierungsproblem und damit kaum anders lösbar als durch iterative Annäherung.

- Gleichzeitig unterstützen semantische Netze ein iteratives Vorgehen durch ihre Flexibilität optimal.
- Das Maß an speziellem Modellierungswissen, das wir benötigen, ist bei den einfachen Formen semantischer Netze recht überschaubar, Fachwissen können wir dagegen nie genug haben.

Literatur

Ghidini C, Rospocher M, Serafini L, Kump B, Pammer V, Faatz A, Zinnen A, Guss J, Lindstaedt S (2008) Collaborative Knowledge Engineering via Semantic MediaWiki. In: Pellegrini T, Schaffert S (Hrsg) Proceedings of the I-Semantics 2008, JUCS, Graz

Gómez-Pérez A (2001) Evaluation of Ontologies. International Journal of Intelligent Systems, 16:391–409

Gómez-Pérez A, Fernández-Lopez M, Corcho O (2004) Ontological Engineering. Springer, Heidelberg

Guarino N, Welty C (2002) Evaluating Ontological Decisions with OntoClean. Communications of the ACM 45:61–65

Rostek L, Fischer DH (1988) Objektorientierte Modellierung eines Thesaurus auf der Basis eines Frame-Systems mit graphischer Benutzerschnittstelle. Nachrichten für Dokumentation 39:217–226

Vrandecic D, Pinto HS, Sure Y, Tempich C (2005) The DILIGENT knowledge processes. Journal of Knowledge Management 9:85–96

Kapitel 10
Erschließung von Dokumenten

An vielen Stellen in diesem Kompendium haben wir unstrukturierte Dokumente und die Verarbeitung von natürlichsprachlichen Texten angesprochen: Als Quelle für den Aufbau semantischer Netze mit automatischen Verfahren wie *Clustering* oder *Parsing*, als letztendliches Ziel der Suchen und als Umgebung für das manuelle Editieren semantischer Statements. Dabei sind einige Fragen offen geblieben. Daher sollten wir uns noch einmal systematisch damit auseinandersetzen, wie sich semantische Netze und Texte zueinander verhalten und wie wir von einem zum anderen kommen.

Zudem hat die Reihenfolge unserer bisherigen Darstellung möglicherweise einen falschen Eindruck erweckt. Der Aufbau des semantischen Netzes aus Dokumenten ist in der Praxis eher die Ausnahme – in weit weniger als der Hälfte der mir bekannten Projekte ist die automatische Analyse von Dokumenten eine Quelle für Objekte des Netzes, ganz selten ist sie eine Quelle für Verknüpfungen. Dagegen wird das semantische Netz in fast allen Projekten dazu benutzt Dokumente zu erschließen – oft ist das sogar seine wichtigste Funktion.

10.1 Suchmaschinen und ihre semantische Lücke

Zunächst sollten wir uns noch einmal vor Augen halten, welchen Bedarf wir mit semantischer Technologie bei der Erschließung von Dokumenten decken wollen. Das läuft aktuell auf die Frage hinaus: Welche Wünsche lässt eine Volltextsuche offen?

Die große Stärke einer Suchmaschine liegt darin, dass sie ohne manuellen, intellektuellen Aufwand schnell eingesetzt werden kann. Dem steht eine große Schwäche gegenüber: die geringe Zuverlässigkeit der Ergebnisse – besser, die geringe Übereinstimmung der Ergebnisse mit den Erwartungen der Nutzer. Denn: Nur aus der Übereinstimmung zweier Wörter (genauer: Wortformen), das eine in einer gegebenen Textmenge, das andere in der Anfrage des Benutzers, schließt die Suchmaschine darauf, welche Texte möglicherweise die Frage des Nutzers beantworten könnten. So macht die sprachliche Realität mit Synonymen, Homonymen, Abstraktion, beispielhafter Sprache und Umschreibungen den Suchmaschinen fortwährend das Leben schwer.

K. Reichenberger, *Kompendium semantische Netze*, X.media.press,
DOI 10.1007/978-3-642-04315-4_10,

Die spektakulären Probleme sind dabei nicht die gravierendsten. Dass eine Suchmaschine meine Arbeit und ihren Kontext zu wenig kennt um entscheiden zu können, ob meine Suche nach „Fehler Dichtung" mit sprachlichen Fehlleistungen minderbegabter Poeten zu tun hat oder mit tropfenden Wasserbehältern, z.B. in unserer Kaffeemaschine, ist eingängig und kann zu sehr schlechten Treffern führen. Wesentlich schwerwiegender als solche Fehlinterpretationen ist aber umgekehrt die Information, die relevant wäre, aber nicht gefunden wird. In einer Fehlerbeschreibung wird vom gesamten Ventil und nicht von der Dichtung gesprochen. Oder es ist die Rede von einem Ausfall, einem Kratzer oder einem Riss statt von einem Fehler. Und schon passt das Dokument, in dem die Lösung für den tropfenden Wasserbehälter beschrieben ist, nicht mehr auf meine Suche „Fehler Dichtung" (siehe auch die Ausführungen zu Homonymen, Synonymen und Abstraktion den Abschn. 2.2 und 4.2).

Ein besonders problematischer Fall sind Suchen wie „Marktstudie Haushaltselektronik 2006". Oder „Ausfuhrbestimmungen, gültig für die Crema 2010 und ihre Komponenten" oder „Dokumente, freigegeben für Brasilien". Mit solchen Fragen suchen wir nicht Dokumente, die diese Begriffe **enthalten**, sondern Dokumente, die Markstudien **sind** und 2006 **erstellt** bzw. **veröffentlicht wurden** etc. Wer ab und zu diese Art Information sucht, stellt schnell fest, dass das Vorkommen eines Wortes wie *Marktstudie* ein relativ schwacher Indikator dafür ist, dass es sich bei dem Dokument um eine solche handelt.

Sehr häufig ist auch der Fall, dass die beste Antwort, die wir dem Nutzer auf seine Frage geben können, nicht ein Dokument ist, sondern eine Telefonnummer. Wenn z.B. das Wissen gar nicht festgehalten ist, sondern im nur im Kopf der erfahrenen Kollegen existiert oder wenn der Nutzer so weit vom Thema entfernt ist, dass er die relevanten Dokumente schlicht ohne Hilfe nicht versteht. Und schließlich weiß der Nutzer manchmal überhaupt nicht, wie das Dokument heißt, das er sucht oder welche Worte darin vorkommen. Vielleicht weiß er nicht einmal, ob so ein Dokument existiert, würde aber einen relevanten Treffer als solchen erkennen, wenn er ihn gezeigt bekäme. Hier möchten Nutzer eher sehen, was „angeboten" wird, als Suchbegriffe einzugeben. In einer Liste aller Bestandteile des Ventils finde ich die Dichtung, selbst wenn sie z.B. einen eher eigenwilligen Produktnamen trägt. In der Liste aller Fehler, die dort auftauchen können, kann ich mit einiger Sicherheit die relevanten von den irrelevanten unterscheiden – ich muss sie aber erst einmal zu Gesicht bekommen.

Diese Schwächen der Volltextsuche sind seit langem bekannt. In unterschiedlichen Anwendungen wirken sie sich mal stärker, mal weniger stark aus: Im eher unverbindlichen Informationsraum des World Wide Web sind solche Qualitätsmängel nicht so wichtig. Gerade bei privater Nutzung gibt es viele Fälle, in denen eine Information so gut ist wie irgendeine andere. In den Unternehmen gibt es dagegen viel häufiger Fälle, in denen der Nutzer eine bestimmte Informationsqualität erwartet. Fälle, in denen z.B. bekannt ist, dass ein Dokument existiert, es nur wiedergefunden werden muss. Fälle, in denen ein Überfluss an Dokumenten genau so störend ist wie ein Mangel, etwa wenn es darum geht, die aktuell gültige Version einer technischen Spezifikation zu finden.

In diesem Kapitel versuchen wir mit der Kombination von Suchtechnologie, linguistischen Techniken und semantischen Netzen der Mehrdeutigkeit natürlicher

Sprache beizukommen. Lassen Sie uns dazu zunächst den Suchprozess genauer betrachten.

10.2 Ebenen der Interpretation

Nutzer wollen auf einer Ebene operieren, die ihren Aufgaben entspricht, sie wollen über Themen und Zusammenhänge sprechen. Suchmaschinen operieren auf der Ebene von Zeichenketten. Wie sieht das aus wenn wir mit dem semantischen Netz versuchen, diese Lücke zu schließen? Dazu ziehen wir zunächst zwei weitere Ebenen der Interpretation in den Suchprozess ein. Das semantische Netz vermittelt zwischen diesen Ebenen. Es klärt mit den Nutzern, welche Themen und Gegenstände sie im Kontext ihrer aktuellen Aufgabe interessieren und es klärt mit den Dokumenten, welche Objekte dort vorkommen und zu welchen Themen sich diese Vorkommen verdichten lassen.

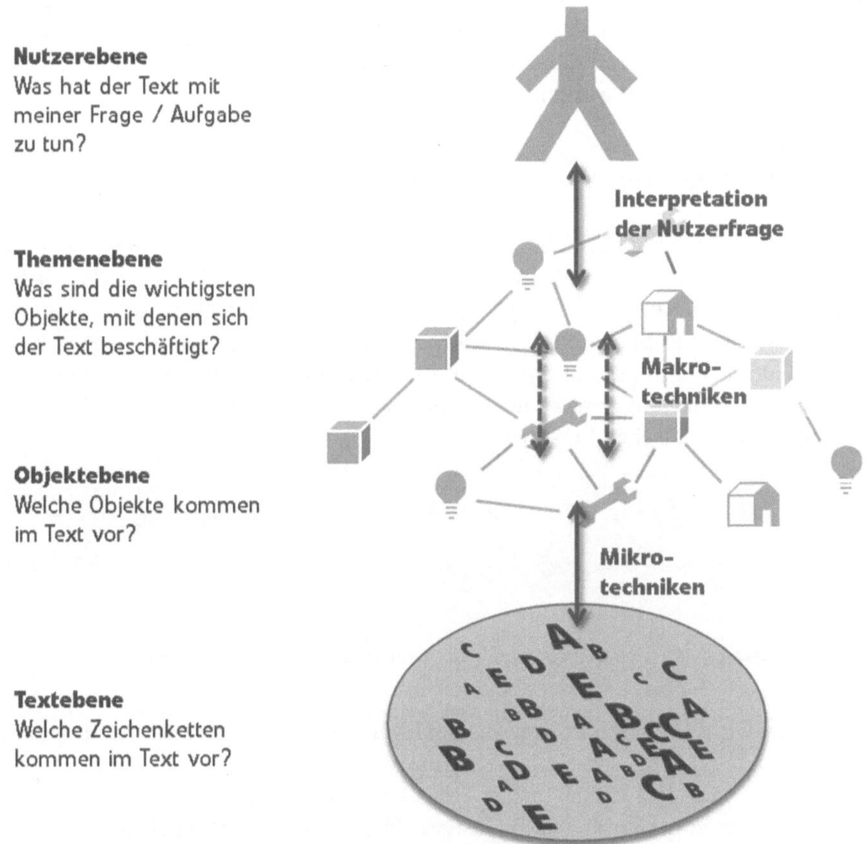

Abb. 10.1 Verschiedene Interpretationsebenen zwischen Zeichenketten im Text und der Aufgabe des Nutzers

Die Trennung zwischen Objekt- und Themenebene bedarf einer Erläuterung. In diesem Buch z.B. kommen das WWW, semantische Netze, Kaffeemaschinen und viele andere Dinge vor, zudem die Universal AG und weitere imaginäre Firmen. In unserem Bild ist das die Objektebene. Im Schlagwortkatalog einer Bibliothek aber werden wir dieses Buch hoffentlich nicht unter *Kaffeemaschine* sondern unter *semantische Netze* finden. Auch das Schlagwort *Wissensrepräsentation* wäre geeignet (wenn z.B. *semantische Netze* im Schlagwortkatalog nicht vorgesehen ist) obwohl das Wort *Wissensrepräsentation* selbst nicht sonderlich häufig in diesem Text vorkommt. Der Schlagwortkatalog ist die Themenebene. Daher die Unterscheidung in Mikrotechniken (wie erkennen wir zuverlässig, ob Kaffeemaschinen im Text erwähnt werden), und Makrotechniken (wie erkennen wir, worum es im Kern geht). Ob wiederum ein hinreichender Zusammenhang mit der aktuellen Aufgabe, z.B. der Reparatur einer Kaffeemaschine oder einer Wissenmanagement-Aufgabe besteht, darüber muss das semantische Netz mit dem Nutzer verhandeln.

Auch in der Übersetzung von einer Ebene in die andere kämpfen wir natürlich mit der Mehrdeutigkeit und dem Interpretationsspielraum natürlicher Sprache. Die gleiche Zeichenkette kann sehr unterschiedliche Bedeutungen haben – umgekehrt können unterschiedliche Zeichenketten das Gleiche bedeuten. Wir werden sehen, dass diese Probleme durch die Einteilung in Ebenen und damit Teilaufgaben aber zumindest handhabbarer werden.

10.2.1 Die Interpretation der Nutzerfrage

Wir alle sind Nutzer von Suchmaschinen und können es an uns selbst beobachten. Unsere Fragen sind in hohem Maße mehrdeutig und unvollständig. Wir haben einen bestimmten Kontext im Kopf und sind immer wieder überrascht, dass man das, was wir in eine Suche eingegeben haben, auch völlig anders verstehen kann. Welche Fähigkeiten muss ein System mitbringen um diese Hürde zu nehmen und die Frage des Nutzers richtig zu interpretieren? Die Messlatte ist hier eindeutig die Kommunikation zwischen Personen:

Abb. 10.2 Klärung von Mehrdeutigkeiten in der menschlichen Kommunikation

Nehmen wir an, ein Mitarbeiter aus dem Marketing der Universal AG fragt eine Kollegin nach Zahlen zum Kaffee-Konsum in Lateinamerika. Antwort: „Da gibt es doch die globale Rohkaffee-Import-Export-Studie“ „Ja, aber Rohkaffee nützt mir nichts, ich brauche die Zahlen nach Gastgewerbe und Heimverbrauch getrennt“. Ein Gespräch wie dieses bietet die Möglichkeit Mehrdeutigkeiten zu erkennen, das, was nicht gesagt wurde, zu ergänzen und Missverständnisse durch neue Formulierungen auszuräumen. In diesem Fall konnten die Gesprächspartner festzustellen, dass mit *Kaffee-Konsum* hier nicht *Verbrauch von Kaffeebohnen* sondern *Konsum von Kaffeegetränken* gemeint war.

Die „Verhandlung“ zum Abgleich der Vorstellungen, die die verschiedenen Beteiligten vom Ziel der Suche haben, bleibt auf der Strecke, wenn der „Gesprächspartner“ eine solche Vorstellung gar nicht hat, sondern nur auf das Vorkommen von Zeichenketten anspricht. So gesehen, gibt die Kommunikation mit einer Suchmaschine gegenüber einer menschlichen Interaktion ein merkwürdiges Bild ab: Ich werfe jemandem, der nichts über mich, meinen Kontext, meine Ziele etc. weiß, ein paar zusammenhanglose Worte hin. Mein Gegenüber versteht mich nicht einmal ansatzweise, fragt aber auch nicht nach, sondern schleppt gleich Unmengen von Texten an.

Abb. 10.3 Interaktion mit einer Suchmaschine

Der Sinn des semantischen Netzes ist es u.a. in den Situationen, in denen wir eben nicht mit einem Menschen reden können, die Funktion der klärenden Interaktion zu übernehmen:

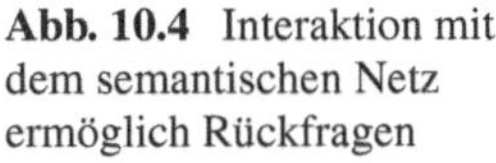

Abb. 10.4 Interaktion mit dem semantischen Netz ermöglich Rückfragen

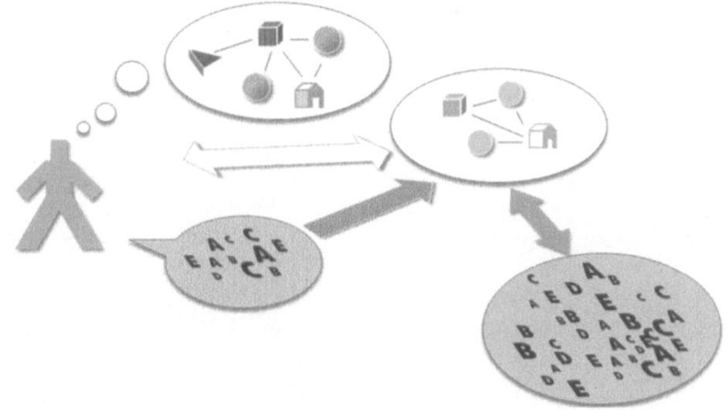

In dem obigen Versuch einer schematischen Darstellung der Interaktion sehen wir, dass die Nutzer auch mit einem Text, d.h. mit Suchbegriffen starten können (dunkler Pfeil). Sie können aber auch direkt mit dem Modell interagieren, repräsentiert durch den hellen Pfeil, der umgekehrt auch Rückfragen des Systems erlaubt. Dieses Modell ist im Idealfall nah am mentalen Modell des Nutzers und auf jeden Fall höherwertig als ein Zeichenkettenvergleich. Hier liegt einer der Gründe, warum wir uns bei semantischen Netzen immer um eine Natürlichkeit im Ausdruck bemühen. So muss der Nutzer nicht vorab die Strukturen kennen um zu suchen.

Rückfragen können z.B. die Form von Angeboten zur Filterung und Gruppierung der Suchergebnisse annehmen, nach dem Muster: *„Für die Suche nach „Crema 2010 Heizstab“ finde ich 500 Dokumente, davon ist die Hälfte auch mit dem Begriff Reparatur verknüpft (oder einem Unterbegriff davon), weitere 150 sind mit Begriffen rund um Sicherheit verknüpft, wieder 100 mit der Zulieferfirma – für welchen Aspekt interessierst Du Dich?“*

10.3 Makrotechniken

Wir haben nun in Interaktion mit dem Nutzer geklärt, was sie oder ihn interessiert. Wie erkennen wir jetzt, ob ein Dokument auch davon spricht? Das zu klären ist Aufgabe der Makrotechniken. Im Idealfall erkennen sie dabei, ob das Nutzerthema auch zentrales Thema des Dokuments ist oder ob es lediglich erwähnt wird wie in diesem Buch die Kaffeemaschinen. Und sie sind dabei robust genug, auch Dokumente zu liefern, die mit etwas anderen Formulierungen von dem sprechen, was die Nutzer interessiert. Wir betrachten hier zwei sehr verschiedene Makrotechniken, die semantisch angereicherte Volltextsuche und die automatische Klassifikation.

10.3.1 Semantisch angereicherte Volltextsuche

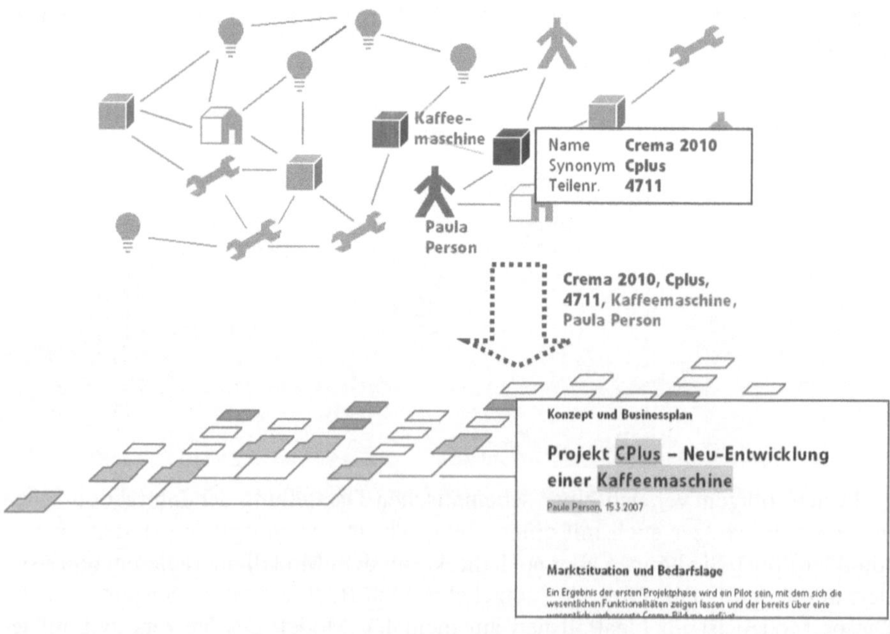

Abb. 10.5 Beispiel für eine semantisch angereicherte Volltextsuche

Das Prinzip der semantisch angereicherten Volltextsuche ist einfach: Nachdem wir gemeinsam mit dem Nutzer sein Ziel als eine Auswahl aus den Objekten des semantischen Netzes formuliert haben, konstruieren wir daraus eine Volltextsuche. Der Suchstring enthält dabei nicht nur die Namen der selektierten Objekte, sondern alles was im Netz über diese Objekte bekannt ist und einen Hinweis liefern kann, dass der Text mit dem Thema inhaltlich zu tun hat. Das können z.B. Synonyme, Materialnummern, Namen von benachbarten Objekten etc. sein. Aus all diesen Elementen wird der Suchstring dann zusammengebaut.

Die Methode hat große Vorteile gegenüber einer herkömmlichen Volltextsuche: Das System baut den idealen Suchstring automatisch zusammen, auf den die Nutzer sonst bei jeder Suche immer wieder große Mühe verwenden müssten. Gegenüber anderen Erschließungstechniken hat sie den geringsten manuellen Aufwand und baut mit der Volltextsuche auf einer recht ausgereiften Technologie auf. Die Qualitätsmaße sind dieselben wie die der Volltextsuche – *Recall* und *Precision.*

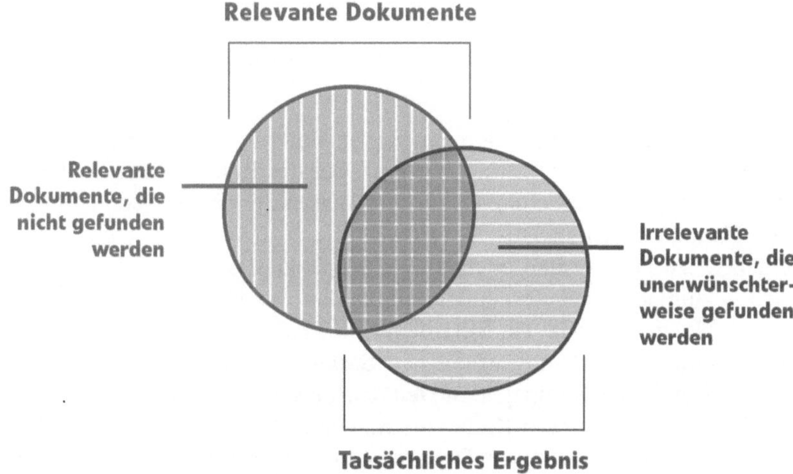

Abb. 10.6 Recall und Precision schematisch dargestellt

Recall und Precision geben die Qualität eines Suchergebnisses an, indem sie die Menge der gefundenen Dokumente (auch „tatsächliches Ergebnis", rechter unterer Kreis) und die Menge der relevanten, gewünschten Dokumente (linker oberer Kreis) vergleichen. Der Recall (vielleicht am besten als „Ausbeute" zu übersetzen) beträgt 100%, wenn alle relevanten Dokumente auch im Suchergebnis enthalten sind, d.h. keine Dokumente bei der Suche „unterschlagen" werden. Die Precision ist 100%, wenn keine irrelevanten Treffer im Suchergebnis enthalten sind. Optimalen Recall und optimale Precision erreichen wir nur, wenn das gewünschte und das tatsächliche Ergebnis genau deckungsgleich sind.

Synonyme – oder allgemein semantische Erweiterungen – mit zu berücksichtigen hat das Potential, mehr von den relevanten Dokumenten, die sonst unberücksichtigt bleiben, zu erfassen (besserer Recall). Es erhöht aber auch die Gefahr „falscher

Freunde“ – jedes Synonym kann wieder Homographen von ganz anderer Bedeutung mitbringen, die ihrerseits irrelevante Dokumente liefern und damit die Precision verschlechtern.

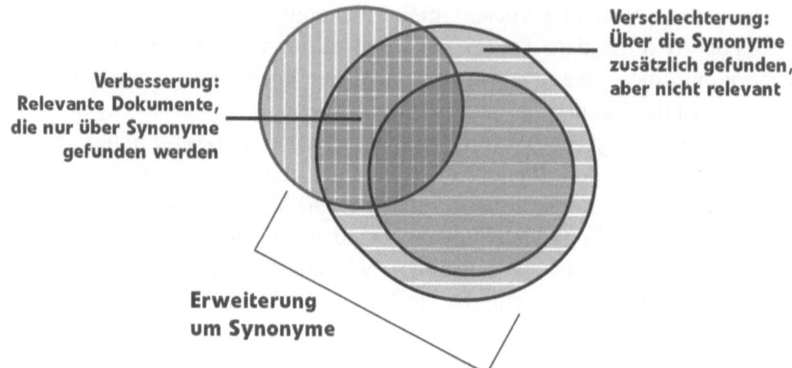

Abb. 10.7 Recall und Precision bei semantisch erweiterter Suche

Wir wissen alle, dass Nutzer sich in der Praxis oft nur die ersten Suchergebnisse ansehen. Damit sind wir beim Ranking bzw. bei der Relevanz der Suchergebnisse. Hier versuchen Suchmaschinen, sich dem Wusch der Nutzer nach Identifikation zentraler Themen durch statistische Betrachtung zu nähern. Ob Objekte im Text nur beiläufig erwähnt werden oder ob sie substanzielles Thema des Textes sind, lässt sich – zumindest auf den ersten Blick – an der Häufigkeit der Erwähnung festmachen. Nehmen wir an, ein Mitarbeiter im Marketing der Universal AG sucht Strategiepapiere für Marketingaktionen in **Südeuropa**. Jetzt findet sich im Briefing für eine Marketing-Kampagne in **Deutschland** der Satz: „Anders als in Italien und Spanien, wo der Espresso-Kaffee die Standard-Zubereitungsart darstellt, ist in Deutschland. . .“ Geht es in diesem Dokument um Spanien oder Italien? Ist es ein relevanter Treffer für Südeuropa? Kaum. Werden aber Italien und Spanien in unserem Beispieltext *immer wieder* als Vergleich herangezogen, so kann das Dokument auch für jemanden interessant sein, der eine Marketingkampagne in einem dieser Länder plant. Das Standardkriterium ist hier die Häufigkeit des Vorkommens unseres Suchbegriffs gemessen an der Gesamt-Textlänge.

Ein weiterer Faktor der statistischen Betrachtung sind triviale Wörter: Nehmen das Wort *Wasser* – dieses Wort wird wahrscheinlich in einer Vielzahl der Dokumente der Universal-Entwicklungsabteilungen vorkommen, der Begriff *Bimetall-Sicherung* dagegen taucht vielleicht eher selten auf. Bei einem seltenen Wort müssen wir uns mit ein paar Erwähnungen zufrieden geben und das Dokument trotzdem zu einem guten Treffer erklären, bei einem Wort wie Wasser müssen wir selektiver sein. Nur so erzielen wir für ein Dokument, das sich wirklich maßgeblich z.B. mit dem Einfluss der Wasserqualität auf den Kaffee beschäftigt und in dem das Wort *Wasser* (neben spezifischen Begriffen wie *Wasserqualität* oder *Wasserhärte*) extrem häufig vorkommt, signifikant höhere Relevanzwerte. Und nur so können wir seltene Begriffe und Allerweltsbegriffe in der Suche kombinieren, ohne dass die Allerweltsbegriffe die seltenen Begriffe völlig „überstrahlen".

Es ist also nicht allein wichtig, wie häufig ein Wort im Text vorkommt, sondern diese Häufigkeit muss in Beziehung gesetzt werden zur Häufigkeit des Wortes im gesamten Dokumentenbestand und zur Dokumentlänge. Die höchsten Werte kommen zustande, wenn wir für einen insgesamt seltenen Suchbegriff in einem kurzen Dokument eine Menge Vorkommen haben, anders gesagt: wenn das Wort „maximal charakteristisch" für das Dokument ist. Die entsprechenden Maße heißen *term frequency* und *inverse document frequency* und gehören zum Standardrepertoire von Suchmaschinen und Text-Mining-Engines (Meadow et al. 1992, Ferber 2003).

10.3.2 Automatische Klassifikation mit Cluster-Analyse

Andere Phänomene bekommen wir mit einer Standard-Volltextsuche nicht in den Griff: Die natürliche Sprache strotzt vor Verweisen, im kleinen wie im großen Maßstab. Betrachten wir folgende Sätze aus der Bedienungsanleitung der Crema 2010: „Reinigen Sie **das Gerät** immer nur mit kaltem Wasser. Vor der Reinigung sollte **es** eine halbe Stunde auskühlen". Dass das fettgedruckte *es* im zweiten Satz sich auf das Objekt des ersten Satzes, nämlich das Gerät bezieht, und dass *Gerät* wiederum die Crema 2010 meint, ist jedem Leser klar, nicht aber einer Volltextsuchmaschine. Eine Suchmaschine sieht hier keine Erwähnung der Crema 2010. Das kann je nach Stil des Autors der Anleitung so weit gehen, dass sich der Name Crema 2010 vielleicht nur auf dem Deckblatt der Anleitung findet. Im Dokument steht dann nur noch *Gerät*, *Maschine* etc. Dokumente werden für menschliche Kommunikation und spezifische Situationen geschrieben. Wer die Bedienungsanleitung liest, hat die Maschine wahrscheinlich neben sich stehen und muss bestimmt nicht ständig daran erinnert werden wie sie heißt.

Generell heißt das „Nicht-Vorkommen" eines relevanten Begriffs nicht automatisch, dass sich das Dokument nicht damit beschäftigt, dafür sorgen die inzwischen schon vertrauten sprachlichen Mittel wie Synonym, Umschreibung, Abstraktionen und Konkretisierung. Hier können wir nur teilweise durch die Erweiterung des Suchstrings gegensteuern.

Aus diesem Grund besteht Bedarf an einem ganzheitlichen „maschinellen Verständnis" von Texten. Dieser Bedarf wird von statistischen Textmining-Verfahren, speziell Verfahren zu automatischen Klassifikation, adressiert. Diese Verfahren versprechen eine thematische Einordnung von Texten, die weniger abhängig vom Vorkommen einzelner Worte ist. Ihr Anspruch ist es also, robust gegenüber allen diesen sprachlichen Phänomenen zu funktionieren, ohne alle Formulierungsvarianten über Regeln oder über Synonyme explizit beschreiben zu müssen.

Stark vereinfacht gesprochen, setzt die automatische Klassifikation an Stelle des Auffindens einzelner Wörter – nämlich den Namen des semantischen Objekts im Text – auf eine pauschalere Ähnlichkeit von Dokumenten. Dazu brauchen die Verfahren für ein Thema des semantischen Netzes eine Reihe von Beispieldokumenten. Ausgehen von diesen Dokumenten, die einem Thema fest zugewiesen sind, können die Klassifikationsverfahren ähnliche Dokumente aus dem gesamten Dokumentenbestand ermitteln.

Dabei repräsentieren die Verfahren Dokumente über Mengen charakteristischer Wörter aus dem Dokument, einer Art Fingerabdruck des Dokuments.[1] Aus Texten die charakteristischen Wörter herauszuziehen, ist im Wesentlichen wieder eine Sache von *term frequency* und *invers document frequency*. Für das Thema des semantischen Netzes wird dann ein „Gesamtfingerabdruck" errechnet und mit den Fingerabdrücken aller Dokumente verglichen.

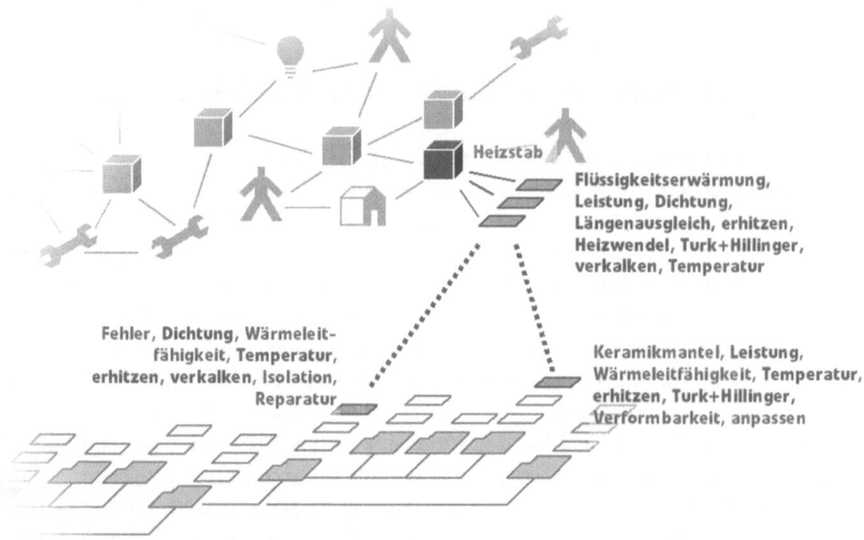

Abb. 10.8 Basierend auf dem Fingerabdruck des Themas *Heizstab* erkennt die Statistik z.B. ein Produktdatenblatt und eine FMEA zum Thema *Verkalken von Heizstäben* als relevante Dokumente

Statistische Klassifikation ist eine relativ ausgereifte Technologie. Die leistungsfähigsten Techniken benötigen etwa fünf Beispieldokumente pro Thema und können auch bei Tausenden von Themen noch trennscharf zuweisen. Statistische Verfahren sind nicht analytisch, d.h. die Verfahren funktionieren in allen Sprachen und benötigen nur eine geringe Anpassung an die Inhalte des Unternehmens. Auf der anderen Seite sind damit auch die Optimierungsmöglichkeiten begrenzt. Eine Voraussetzung für den Einsatz statistischer Klassifikation ist die Bereitschaft, einen kleinen Teil der Dokumente manuell den Themen zuzuordnen. Gelegentlich sieht aber auch die Anwendung bei einem Teil des Dokumentenbestandes ohnehin eine feste Zuordnung vor, etwa wenn es um kontrollierte Dokumente, Spezifikationen etc. geht.

[1] Nach dem gleichen Prinzip wurden auch schon die Cluster in Kap. 3 errechnet.

Statistische Verfahren haben eine große Unschärfe – typischerweise ist das Ergebnis einer Ähnlichkeitssuche eine lange Liste von Dokumenten mit abnehmender Ähnlichkeit zum vorgegebenen Thema (d.h. seinen Beispieldokumenten). Hier können sich Dokumente einschleichen, deren Ähnlichkeit nicht den Nutzererwartungen entspricht. Nehmen wir an, wir suchen relevante Dokumente ausgehend vom Crema-2010-Projekt. Hier sind als Trainingsdokumente ein Anforderungsdokument, ein technisches Konzept und verschiedene Zeitpläne zugeordnet. Statt anderer Dokumente zu diesem Projekt bietet uns das System nun Zeitpläne aller möglichen Projekte an – was ist passiert? Oft enthalten Dokumente wie ein Zeitplan nicht nur Formulierungen, die charakteristisch für das Projekt sind, sondern auch Zeitplan-spezifisches Vokabular. Dieses Vokabular stellt eine große Ähnlichkeit zu anderen Zeitplänen her, unabhängig vom Projekt.

Um die Qualität zu erhöhen, können statistische Klassifikationsverfahren um regelbasierte Teile ergänzt werden, die z.B. berücksichtigen, aus welcher Quelle ein Dokument kommt oder welchen Datums es ist – Das Projekt hat erst 2004 begonnen, sollte da ein Dokument von 1998 dem Projekt zugeordnet werden? Oder: Bei allen Projektdokumenten finden wir immer wieder die gleichen Autoren, ist es da plausibel, dass das Dokument eines Kollegen aus der Buchhaltung, der nie etwas zu diesem Thema geschrieben hat, unter den Projektdokumenten auftaucht?

Schließlich hängt die Eignung der unterschiedlichen Verfahren auch vom Charakter der Dokumente ab. Bei kurzen Texten (E-Mails, Foren-Beiträge, Produktbeschreibungen in einem Produktkatalog etc.) und sehr spezifisch-technischen Objekten (Bauteile mit Teilenummern) hat die semantisch erweiterte Volltextsuche große Vorteile. Bei längeren Texten und Objekten mit allgemeinsprachlichen Namen bieten „ganzheitlichere" Verfahren wie die beispiel-basierte Klassifikation oft bessere Ergebnisse.

10.4 Mikrotechniken

Bisher könnte der Eindruck entstanden sein, das einzelne Vorkommen eines Begriffs aus dem semantischen Netz (bzw. eines mit dem Nutzer verhandelten Suchbegriffs) im Text sei einfach zu ermitteln und nicht viel wert. Das genaue Gegenteil ist der Fall. Das zuverlässige Finden eines Objekts im Text ist Grundlage für alles bisher vorgestellten Verfahren und gleichzeitig eine echte Herausforderung. Denn auch im Detail finden wir eine ganze Reihe von mehr oder weniger großen Abweichungen, die das zuverlässige Auffinden eines Objekts im Text erschweren. Bleiben wir bei dem Beispiel *Kaffeemaschine*. In den Dokumenten werden wir finden:

- Flektionsformen (*Kaffeemaschine**n***)
- unterschiedliche Schreibweisen (*Kaffee-Maschine*, oder *Cafemaschine*). Vor allem Interpunktions- und Sonderzeichen wie Bindestriche, Punkte, @-Zeichen, wie sie gelegentlich in Produkt- oder Firmennamen vorkommen, führen offenbar zu einer hohen Unsicherheit was die korrekte Schreibung angeht und zu entsprechend vielen Varianten

- orthografische Fehler (*Kaffemaschine*)
- Tippfehler (*Kaffee**am**schine*) – sie folgen anderen Regeln als die orthografischen Fehler, wenn man hier von Regeln sprechen kann
- weiter entfernte Varianten wie Formulierungsvarianten, Umschreibungen oder formal völlig unterschiedliche Synonyme (*Kaffee-Vollautomat*)

Besondere Herausforderungen bieten Nominalgruppen und Namen, die aus mehreren Worten bestehen (*Crema 2010, Entkalkung des Wasserbehälters*). Generell läuft das Finden von Vorkommen auf einen Zeichenketten-Vergleich heraus. Eine Reihe von Techniken steht uns zur Verfügung, um diesen Zeichenkettenvergleich robust gegenüber den aufgeführten Abweichungen zu machen:

Stemming ist der Begriff für Techniken, die verschiedene Flektionsformen desselben Wortes auf eine gemeinsame Grundform zurückführen, wie z.B. *Maschinen* auf *Maschine* (Allen 1995). Dabei wirken linguistische Regeln, die für jede Sprache neu aufgestellt werden müssen – schon die Fälle, die berücksichtigt werden müssen, sind unterschiedlich: im Englischen sind nur Plural und Genitiv abweichend, im Deutschen ggf. auch Akkusativ und Dativ.

Ähnlichkeitsmaße scheren alle aufgeführten sprachlichen Phänomene über einen Kamm und stellen einfach fest, wie ähnlich zwei beliebige Zeichenketten sind. Zwei recht gebräuchliche Verfahren sind die **Trigramm-Ähnlichkeit** und die **Edit-Distance**. Das Trigramm-Verfahren zerlegt die beiden Zeichenketten, die es vergleicht, in alle dreibuchstabigen Teilzeichenketten. Der Anteil der gemeinsamen Dreierketten gibt die Ähnlichkeit der beiden Zeichenketten an (Manning u. Schütze 1999).

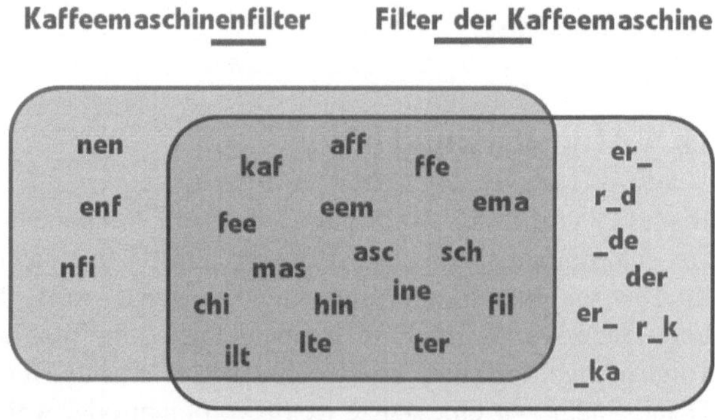

Abb. 10.9 Trigramm-Ähnlichkeit von 62% – die beiden Zeichenketten stimmen in 16 von insgesamt 26 Trigrammen überein

Die Trigramm-Ähnlichkeit ist ein rein statistisches Verfahren, es kennt keine sprachspezifischen Regeln. Wie wir an dem Beispiel sehen, ist es auch in der Lage, Nominalphrasen ineinander abzubilden.[2]

[2]Voraussetzung für diese Leistung ist die Kenntnis der Phrasenstruktur (wo fängt das Satzglied an und wo hört es auf). Denn das Ergebnis des Trigrammvergleichs hängt natürlich von den Grenzen der Tokens ab, die aus dem laufenden Text isoliert werden, um sie mit den Objekten des semantischen Netzes oder der Nutzereingabe zu vergleichen.

Unter den Edit Distances ist die **Levenshtein Distance** die bekannteste. Sie kalkuliert die minimale Anzahl an Edit-Operationen (Zeichen austauschen, Zeichen hinzufügen, Zeichen löschen), die nötig sind, um einen string in einen anderen zu verwandeln (Navarro 2001).

Phonetische Abbildung – Hier werden phonetisch ähnliche Buchstaben (oder Buchstabengruppen), z.B. F,W,V und PH in jeweils ein Kunstzeichen oder eine Codeziffer transformiert. Als phonetisch ähnliche Worte werden diejenigen mit der gleichen Codefolge ausgewiesen. Diese Verfahren sind nur bedingt sprachunabhängig, da die Aussprache-Gesetzmäßigkeiten und damit die Zuordnung von Lauten zu Buchstaben je nach Sprache unterschiedlich sind. Die bekanntesten Verfahren sind der SOUNDEX-Algorithmus und, optimiert für die deutsche Sprache, die sog. Kölner Phonetik (Postel 1969). Phonetische Abbildungen werden vor allem für die Erkennung von Eigennamen eingesetzt, wo wir naturgemäß viele Schreibvarianten finden.[3]

Entity-Recognition – Techniken wie Reguläre Ausdrücke (siehe Abschn. 5.3) spielen auch hier eine Rolle, zur „Wiedererkennung“ eher als zur Neu-Entdeckung von z.B. Firmen-, Produkt- oder Personennamen in Texten. Diese Techniken bieten das Potential eine Firma beispielsweise auch dann wiederzuerkennen, wenn z.B. die Rechtsform „AG“ einmal abgekürzt, einmal ausgeschrieben, einmal ganz weggelassen wird.

Namensvarianten und Synonyme sind mit rein linguistischen Techniken kaum in den Griff zu bekommen. Je nach Abweichung helfen gar keine automatischen Techniken mehr sondern die entsprechenden Varianten müssen im semantischen Netz hinterlegt sein.

Offensichtlich besteht eine gegenseitige Abhängigkeit zwischen den im letzten Abschnitt behandelten Makrotechniken und den oben vorgestellten Mikrotechniken zum Identifizieren von Begriffen. Wie robust ein Begriff trotz unterschiedlicher Schreibweise oder sogar Benennung erkannt wird, hat unmittelbaren Einfluss auf das Zählen der Vorkommen und trägt damit auch zur Robustheit der inhaltlichen Einordnung des Textes bei. Schließlich sind Mikrotechniken auch bei der Interaktion mit dem Nutzer gefragt, dessen Sucheingabe schließlich ebenfalls ein Text (wenn auch ein sehr kurzer) ist und Flektionsformen, Fehler etc. enthalten kann.

10.5 Kombinationen und Varianten

10.5.1 Der Zeitpunkt der Anwendung

Wir haben jetzt einige Techniken kennen gelernt, mit denen wir die Lücke von der Themenebene zur Ebene der Zeichenketten überwinden können. Aber wann tun wir das – zum Zeitpunkt der Indexierung oder zum Zeitpunkt der Suche? Das

[3]Das liegt einmal an der unterschiedlichen Transkription fremdsprachiger Namen, zum anderen daran, dass bei Personennamen keine Standardisierung stattfindet (Meyer, Mayr, Maier, etc.)

ganze Arsenal der Techniken können wir nur einsetzen, wenn wir Zeit haben. Unter diesem Aspekt können wir uns am besten beim Aufbau des Index von der wörtlichen Formulierung in den Texten entfernen. Das bedeutet, dass wir die gewonnene Information im Index unterbringen oder eine eigene Zugriffsstruktur aufbauen müssen.[4]

Der Aufbau einer Zugriffstruktur eröffnet ähnlich wie in Abschn. 4.3 die Möglichkeit der Kombination mit intellektueller Verschlagwortung, die beispielsweise die Ergebnisse der automatischen Klassifikation als Vorschläge nutzt. Die intellektuell kontrollierte Verschlagwortung liefert noch immer die beste Qualität. Der Nachteil ist der hohe Aufwand in der Informationserschließung, der nur gerechtfertigt ist, wenn damit auf der anderen Seite eine entsprechend große Menge von Nutzern in ihren Suchen unterstützt wird oder wenn es beispielsweise um den Zugang der Kunden zu den Produkten und Leistungen des Unternehmens geht.

Eine weitere interessante Variante besteht darin, die Interpretation und Verknüpfung des Textes mit dem semantischen Netz schon während der Textproduktion durchzuführen. Dadurch können wir den Aufwand wesentlich reduzieren und gleichzeitig die Qualität erhöhen – zumindest wenn wir davon ausgehen, dass dem Verfasser sein eigener Text bekannt ist. Je nach Anwendungsfall kann das dem Nutzer schmackhaft gemacht werden, indem abhängig von den Schlagworten weiterführende Informationen angeboten werden. Hier ist die Gestaltung der Interaktion ebenso wichtig wie ein leistungsfähiges Text-Mining-Verfahren.

10.5.2 Präkoordination versus Postkoordination

Beim Umgang mit Dokumenten müssen wir gelegentlich abwägen, wie weit wir der Texterschließung mit dem semantischen Netz entgegenkommen wollen. Eine spezielle Frage hat dabei Tradition. Ob nämlich komplexe Begriffe wie *Reparatur der Kaffeemaschine* bereits Teil des Wissensnetzes sind oder ob sie bei der Verschlagwortung des Dokuments durch Zuordnung beider Begriffe erst kombiniert werden, ist in der Informationswissenschaft unter dem Begriff *Präkoordination* bzw. *Postkoordination* bekannt.

Durch Abstraktion und Konkretisierung in der Suchstrategie wird die Frage etwas entschärft und muss im semantischen Netz nicht einheitlich gehandhabt werden. Wenn allerdings ein passender präkombinierter Begriff existiert, dann sollten wir den auch zuweisen. Der Nutzer kann dann nach diesem Begriff oder nach den Einzelbegriffen fragen und sollte in beiden Fällen zum Ziel kommen.

---

[4]Hier folgt sofort die nächste Frage – wann und wie breitflächig müssen wir diese Zugriffsstruktur aktualisieren? Kommen wir mit „lokalen“ Änderungen für neue Dokumente aus? Gerade bei Clusterverfahren, bei denen sich durch jedes neue Dokument das globale Gleichgewicht der Clustereinteilung verschieben kann, ist das nicht durchzuhalten. Oder brauchen wir sogar bei jeder Änderung im semantischen Netz eine Neu-Indexierung?

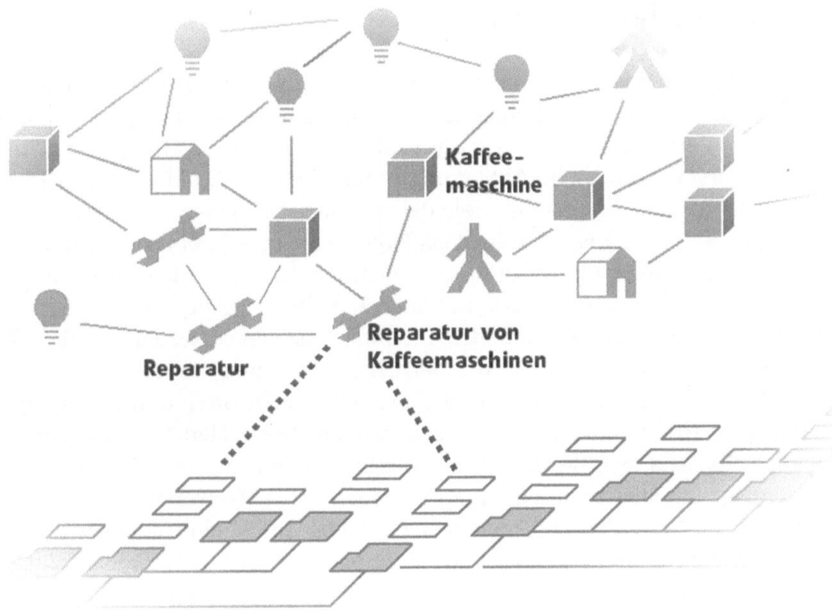

Abb. 10.10 Beispiel für Präkoordination

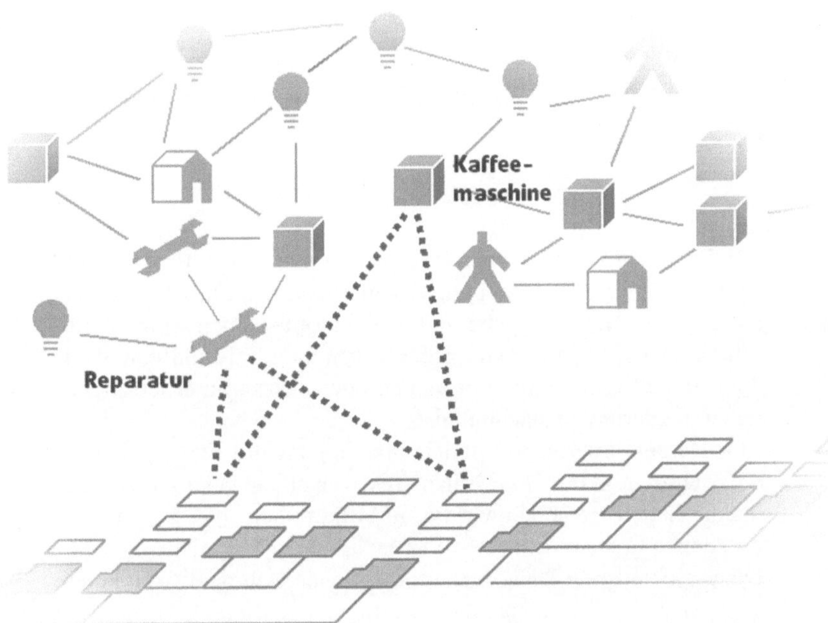

Abb. 10.11 Beispiel für Postkoordination

10.6 Vertiefung Texterschließung

Soweit unser kleiner Ausflug in die Computerlinguistik und das Information Retrieval. Wir haben uns auf dem Gebiet der semantischen Netze schon pragmatische Vereinfachungen erlaubt, in dieser kurzen Einführung in Texterschließungstechniken haben wir erst recht manche Abkürzung genommen. Die Bandbreite von Techniken ist größer als hier dargestellt: viele davon sind schon länger etabliert (Knorz 1994, Dengel 1997). Ihre Eignung hängt stark davon ab, ob z.B. ein Altbestand oder nur neu anfallende Dokumente erschlossen werden sollen, um welche Texttypen es sich handelt, wie einheitlich die Texte in Länge, Qualität, Register etc. sind.

Wenn Sie sich mit der existierenden Literatur auseinandersetzen, werden Sie viele Volltextsuchtechniken finden, die versuchen die ganze Strecke in unserem Schaubild 10.1 in einem Schritt zu gehen und mit einem Streich alle Phänomene menschlicher Kommunikation erschlagen wollen. Diese Herangehensweise ist im Umbruch. Es setzt sich die Erkenntnis durch, dass wir mit der Nutzereingabe und mit den Dokumenten zwei sehr ergiebige Quellen für Missverständnisse haben und uns mit hoher Wahrscheinlichkeit einen Stille-Post-Effekt einhandeln, wenn wir versuchen zu viele Interpretationsschritte auf einmal zu gehen. Erfolgreiche aktuelle Ansätze nutzen eine große Bandbreite an Verfahren und verschränken sehr eng das bereits im semantischen Netz vorhandene Wissen mit dem, was die Texte und Verfahren hergeben (Gurevych 2005, Dirsch Weigand et al. 2006).

10.7 Zusammenfassung – Erschließung von Dokumenten

- Die Schnittstellen zwischen Texten und dem semantischen Netz sind vielfältig: sowohl bei der Erschließung von Dokumenten als auch bei der Nutzereingabe und beim automatischen Aufbau oder Füllen eines semantischen Netzes kommen Informationen aus dem semantischen Netz mit langen oder kurzen natürlichsprachlichen Äußerungen zusammen.
- Eine Herausforderung dominiert den Umgang mit Texten, nämlich die Mehrdeutigkeit: Ob in einem Text von einem bestimmten Thema die Rede ist, können wir nie am Vorkommen einer bestimmten Zeichenkette festmachen – weder positiv noch negativ.
- Die verschiedenen Phänomene sprachlicher Mehrdeutigkeit lassen sich genau wie die entsprechenden linguistischen und statistischen Techniken auf verschiedene Ebenen von der Zeichenkette bis zum Ziel des Nutzer einordnen, um das Problem besser in den Griff zu bekommen.

- Vielversprechend ist eine Mischung von Mikro- und Makro-Techniken, linguistischen und statistischen Techniken, gesteuert über das semantische Netz.

Literatur

Allen J (1995) Natural Language Understanding. Benjamin/Cummings, Redwood City

Cohen W, Ravikumar P, Fienberg S (2003) A Comparison of String Distance Metrics for Name-Matching Tasks. In: Kambhampati S, Knoblock CA (Hrsg) Workshop on Information Integration on the Web (IIW), at IJCAI 2003. Verfügbar unter: http://www.isi.edu/infoagents/workshops/ijcai03/proceedings.htm (25.9.2009)

Dengel A (1997) Wissensbasierte Dokumentanalyse. In: Reuse B, Vollmar R (Hrsg) Informatikforschung in Deutschland. Springer, Heidelberg

Dirsch-Weigand A, Schmidt I, Rein B, Stenzel R, Kamps T (2006) ConWeaver – Automatisierte Wissensnetze für die semantische Suche. In: Ockenfeld M (Hrsg) Proceedings der 28. Online-Tagung der DGI und 58. Jahrestagung der DGI. DGI, Frankfurt am Main

Ferber R (2003) Information Retrieval. Dpunkt, Heidelberg

Gurevych I (2005) Anwendungen des semantischen Wissens über Konzepte im Information Retrieval. In: Proceedings of "Knowledge eXtended: Die Kooperation von Wissenschaftlern, Bibliothekaren und IT-Spezialisten", Jülich, Germany

Knorz G (1994) Automatische Indexierung. In: Hennings RD, Knorz G, Manecke HJ, Reinicke W, Schwandt J (Hrsg) Wissensrepräsentation und Information Retrieval. Universität Potsdam, Informationswissenschaft, Modellversuch BETID, Lehrmaterialien Nr. 3

Meadow CT, Boyce BR, Kraft DH, Barry CL (1992) Text Information Retrieval Systems. Elsevier, London

Navarro G (2001) A guided Tour to Approximate String Matching. ACM Computing Surveys 33:31–88

Postel HJ (1969) Die Kölner Phonetik. Ein Verfahren zur Identifizierung von Personennamen auf der Grundlage der Gestaltanalyse. IBM-Nachrichten, 19. Jahrgang: 925–931.

Kapitel 11
Modellierungsdetails

Bis hierher sollten Ihnen unsere Ausführungen einerseits einen Überblick über die Möglichkeiten semantischer Technologie verschaffen und Sie andererseits bei den ersten Modellierungsentscheidungen begleiten. Die verbleibenden Kapitel gehen über erste Modellierungsschritte deutlich hinaus und sind wahrscheinlich nur noch für den „praktizierenden Knowledge-Engineeer" interessant. Dabei werden wir zunächst einige angesprochene Themen weitere vertiefen, nämlich die Modellierung von Begriffen und Individuen, die Ober-/Unterbegriffsrelation sowie die Ableitungen.

11.1 Begriffe und Individuen

Im Abschn. 5.1 haben wir Begriffe und Individuen eingeführt. Objekte können Begriffe oder Individuen sein, Begriffe zerfallen in Typen, die Mengen von Individuen[1] umfassen und abstrakte Begriffe: Machen wir uns den Unterschied noch einmal klar, indem wir ein klassisches Individuum, *Paula Person,* den Begriffen *Temperatur* und *Kaffeemaschine* gegenüberstellen:

- Es gibt von Paula Person keine Spezialfälle; von dem Begriff *Temperatur* durchaus, nämlich *Wassertemperatur*, *Rösttemperatur* etc. Genauso von dem Begriff *Kaffeemaschine*: Hier gibt es die Begriffe *Espressomaschine*, *Filtermaschine* etc. Bei jeder dieser Maschinen geht es wieder weiter – *Espresso-Vollautomaten*, *manuelle Kolbenmaschinen* etc. Bei den Kaffeemaschinen können wir auch Individuen eintragen: irgendwo unterhalb von *Espresso-Vollautomat* taucht dann die Maschine auf, die ich zum Geburtstag geschenkt bekommen habe, die auf meinem Küchentisch steht und die vom Umzug links oben einen Kratzer hat.
- Als universelles Erkennungsmerkmal von Individuen wird oft aufgeführt: Individuen haben eine zeitlich klar begrenzte Existenz. Meine Maschine wurde im

[1] Diese Unterscheidung ist nicht mit semantischen Netzen in die Welt gekommen. Philosophie, Dokumentationswesen und Terminologiearbeit kennen die Kategorien *Begriff* und *Individuum* seit langem. Dieses grundlegende Instrumentarium ist sogar Gegenstand der DIN-Norm 2330.

K. Reichenberger, *Kompendium semantische Netze*, X.media.press,
DOI 10.1007/978-3-642-04315-4_11,

Jahr 1998 im Werk der Universal AG zusammenmontiert und damit aus der Taufe gehoben, im Jahr 2015 wird sie endgültig ihren Geist aufgeben und in der Schrottpresse landen. Weder vom Begriff *Kaffeemaschine* noch vom Begriff *Temperatur* können wir etwas Derartiges behaupten. Andere typische Individuen, die wir an ihrer zeitlich begrenzten Existenz erkennen, sind Personen, Orte, Organisationen und Ereignisse.

Ein großer Vorteil semantischer Netze ist, dass sie Daten und Schema nicht künstlich trennen. Auch das Schema besteht aus Begriffen, über die man sprechen kann, für die es vielleicht unterschiedliche Bezeichnungen gibt (*Teilprojekt* vs. *Arbeitspaket* vs. *Workpackage*), die man suchen kann, und die Thema von Dokumenten sein können. Auch die Erweiterbarkeit und Flexibilität profitieren von diesem fließenden Übergang zwischen Daten und Schema. Gleichzeitig ist das Konzept gewöhnungsbedürftig. Wir sind es gewohnt, dass Typen in einer anderen Sphäre vordefiniert sind, und wir uns um sie nicht kümmern müssen. In einem Verzeichnisbaum können wir beispielsweise Objekte unterschiedlichen Typs anlegen, Folder, Verweise, Dateien – einen neuen Typ anlegen können wir nicht. Anders im semantischen Netz: Typen sind hier nicht vorbestimmt, sie stehen auch nicht außerhalb des semantischen Netzes. Manche Objekte im semantischen Netz **haben** Typen, andere **definieren** Typen – sind aber genauso Objekte des Netzes.

Die Tatsache, dass die D3 Kaffeemaschinen eine Abteilung ist, weiß das semantische Netz, weil sie aus dem Begriff *Abteilung* mit einer speziellen Relation (*ist Individuum von*) als konkrete Abteilung ausgeprägt ist. Das gleiche gilt für Paula Person, die sich vom Begriff *Mitarbeiter* ableitet oder für die Crema 2010, ausgeprägt vom Begriff *Espressomaschine*. Da auch Typen Teile des Modells sind, können sie untereinander geordnet und verknüpft werden. Damit weiß das semantische Netz auch, dass die D3 Kaffeemaschinen eine Organisationseinheit ist, denn *Organisationseinheit* ist ein Oberbegriff von *Abteilung*.

Semantische Netze bieten eine enorme Flexibilität – wir müssen nichts als gegeben hinnehmen. Wir einigen uns vielmehr in jedem semantischen Netz neu auf Konventionen, wie wir die Wirklichkeit eines Unternehmens abbilden. Diese Flexibilität stellt auch die ontologisch klare Trennung von Begriffen und Individuen in Frage. Bei dieser Trennung gibt es nämlich zwei Schwierigkeiten:

Sowohl „nach oben" als auch „nach unten" bleiben Fragen offen – Betrachten wir Objekte wie *Mathematik, Biologie, Linguistik* etc. dann besteht wenig Zweifel, dass es sich hier um Begriffe handelt. Möchten wir diese Begriffe allerdings mit einem Begriff wie *Wissenschaften* oder *wissenschaftliche Disziplinen* verbinden, müssen wir uns eingestehen, dass *Biologie* (oder *Mathematik*, oder *Linguistik*) sich eher wie ein Individuen von Wissenschaft verhält denn wie ein Unterbegriff. Genau genommen brauchen wir hier Meta-Begriffe.

Umgekehrt haben wir bei Individuen folgende Gesetzmäßigkeit eingeführt: Unterhalb der Individuen werden keine Spezialfälle mehr ausgeprägt. Nehmen wir jetzt einige „klassische" Individuen, ein Staat wie die Bundesrepublik, ein Gremium wie den Bundestag oder ein Fußballteam wie die Bundesliga-Mannschaft von Eintracht Frankfurt. Manchmal möchten wir vielleicht „Zeitscheiben" von diesen Individuen bilden – *die Bundesrepublik in den Grenzen von 1945 bis 1990, der 16te*

Deutsche Bundestag in der Legislaturperiode vom 17.10.2002 bis zum 18.10.2005, die Eintracht in der Saison 2007/2008. Das sind in gewisser Weise Spezialfälle, und intuitiv gehören sie „unter" die Begriffe *BRD*, *deutscher Bundestag* und *Eintracht Frankfurt* – und zwar nicht als Teile, sondern als Spezialfälle, quasi als Unterindividuen.

Nun haben wir es wahrscheinlich selten mit Meta-Begriffen und Zeitscheiben zu tun. Der zweiten Schwierigkeit begegnen wir allerdings sehr oft: **Die reine Lehre ist weit von der Anwendung entfernt** – Wenn wir nicht Personen oder Personengruppen betrachten, sondern Produkte, zum Beispiel unsere Kaffeemaschinen oder Autos, dann ist „philosophisch" klar, was ein Individuum ist, nämlich das einzelne, physisch greifbare Auto, bei dem von Eigenschaften wie *Besitzer, Kennzeichen, Rostfleck am linken Kotflügel* etc. gesprochen werden kann. Alle Marken-, Typen- und Baureihenbezeichnungen sind Namen für Mengen von Autos und daher Begriffe.

In der Praxis wird aber nur ein sehr kleiner Teil der Business-Anwendungen auf die Ebene des einzelnen Autos hinuntergehen wollen. Selbst für die Unterstützung des Service können wir uns höchstwahrscheinlich damit begnügen, die Baureihe abzubilden. Höchstens das digitale Service-Heft, das alle Reparaturen und Überprüfungen eines Fahrzeugs verzeichnet, wäre eine Anwendung, bei der Individuen im philosophischen Sinn eine Rolle spielen. Dementsprechend könnten wir in den allermeisten Fällen einfach auf Individuen verzichten und die Frage damit abschließen. Auf der anderen Seite gibt es in den Anwendungen häufiger den Bedarf, einen Bruch in der Abstraktionshierarchie einzuführen und genau da sollten wir dann die Grenze zwischen Begriffen und Individuen auch ziehen, weniger da, wo es die Philosophie tun würde.

Wann kann ein solcher „willkürliche Bruch" nützlich sein? Wenn die Mengen auf einmal stark anwachsen – ein Elektronik-Kleinteile-Hersteller hat vielleicht mehrere 10.000 Produkte im Programm, davon 5.000 Stecker. Hier kann es sinnvoll sein, als Individuum von Produkt das zu verstehen, was im Produktkatalog einen Eintrag bekommt. Oft hängt die Einführung einer künstlichen untersten Ebene damit zusammen, dass es in der Unternehmenspraxis z.B. noch eine eindeutige Teilenummer für diese Ebene gibt.

So könnten wir auch eine alternative, pragmatische Definition von Individuen einführen: Wenn alle Attribute, die uns interessieren, feststehen, also keine neuen Attribute hinzukommen, sondern nur noch Werte ausgefüllt werden, dann sind wir bei den Individuen angekommen. Etwas abgeschwächt: Oft gibt es eine Ebene der Modellierung, auf der viele Objekte hinzukommen und viele Werte gefüllt werden. Hier ist es sinnvoll, Individuen einzuführen. Wenn es diesen „Bruch" in der Modellierung nicht gibt – dann braucht es auch nicht unbedingt Individuen.

Für alle, die diese Erwägungen reichlich kompliziert finden, habe ich eine gute Nachricht: Je schwieriger die Frage zu beantworten ist, ob wir eine bestimmte Gruppe von Objekten als Begriffe oder Individuen modellieren sollten, desto weniger wichtig ist es wie wir uns schließlich entscheiden. Denn nur wenn wir bei der Abgrenzung von Begriffen und Individuen grob danebenliegen, wird der Nutzer überhaupt etwas davon mitbekommen.

Für den Nutzer brauchen wir eine einfachere Sicht auf unsere Objekte: Nehmen wir die grafische Visualisierung, wie wir sie auch in diesem Kompendium benutzen – in den Abbildungen sehen wir, dass Begriffe wie Person, Organisation, Projekt, Gegenstand und einige mehr mit eigenen Icons ausgestattet sind. Für die Icons könnten wir eine Legende an die Grafiken anbringen. Die Objekte in der Legende sind die Typen, die der Nutzer wahrnimmt. Die Typen in der Legende müssen nicht deckungsgleich mit den Typen der Modellierung sein, meistens können sie das auch gar nicht. Ihre Anzahl ist sehr beschränkt, sie sollte die Anzahl der Formen, die man sich merken, oder der Farben, die man auseinanderhalten kann, nicht überschreiten – sonst ist der Zweck dieser „Nutzertypen" konterkariert. Meist handelt es sich um eine Auswahl aus den „echten Typen", die die Vererbungshierarchie steuern. In der Wahrnehmung der Nutzer werden die Objekte in der Visualisierung durch diese Legendenobjekte typisiert, egal ob Individuen oder Begriffe.

11.2 Die Ober-/Unterbegriffsrelation

Wir hatten die Ober-/Unterbegriffsrelation bereits unter anderen Relationen hervorgehoben und ihre Sonderstellung begründet. Um effizient modellieren zu können, müssen wir diese Relation genau verstehen und ihre Anwendung verinnerlichen. Am einfachsten können wir uns diese Relation klarmachen, indem wir über Mengen sprechen:

Abb. 11.1 Eine Menge von Individuen (vom Typ Auto)

Betrachten wir einen Firmenparkplatz mit 15 Autos. Die sind praktischerweise so geparkt, dass wir sie ohne weiteres gruppieren können. Wenn wir beschreiben sollten, was für Autos auf dem Parkplatz stehen, würden wir wahrscheinlich Worte wie *Pkw* und *Lkw* benutzen, vielleicht auch *Cabrio*, *Kombi* etc.

Übersetzt in ein semantisches Netz: Jedes der 15 Autos ist ein Individuum, *Kombi*, *Coupé*, *Cabrio* sind Begriffe. Sie fassen die konkreten Autos in Gruppen zusammen. Alle drei sind Unterbegriffe des Begriffs *PKW*. Das zwingende Kriterium für die Ober-/Unterbegriffs-Beziehung zwischen *PKW* und *Cabrio* ist: Die Menge aller Cabrios ist in der Menge aller PKWs enthalten. Anders gesagt, wenn alle Cabrios auch PKWs sind (nicht aber alle PKWs Cabrios), dann ist der Begriff

Cabrio ein Unterbegriff von *PKW*. Einen Schritt weiter nach oben geschaut sind natürlich alle unsere Begriffe Unterbegriffe von *Auto*

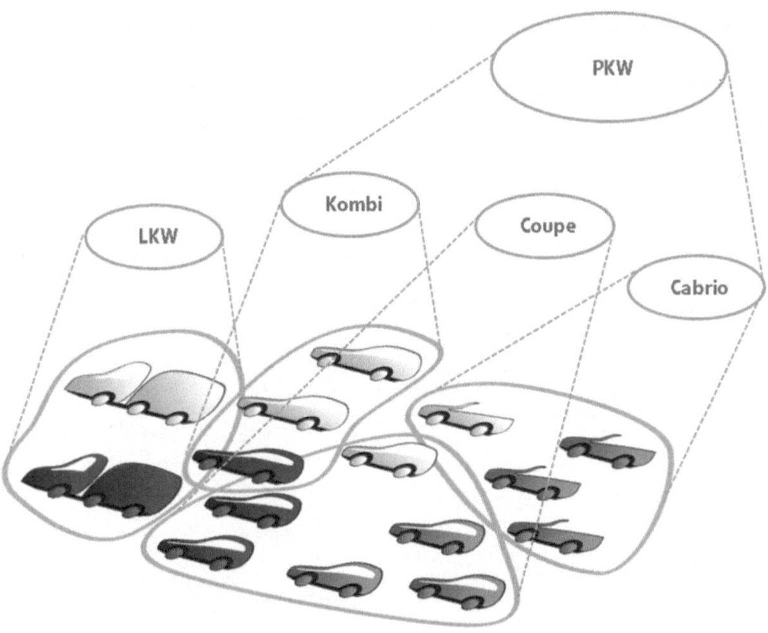

Abb. 11.2 Eine mögliche Unterteilung der Menge

Begriffshierarchien haben es an sich, dass die Menge der konkreten Objekte oft auch anders unterteilt werden kann:

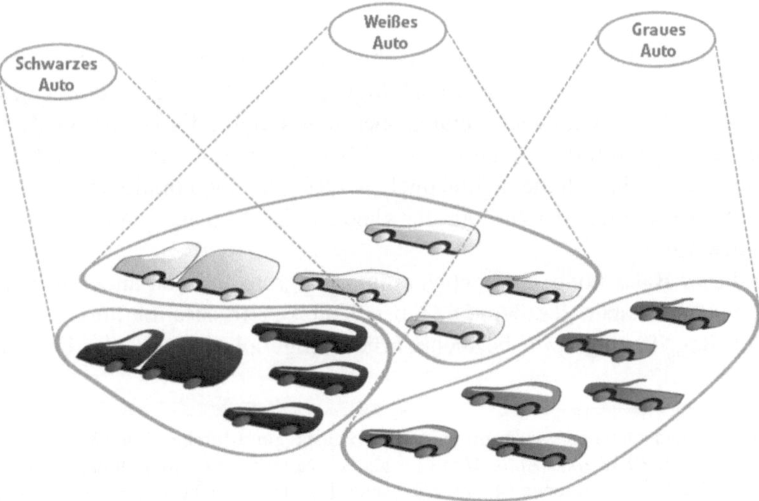

Abb. 11.3 Eine andere mögliche Unterteilung

Z.B. können wir die Autos ebenso gut nach Farbe in weiße, schwarze, und graue Autos unterteilen. Oder sie nach ihrer Marke in VWs, BMWs, Mercedes, Opel etc. ordnen. Auch der Begriff *schwarzes Auto* oder *Auto der Marke Opel* sind Unterbegriffe von *Automobil* – alle Autos der Marke Opel sind in der Menge aller Autos enthalten. Folgendermaßen sieht das aus, wenn wir alle genannten Unterscheidungsmöglichkeiten gleichzeitig als Begriffe im semantischen Netz abbilden.

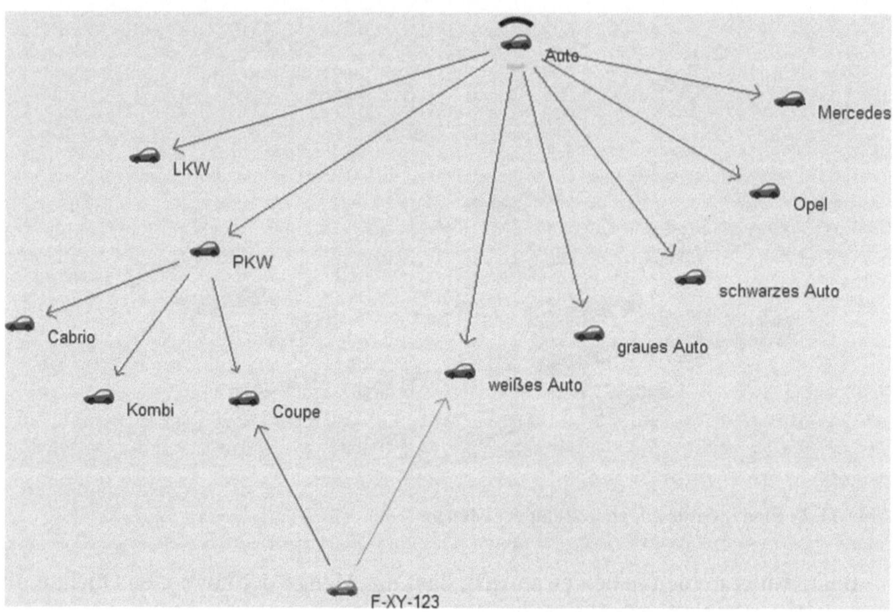

Abb. 11.4 Die verschiedenen Unterteilungen im semantischen Netz

Dass wir gleichzeitig nach den verschiedensten Dimensionen Begriffe bilden können – nach Bauart, nach Farbe, nach Marke etc.,[2] ist eine der Kernideen semantischer Netze. Die Mengen sind mal größer, mal kleiner, die Unterbegriffe können die Menge, die durch den gemeinsamen Oberbegriff bestimmt wird, unterschiedlich teilen, aber keine Elemente hinzugeben. Das gibt einen intuitiven Eindruck von Gleichförmigkeit, alles passiert auf der gleichen Grundmenge, in unserem Fall der Menge der Autos.

Auf dieser Basis können wir noch einmal Abgrenzung von anderen Relationen vornehmen. Wir haben gesehen: Die Ober-/Unterbegriffsrelation muss „sortenrein" sein. Der Begriff *Automobil* bezeichnet die Menge aller Autos, alle Unterbegriffe

[2] Ob wir diese Dimensionen wiederum als Begriffe ausprägen (*Automobil nach Farbe*) oder wie in Abb. 11.4 *LKW, PKW, rotes Auto, Mercedes* als Schwesterbegriffe direkt unter *Automobil* hängen, ist eine der fortgeschrittenen Modellierungsentscheidungen (siehe Abschnitt *Kunstbegriffe* in diesem Kapitel).

können nur ebenfalls (kleinere) Mengen von Autos bezeichnen – die Menge aller Windschutzscheiben oder die Menge aller Lenkräder sind etwas grundlegend anderes als die Menge der Autos, daher können *Windschutzscheibe* und *Lenkrad* keine Unterbegriffe von *Automobil* sein.

Die Ober-/Unterbegriffsrelation können wir als *ist-ein*-Aussagezwischen dem Unterbegriff und dem Oberbegriff lesen. Diese *ist-ein*-Aussage muss zwischen beliebigen Begriffspaaren (oder Individuum-Begriff-Paaren) in der Ober-/Unterbegriffshierarchie gelten, egal wie weit wir nach oben gehen: *Der BMW Z4 Roadster* ***ist ein*** *Cabrio > ein Cabrio* ***ist ein*** *PKW > ein PKW* ***ist ein*** *Automobil* > etc. Die Aussage *Eine Windschutzscheibe* ***ist ein*** *Automobil* dagegen ist offensichtlich falsch. Das wird auch nicht besser, wenn wir versuchen, sie an anderer Stelle unterzuordnen. *Eine Windschutzscheibe* ***ist ein*** *Cabrio >* ***ist ein*** *PKW >* ***ist ein*** *Fahrzeug* sind keine sinnvolleren Aussagen.

Manchmal wird die Entscheidung für oder gegen die Ober-/Unterbegriffsrelation einfacher, wenn wir künstlich vergröbern und mehrere Stufen in der Abstraktionshierarchie nach oben gehen. Dazu gehen wir noch einmal ins Kaufhaus, und zwar in die Abteilung *Oberbekleidung*. Dort finden wir Mäntel, Hemden, Hosen und Änderungsarbeiten – das ist zum Teil eine klassische Ober-/Unterbegriffshierarchie. Dass die Änderungsarbeiten hier nicht hineingehören, können wir uns dadurch klarmachen, dass wir „einen Schritt zurücktreten" und Mäntel, Hemden und Hosen ganz grob in die Klasse der physischen Gegenstände einordnen, Änderungsarbeiten dagegen in die der Vorgänge.

Warum ist es oft sinnvoll sich die Konsistenz einer Ober-/Unterbegriffshierarchie mit Sprüngen in dieser Hierarchie herzuleiten? Der Grund dafür sind Begriffe, die thematisch eng verwandt sind, aber aus unterschiedlichen Ober-/Unterbegriffs-Strängen kommen – wie das Auto und die Windschutzscheibe oder das Lenkrad.

11.3 Rollen

Die meisten von uns würden über die Aussage „Projektleiter sind Wirbeltiere" zumindest stolpern. Eine solche Aussage kann aber in einem semantischen Netz leicht zu Stande kommen: Nehmen wir an, wir haben statt der Autos 15 Projektleiter vor uns stehen. Alle sind zweifelsohne Menschen. Menschen sind Säugetiere, alle Säugetiere wiederum sind Wirbeltiere.

Dieser Problemfall der Ober-/Unterbegriffsrelation hat mit unterschiedlichen Aspekten und den unterschiedlichen ontologischen Status von Begriffen zu tun. Nicola Guarino trennt[3] zwischen (für ihre Individuen) identitätsstiftenden Begriffen und Rollen. Der Begriff *Mensch* ist identitätsstiftend: Wenn Paula kein Mensch wäre, wäre sie auch nicht Paula.[4] Paula kann aber jederzeit die Projektleitung

[3]Dargelegt u.a. in Guarino (2009).

[4]Selbst im Science Fiction, wo sie durch einen Roboter oder einen Außerirdischen ersetzt werden kann, ist sie danach nicht mehr Paula, sondern täuscht das Paula-Sein lediglich vor.

abgeben, das Projekt kann auslaufen, ohne dass sie deswegen aufhört Paula zu sein. Wenn wir Nicola Guarino weiter folgen, schlagen sich Rollen in einem formal anderen Konstrukt nieder und wir dürfen Rollenbegriffe nicht als Unterbegriffe unter indentitätsstiftende Begriffe packen. Der Fehler lag also ganz am Anfang der Kette, wir sagen nicht: „*Projektleiter* ist ein Unterbegriff von *Mensch*", sondern wir sagen: „*Projektleiter* ist eine mögliche Rolle, die ein Mensch (und nur ein Mensch) haben kann". Damit haben nur die Menschen, die vor uns stehen, nicht ihre Projektleiter-Rolle etwas mit Wirbeltieren zu tun.

Über den indentitätsstiftenden Begriff zu bestimmen, wer und was überhaupt welche Rolle bekommen kann, hat den Nebeneffekt einer mehrstufigen und damit potentiell übersichtlicheren Klassifikation von Individuen. Ein weiterer praktischer Aspekt von Rollen ist die Möglichkeit, bestimmte Eigenschaften an Paula selbst festmachen zu können, beispielsweise ihre Expertise, andere aber an ihrer Rolle – wenn sie z.B. in ihrer Eigenschaft als Projektleiterin Mitglied des Lenkungskreises D3 ist oder eine Projektmanagement-Schulung besucht.

11.4 Charakteristika von Relationen

Relationen werden durch Definition von Quelle und Ziel bestimmt: Die *leitet*-Relation in unseren Beispielen ist so definiert, dass als Quelle alle Personen in Frage kommen, als Ziel die Menge aller Projekte. Je nach Anwendung kann es sinnvoll sein, diese Definition enger oder weiter zu fassen – vielleicht können nicht nur Projekte, sondern auch alle möglichen anderen Aktivitäten wie Veranstaltungen oder Werbekampagnen geleitet werden, dann ist es sinnvoll als Ziel der *leitet*-Relation einen Oberbegriff von Projekt, wie z.B. *Ereignis* oder *Aktivität* zu definieren. Wenn bei der Universal AG nur interne Projekte Projektleiter haben, dann würden wir sinnvollerweise die Menge interner Projekte als Ziel der Relation definieren.

Basierend auf Quellen- und Zielmengen kennt die mengentheoretische Betrachtung von Relationen eine ganze Reihe von Charakteristika, hier greifen wir uns die heraus, die in semantischen Netzen am relevantesten sind. Quelle- und Ziel-Menge der Relationen können identisch sein, wie bei der *ist-Vorgesetzte/r-von*-Relation oder der Relation *teilt Büro mit* zwischen den Mitarbeitern der Universal AG. Diese Relationen heißen **homogen** im Gegensatz zu **heterogenen Relationen**, die Paare aus unterschiedlichen Mengen bilden, wie eben die *leitet*-Relation, die Personen mit Projekten verknüpft.[5]

[5] Strenggenommen sind die Mengen, um die es bei der Frage *homogen* oder nicht geht, nicht unsere Typen, sondern werden gerade von den Relationen konstituiert. Demnach ist das Kriterium für eine heterogene Relation: Die Menge aller Objekte, die an der Relation beteiligt sind, können eindeutig in die Menge der Ausgangspunkte und der Ziele der Relation unterteilt werden – eindeutig heißt: ohne dass ein Objekt in beiden Mengen auftauchen würde. Den Unterschied können wir uns an der *Teil-von*-Relation klarmachen. Diese Relation ist homogen, Dinge, die Teil von etwas sind, können ihrerseits Teile haben. Meine Hand ist ein Teil von mir, besteht aber selbst wieder

Homogenen Relationen können weiter unterschieden werden in **symmetrische** und **asymmetrische**[6] Relationen. Bei der asymmetrischen Relation – Paula *ist Vorgesetzte von* Peter / Peter *ist Mitarbeiter von* Paula – liest sich die Relation unterschiedlich je nach Richtung, aus der wir sie betrachten. Die symmetrische Relation – Peter *teilt das Büro mit* Brigitte – dagegen trifft in der Gegenrichtung die gleiche Aussage: Brigitte *teilt das Büro mit* Peter. Man kann auch sagen, sie drückt eine Gemeinsamkeit zwischen den Objekten aus, die sie verbindet, keinen Unterschied zwischen ihnen.

Transitivität schließlich ist ein wichtiger Faktor in unseren Ableitungen: Wenn Objekt C Teil von Objekt B ist und B ist Teil von A, dann ist C automatisch auch ein Teil von A. Neben der *Teil-von*-Relation und der Ober-/Unterbegriffsrelation sind viele weitere Relationen transitiv z.B. die *hat-Ursache*-Relation. Kommt zur Transitivität die Antisymmetrie hinzu, wie bei den meisten transitiven Relationen, mit denen wir es zu tun haben, sprechen wir von einer **Hierarchie.**[7] Zwei Dinge gibt es über Hierarchien zu wissen:

- Nicht jede Hierarchie ist ein Baum
- Eine Hierarchie darf keine Zyklen enthalten

Die folgende Abbildung zeigt zwei Hierarchien, die Zerlegung unserer Crema 2010 in Bauteile und die Hierarchie der Fehlerfälle, die an den Bauteilen auftreten können. Eine hierarchische Struktur muss nicht zwangsläufig die Form eines Baums haben, d. h. ein Begriff kann auch mehrere Oberbegriffe haben. Beispielsweise wird im obigen Beispiel Korrosion gleichzeitig als eine Verunreinigung (Gefahr von Rostspuren im Kaffee) und als ein Schaden geführt (kann nicht durch Reinigung allein behoben werden). Was die hierarchische Ordnung nicht enthalten kann, sind Zyklen: *Korrosion* ist ein indirekter Unterbegriff von *Schaden*, das heißt „jede Korrosion ist ein Schaden, aber nicht jeder Schaden ist eine Korrosion“. Damit darf *Korrosion* nicht andererseits **Oberbegriff** von *Schaden* werden – auch über keinen noch so indirekten Weg. Denn daraus würde ja folgen, dass jeder Schaden auch immer eine Korrosion ist, und das ist genau nicht der Fall.

---

aus Handfläche, Fingern etc. Das heißt nicht, dass die Objekte, die die *Teil-von*-Relaiton verbindet, notwendigerweise vom gleichen Typ wären: meine Hand ist ein Körperteil, keine Person. Was wir hier aber auch sehen: die Typen sind nicht weit voneinander entfernt. Teile physischer Gegenstände sind typischerweise wieder physische Gegenstände und Teile von Ereignissen sind wieder Ereignisse. Deswegen sehen wir auch oft den Fall, dass die Teil-von-Relation tatsächlich gleichartige Individuen verbindet. Die sind gleichartig, weil ich irgendwann einfach keine Lust mehr habe zwischen Arm, Hand und Finger oder dem Bauteil dritter Stufe und dem vierter Stufe noch einen Unterschied zu machen, es sind einfach Körperteile bzw. Bauteile.

[6] Genau genommen müssen wir hier noch unterscheiden in antisymmetrische Relationen, die nur dann symmetrisch sind, wenn ein Objekt auf sich selbst zeigt (alle Dinge, die man ebenso mit sich selbst wie mit anderen anstellen kann) und asymmetrischen Relationen, die gar nicht erlauben, dass ein Objekt auf sich selbst zeigt, wie die oben genannten Relationen.

[7] In der Mengenlehre nehmen wir das Kriterium der Reflexivität hinzu und sprechen von einer Halbordnung.

Die Zyklenfreiheit etabliert ein globales Verständnis von oben und unten, anders als beim Baum können wir aber in einer allgemeinen Hierarchie die Objekte nicht eindeutig Ebenen zuweisen. In unserem Beispiel liegt der Fehlertyp *Korrosion* auf Ebene 2 oder auf Ebene 3, je nachdem ob wir den Weg über die Verunreinigung oder über den Verschleiß wählen.

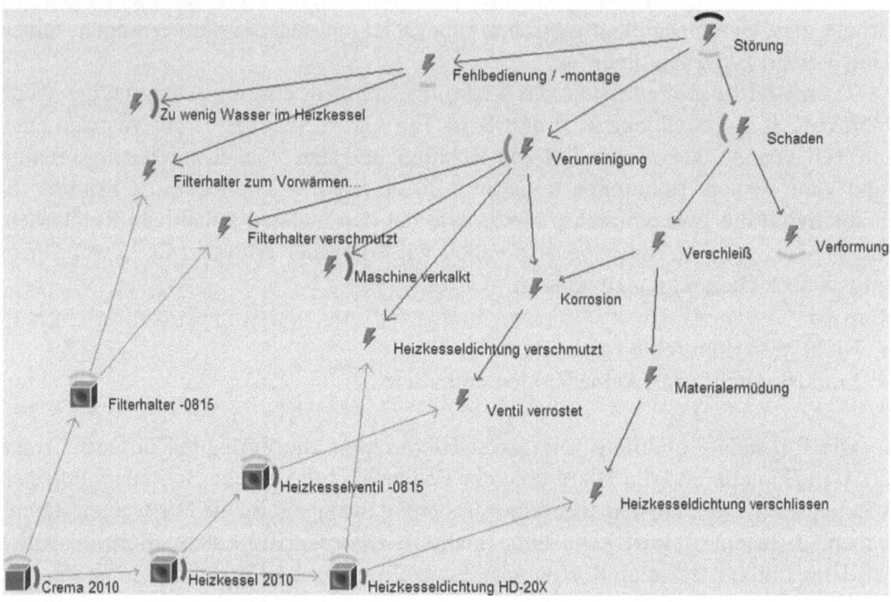

Abb. 11.5 Ein komplexeres Beispiel mit Fehlern, die in einer Abstraktionshierarchie stehen und mit Bauteilen verbunden sind (ihrerseits in eine Teile-Hierarchie stehend)

Selbst als Knowledge-Engineer müssen wir die strukturellen Eigenschaften der Relationen, mit denen wir arbeiten, nicht kennen um korrekte und hilfreiche semantische Netze zu modellieren. Diese Eigenschaften sind hier aus zwei Gründen aufgeführt. Wenn Sie das eine oder andere Thema in formaler orientierter Literatur vertiefen wollen, werden Sie häufiger auf diese Art der Charakterisierung stoßen. Und: Strukturelle Eigenschaften wie Homogenität oder Hierarchie können helfen, Konsequenzen von Suchen und Ableitungen besser einzuschätzen.

11.5 Die Rolle der Benennungen

Eine sprechende Benennung der Relationen und der Objekte in einem semantischen Netz ist ein wichtiger Teil unserer Anstrengungen das Netz auch für den Nutzer verständlich zu machen – hier sollten wir uns nicht scheuen, ein wenig Arbeit zu investieren.

Ein Zielkonflikt, dem wir oft bei der Modellierung begegnen, ist sehr ausgeprägt, wenn es um die Namen geht: Der Konflikt zwischen Eindeutigkeit und Einfachheit.

Das hängt einmal mit dem Anspruch zusammen, jedes Objekt (Individuum oder Begriff) unabhängig von jeglichem Kontext identifizieren zu können. Die Zeichenkette *Opel* ist ein prima Name für einen Ordner auf einem Fileshare, wo durch den Kontext klar ist, dass es z.B. um die Firma Opel als Kunde für ein Anlagenprojekt geht. Die Zeichenkette *Opel* kann aber genauso gut *ein Auto der Marke Opel* bedeuten. Wenn beides in der Anwendung vorkommt, müssen wir im semantischen Netz die ausführlichen Benennungen wählen. Denn wir können nicht vorab wissen, in welchem Kontext das Objekt auftauchen wird.[8] Das gleiche gilt im Übrigen für Relationsnamen. Systeme können hier unterstützen, indem sie zwischen internen Namen und Anzeigenamen unterscheiden.

11.5.1 Kunstbegriffe zur Gruppierung

Begriffe repräsentieren Mengen von Individuen und/oder Unterbegriffen. Wir haben inzwischen wiederholt gesehen, dass diese Mengen nach unterschiedlichen Aspekten gebildet werden können. Betrachten wir einmal ein Beispiel aus einer ganz anderen Disziplin, nämlich aus der Medizin. Hier finden wir unter dem Begriff *Krankheit* viele Unterbegriffe, unter anderem: *Kinderkrankheit, Frauenkrankheit, Altersbeschwerden,* gemischt mit *Virusinfektion, Vergiftung, Erbkrankheit* etc. Entweder wir stellen diese heterogen gebildeten Begriffe nebeneinander oder führen Kunstbegriffe, wie *Krankheit nach Ursache* und *Krankheit nach betroffener Personengruppe* ein.

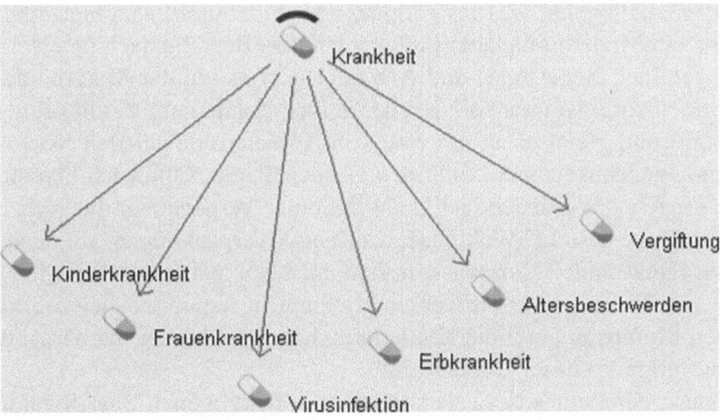

Abb. 11.6 Heterogene Unterbegriffe

[8]Lange Namen sind ein Problem, mit dem nicht nur semantische Netze kämpfen. Klassennamen wie *mit zusätzlicher Sicherheitsvorrichtung, unter Nutzung der eingebauten Stromversorgung* u.ä. sind beispielsweise in der Internationalen Patentklassifikation (IPC) ganz übliche Namen. Hier werden die Namen der Patenklassen so lang, dass man es aufgegeben hat, kontextfrei eindeutige Bezeichnungen zu finden und sich mit Namen zufrieden gibt, die nur in Kombination mit der jeweiligen Oberklasse verständlich sind.

Was spricht gegen heterogene Unterbegriffe? Unserem ordnungsliebenden Auge bereitet das Nebeneinanderstellen von Begriffen, die nach so unterschiedlichen Dimensionen gebildet wurden, Schmerzen.

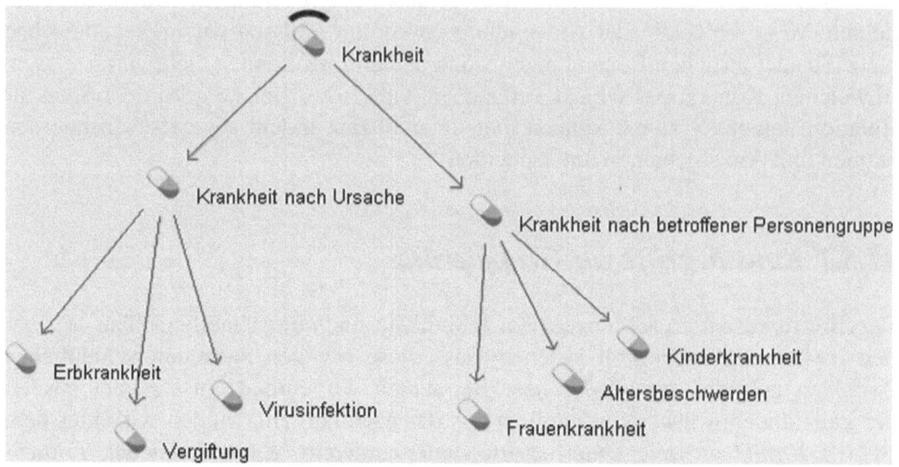

Abb. 11.7 Heterogene Unterbegriffe, zusammengefasst durch Kunstbegriffe

Ich vergleiche das gerne mit der gelben Tonne bei der Mülltrennung. Hand aufs Herz: Wer hat nicht Schwierigkeiten mit der Frage – Was gehört in die Gelbe Tonne, was gehört ins Altpapier, was ins Altglas, was in den normalen Hausmüll? Genau wie in unserem Modellierungsbeispiel werden dort Begriffe nach unterschiedlichen Aspekten gebildet. Bei Altglas und Altpapier geht es um das Material des Gegenstandes, der entsorgt werden soll; bei der gelben Tonne geht es um seine Funktion (Verpackung) und gleichzeitig um eine von Anbietern des dualen Systems vergebene Lizenz, gekennzeichnet durch den Grünen Punkt. Offensichtlich stellen sich hier viele Fragen – Was mache ich denn mit einer Verpackung, die vollständig aus Papier oder Pappe besteht? Wohin mit Kunststoff-Verpackungen, auf denen ich keinen grünen Punkt finde? Nun muss im semantischen Netz das Objekt ja eben nicht in genau eine Tonne geworfen werden, es kann in mehreren gleichzeitig landen. Wir können Mumps ja unter die Kinderkrankheiten und unter die Virusinfektionen packen. Beseitigt das unser Unbehagen?

Nicht ganz, denn eines ist tatsächlich bei der heterogenen Begriffsbildung nicht möglich: Wir können nicht formulieren, dass ein Objekt in einer bestimmten Dimension nur unter einem Oberbegriff sitzen darf. In der Philosophie spricht man von konträren, bzw. kontradiktorischen Begriffen (Tatievskaya 2003). Wir können also nicht ausdrücken, dass eine neue Krankheit, die wir in unser Gebäude einordnen, wenn sie einmal als Erbkrankheit eingeordnet ist, nicht gleichzeitig eine Vergiftung sein kann. Formal gesprochen: Der Begriff *Krankheit nach Ursache* versammelt kontradiktorische Begriffe unter sich – einer davon muss zutreffen und schließt dann alle anderen aus. Unsere neue Erbkrankheit kann aber jederzeit noch z.B. als Frauenkrankheit qualifiziert werden, da der Begriff nicht im

Widerspruch zum Begriff *Erbkrankheit* steht. In diesem Fall besteht allerdings kein Zwang, die Krankheit auf irgendeine Bevölkerungsgruppe festzulegen, es handelt sich um konträre, nicht um kontradiktorische Begriffe.

An unserem Autobeispiel – ein Auto kann nur entweder ein PWK oder ein LKW sein, es kann nur entweder ein Mercedes oder ein Volkswagen sein, und ist i.d.R. entweder rot oder blau, aber nicht beides gleichzeitig. Ein konkretes Auto oder eine Baureihe wird sich also unter mehreren Oberbegriffen finden, aber nicht unter beliebig vielen. Sondern unter jeweils einem aus einer Dimension. Um so etwas ausdrücken zu können, muss die Dimension explizit gemacht werden, etwa als *Auto nach Farbe* und *Auto nach Bauart*.

Wie wichtig ist es, die kontradiktorische Beziehung zwischen Begriffen ausdrücken zu können? Das hängt im Wesentlichen davon ab, ob wir befürchten müssen, dass es zu Fehleingaben kommt. Im Zweifelsfall halte ich das ästhetisch-kognitive Argument für schwerwiegender: Wird sich der Nutzer eher an dem Sammelsurium der Begriffe unterhalb von Krankheit stören oder eher an den merkwürdigen Kunstbegriffen?

11.5.2 Ausfaktorisieren von Eigenschaften durch Kunstbegriffe

Es gibt einen zweiten Fall, der die Einführung von Kunstbegriffen nahelegt: Wenn wir aus Gründen der Einfachheit oder weil der Repräsentationsformalismus es so vorschreibt, Quelle und Ziel der Relationen eindeutig festlegen wollen. Betrachten wir eine Relation wie *führt durch*, dann haben wir vielleicht alle Zielobjekte, also alle Dinge, die durchgeführt werden können, unter dem Begriff *Ereignis/Veranstaltung* versammelt. Das ist bei den Quellobjekten der *führt-durch*-Relation nicht so einfach. Wer oder was ist in der Lage ein Ereignis oder eine Veranstaltung durchzuführen? Da kommen Personen in Frage, aber auch Teams, Abteilungen, Firmen, überhaupt Organisationen, ev. auch Projekte. Um alle diese Begriffe zu gruppieren, brauchen wir einen Kunstbegriff. In diesem Fall ist das einer, den wir häufiger in semantischen Netzen finden, nämlich der Begriff *Akteur* – er gruppiert alle Individuen, die Dinge tun können, nicht nur etwas durchführen, sondern z.B. Produkte herstellen, Projekte leiten, zu einer Veranstaltung einladen, und ist Aufhänger für die entsprechenden Relationen

Problem der Kunstbegriffe ist auch hier die Benennung. Wir können meist auf keine eingeführten Namen zurückgreifen. Schon *Akteur* ist ein Begriff, den man vor dem Endnutzer lieber verstecken möchte, in den meisten Fällen sehen Kunstbegriffe aber noch viel „schlimmer“ aus. Betrachten wir in unserem Beispielnetz die Relation *ist verantwortlich für*. Personen können für Produkte, Projekte, Prozesse, Dienstleistungen und bestimmt noch eine ganze Reihe weiterer Dinge verantwortlich sein. Hier haben wir nur die Wahl, einen von der Relation abgeleiteten Begriff wie *Verantwortungsbereich* einzuführen – hier werden sich die Nutzer allerdings wundern, warum *Produkt, Projekt* etc. als Unterbegriffe von *Verantwortungsbereich* auftauchen – oder ein begriffliches Monstrum wie *Produkt oder Projekt oder Prozess oder Dienstleistung* zu schaffen.

11.6 Mehrstellige Relationen

Was sind mehrstellige Relationen und wann brauchen wir so etwas? Das lässt sich wie immer am besten an einem Beispiel zeigen: Nehmen wir an unsere Haushaltsgeräte-Firma vertreibt ihre Maschinen in den diversen Regionen der Welt über verschiedene Vertriebsgesellschaften. Das Produktprogramm *Kaffeemaschinen* z.B. wird in Westeuropa durch die Vertriebsgesellschaft A vertrieben. Das ist eine dreistellige Relation, die das Produktprogramm mit der Vertriebsgesellschaft und der Region Westeuropa in Beziehung setzt. Jetzt können wir uns fragen, warum wir dazu ein neues Konstrukt einführen müssen, statt den Sachverhalt einfach folgendermaßen abzubilden:

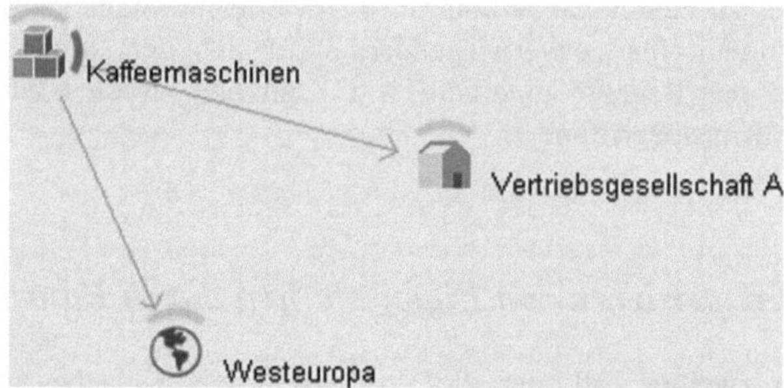

Abb. 11.8 „Naive" Modellierung einer mehrstelligen Aussage – Auseinanderreißen einer mehrstelligen Aussage in zwei Einzelaussagen

Was an dieser Modellierung problematisch ist, sehen wir, wenn dasselbe Produktprogramm nun in Südeuropa durch eine andere Vertriebsgesellschaft vertreten wird, wie gelingt dann die Zuordnung?

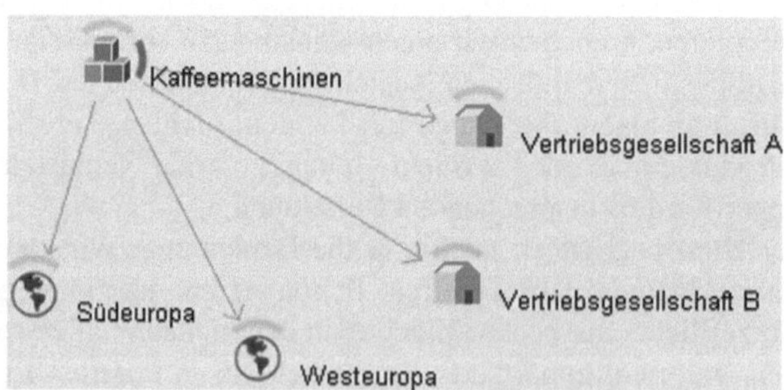

Abb. 11.9 Teilaussagen können nicht wieder zusammengefügt werden

Wir haben es hier nicht mit unabhängigen Aussagen zu tun, die Verknüpfung zur Vertriebsgesellschaft A gilt nur in Verbindung mit Westeuropa. Jetzt könnten wir natürlich die Vertriebsgesellschaften mit den Regionen verbinden:

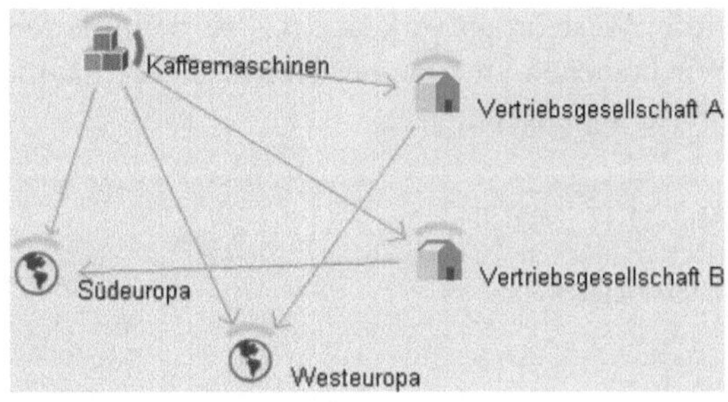

Abb. 11.10 Hinzufügen weiterer Teilaussagen

Aber auch das wäre nur ein Notbehelf, denn auch die Verbindung zwischen Region und Gesellschaft gilt wiederum nicht unabhängig vom Produktprogramm. Nehmen wir einmal an, es kommen weitere Produktprogramme hinzu, das Staubsauger-Programm und der Bereich *Wäsche*. Auch diese werden in den verschiedenen Regionen von den verschiedenen Gesellschaften vertrieben. Durch bilaterale Verknüpfungen kann das nicht eindeutig abgebildet werden.

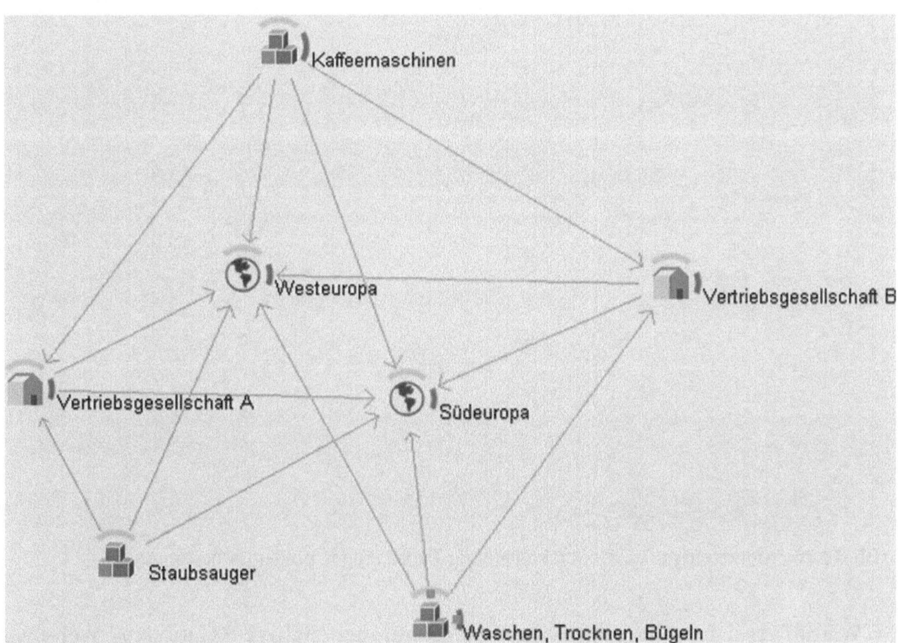

Abb. 11.11 Zuordnungsproblem bleibt bestehen

Was können wir aus dieser Repräsentation noch herauslesen? A ist zuständig für Staubsauger in beiden Vertriebsgebieten, genau wie B für das Thema *Waschen, Trocknen, Bügeln* – aber wer jetzt die Kaffeemaschinen in Südeuropa und wer sie in Westeuropa verkauft, das ist beim besten Willen nicht mehr zu entnehmen. Wir brauchen eine andere Konstruktion, nämlich die mehrstellige, in diesem Fall dreistellige, Relation.

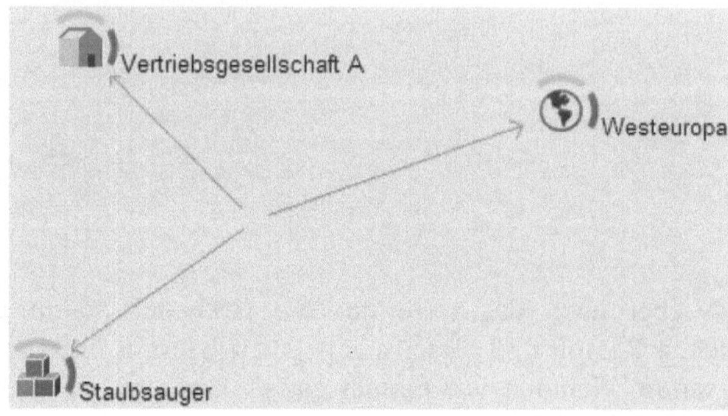

Abb. 11.12 Modellierung einer komplexen Aussage als mehrstellige Relation

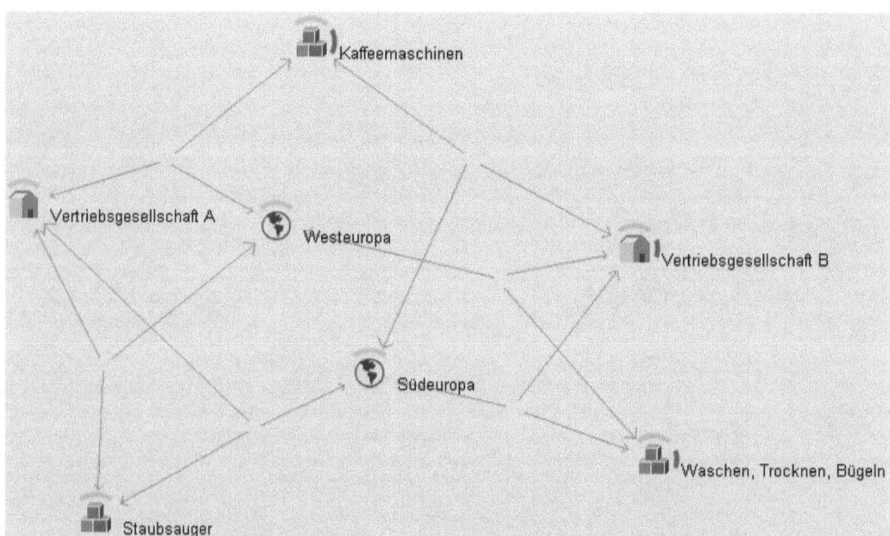

Abb. 11.13 Mehrstellige Relationen können die Zuordnungen eindeutig bewahren

Warum verzichten die allermeisten Netze auf mehrstellige Relationen? Wenn wir dem Nutzer die Instanzen der mehrstelligen Relationen konsequent als solche zeigen möchten (also z.B. von der Produktgruppe aus gesehen nicht die Vertriebsgesellschaft nennen wollen, ohne die Vertriebsgebiete mit zu erwähnen), dann handeln wir uns eine große zusätzliche Komplexität ein. Auf der anderen Seite ist es kein Zufall, dass die mehrstellige Relation in der Grafik aussieht wie ein Objekt, bei dem wir das Icon weggelassen haben. In der Modellierung fühlt sich eine mehrstellige Relation in jeder Hinsicht an wie ein Objekt. In den meisten Fällen werden sie entsprechend modelliert und mit einer speziellen Darstellung für den Endnutzer versehen.

11.7 Metamodelle und Mehrsprachigkeit

Rufen wir uns für einen Moment die Modellierung der Fügetechniken in Kap. 6 ins Gedächtnis. Das Beispiel hatte eine gewisse Ähnlichkeit mit den eben eingeführten mehrstelligen Relationen, es gibt aber einen entscheidenden Unterschied. Bei den Fügetechniken konnten wir zwischen primären Aussagen (*Material A wird mit Material B verbunden*) und sekundären Aussagen (*Diese Verbindung wird realisiert durch Verfahren V*) unterscheiden. Die primäre Aussage war auch ohne die sekundäre vollständig, die sekundäre Aussage saß gleichsam auf der primären oben drauf.[9]

So funktioniert auch die Metamodellierung. Sie brauchen wir z.B. als technischen Teil des Modells, um die Herkunft der Information festhalten (Verknüpfung X zu Y wurde gezogen von Nutzer N am 3.7.2008), z.B. in Anwendungen, in denen Nutzerverhalten ausgewertet wird. Oder um eine sehr häufige Anforderung umzusetzen, nämlich die Forderung nach einem mehrsprachigen semantischen Netz.

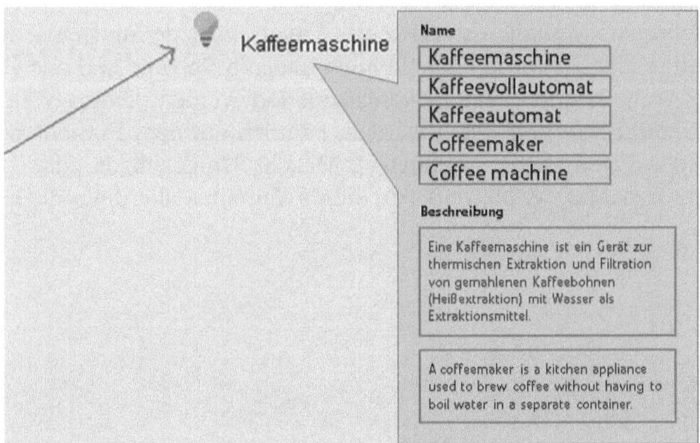

Abb. 11.14 „Naive“ Modellierung von Mehrsprachigkeit

Es kann in einer Anwendung ein sehr großer Vorteil sein, einen mehrsprachigen Zugang zu den Themen, z.B. zu den Projekterfahrungen in einer international arbeitenden Beratungsgesellschaft zu schaffen, ohne alle Inhalte und Dokumente übersetzen zu müssen, dadurch, dass wir das semantische Netz mehrsprachig anlegen. Das sollte aber nicht einfach durch zusätzliche Attribute oder gar Attributwerte realisiert

[9] Das ist auch der Grund, warum wir im letzten Abschnitt mehrstellige Relationen nicht als Relation auf Relation realisiert haben – bei einer „echten“ mehrstelligen Relation können wir eben keine der zweistelligen Teilaussagen in den Vordergrund stellen und als vereinfachte Sicht präsentieren.

werden, wie im obigen Bild schematisch dargestellt. Damit wäre die Zuordnung nicht mehr gegeben und wir müssten bei jedem neuen Attribut und bei jeder neuen Sprache immer wieder neu in der Anwendung programmieren, welche Attribute wir ein- und welche wir ausblenden möchten, welche in der Kurzdarstellung mit auftauchen sollen, welche in der semantischen Suche mit durchsucht werden etc.

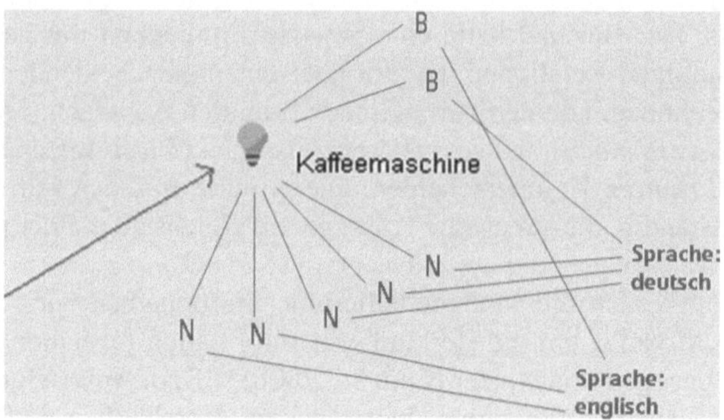

Abb. 11.15 Angemessene Modellierung von Mehrsprachigkeit

Das gewünschte Verhalten ist das eines Layers für jede Sprache – damit bleibt eine Definition eine Definition, nur in einer anderen Sprache und alle Eigenschaften einer Sprache können ohne weiteres separiert werden. Dieses Verhalten kann mit Metamodellierung hergestellt werden, nämlich mit dem Einrichten von Relationen auf Attributen (siehe Abbildung). Manche Umgebungen zum Aufbau und zur Nutzung semantischer Netze haben dieses Verhalten allerdings auch schon fest eingebaut.

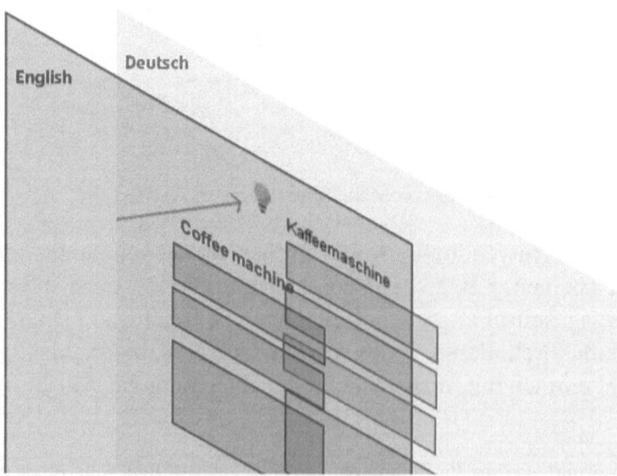

Abb. 11.16 Layermodell der Mehrsprachigkeit

Mit Meta-Relationen setzen wir hier ein Instrument ein, dass wir an anderer Stelle als Ausdruck einer problematischen Komplexität betrachtet haben (Abschn. 6.2). Andersherum könnten wir uns fragen: Wenn wir Metarelationen nun schon einmal haben und sie uns hier ja gute Dienste leisten, warum nutzen wir sie nicht auch um z.B. das Synapsen-Beispiel aus Kap. 6 zu modellieren? Den Unterschied macht hier die saubere Trennung von Modell und Metamodell: Wenn unter dem Metamodell ein unabhängiges Basismodell liegt wie hier, dann ist die Gesamtkomplexität des Modells viel einfacher beherrschbar, da wir das Basismodell losgelöst von den Metainformationen lesen und verstehen können.

Wenn wir dagegen die Vorgänge an einer Synapse abbilden und dabei extensiv mit Meta-Relationen arbeiten um z.B. die verschiedenen Zustände abzugrenzen und die Übergänge einzutragen, könnten wir zwar sicherlich den Sachverhalt auch in seiner Dynamik repräsentieren. Wir könnten ausdrücken, wessen Teil das Vesikel in welcher Phase ist, indem wir beide Teil-Verknüpfungen eintragen und mit Zuständen „meta-qualifizieren". Dann müssten wir an die Relation „Vesikel ist (in Phase 2) Teil der signalempfangenden Zelle" eine Verbindung zu einem weiteren Vorgang knüpfen, den dieses „Teil-von-sein" auslöst. Bei einer solchen Modellierung finden wir aber keine offensichtliche Grenze zwischen Basis- und Metamodell, die Verknüpfungen sind nur zusammen mit ihren Meta-Relationen aussagekräftig . Hier kommen wir also nicht einfach durch Weglassen der Meta-Ebene zu einer lesbaren Vereinfachung des Modells sondern haben es jederzeit mit der gesamten Komplexität auf einmal zu tun.

11.8 Zusammenfassung – Modellierungsdetails

- Wenn wir bei der Modellierung der Ober-/Unterbegriffsrelation einer Entscheidung auf den Grund gehen wollen, betrachten wir Begriffe als Mengen von Individuen und interpretieren Unterbegriffe als Untermengen.
- Individuen sind was immer wir als Individuen modellieren wollen – hier sollten wir uns weniger von philosophischen als von praktischen Erwägungen leiten lassen: wo interessieren uns keine Spezialfälle mehr und was ist nachvollziehbar für unsere Nutzer?
- Benennung und Gruppierung von Begriffen sind klassische Modellierungsentscheidungen vor denen wir immer stehen, wenn wir Informationen strukturieren wollen – fragen Sie mal einen Bibliothekar.
- Bei anderen Themen wie bei Metamodellen oder mehrstelligen Relationen sollten wir uns gut überlegen, ob unsere Anwendung derart differenzierte Aussagen benötigt und ob der Gewinn an Funktionalität den Zuwachs and Komplexität rechtfertigt.

Literatur

DIN-Norm 2330, Teil 12 (1993) Begriffe und Benennungen, Allgemeine Grundsätze. Beuth, Berlin

Ehrig H, Mahr B, Cornelius F, Große-Rhode M, Zeitz P (2001) Mathematisch-strukturelle Grundlagen der Informatik. Springer, Heidelberg

Fischer D (1998) From Thesauri towards Ontologies? In: Hadi M, Maniez J. und Pollit S (Hrsg.) Structures and Relations in Knowledge Organization. Ergon Verlag, Würzburg

Guarino N (2009) The Ontological Level: Revisiting 30 Years of Knowledge Re-presentation. Borgida A, Chaudhri V, Giorgini P, Yu E (Hrsg) Conceptual Modelling: Foundations and Applications. Springer, Heidelberg

Tatievskaya E (2003) Einführung in die Aussagenlogik. Logos Verlag, Berlin

Kapitel 12
Unsicheres Wissen

Die Frage der Tiefe oder Granularität des modellierten Wissens haben wir bereits an einigen Stellen in diesem Kompendium behandelt, u.a. als zentralen Faktor für die unterschiedlichen Ausbaustufen semantischer Netze. Geleitet wurden wir dabei bislang von der Überlegung „Wie genau müssen wir modellieren, um dem Nutzer später diese oder jene Frage beantworten zu können?“ In der Praxis kommt häufig eine zweite Frage hinzu, nämlich die der Sicherheit oder Verlässlichkeit des Wissens. Gerade im Bereich der Themen- und Faktennetze muss es nicht das Ziel sein, um jeden Preis hundertprozentige Verlässlichkeit herzustellen. Stattdessen wollen wir in diesem Kapitel Techniken zum Umgang mit Unsicherheit einführen.

12.1 Unsicherheit, systematisch betrachtet

Was heißt Unsicherheit genau im Kontext semantischer Netze? Relationen und Attribute haben den Charakter von Aussagen, hier können wir von richtig oder falsch sprechen. Im semantischen Netz eines IT-Dienstleisters finden wir beispielsweise die folgende Aussage „Projekt P wird im Auftrag von Kunde Y durchgeführt“. Das Projekt wird in Wirklichkeit aber vom Kunden X beauftragt – die Aussage ist also falsch. Aber auch andere Fälle sind interessant: Nehmen wir an, die Relation zum Kunden Y ist richtig, das Projekt wird aber von mehreren Kunden gemeinsam beauftragt – es müsste also noch eine weitere Relation zu Kunde Z bestehen, die finden wir aber nicht im semantischen Netz. Hier würden wir wahrscheinlich davon sprechen, dass die Aussage unvollständig ist. Oder das Projekt wird genau genommen von Abteilung A des Kunden Y beauftragt. Dann wäre die Information im Netz nicht im strengen Sinne falsch sondern lediglich ungenau. Das ist dann der Fall, wenn wir eine Aussage im semantischen Netz vorliegen haben, die wir aus der tatsächlich zutreffenden Aussagen ableiten können aber nicht umgekehrt. In vielen semantischen Netzen müssen wir mit falschen, unvollständigen oder ungenauen Aussagen rechnen – gerade wenn wir automatische Techniken oder Enduser-Tagging als Quellen nutzen.

Dort, wo wir uns der Korrektheit, Vollständigkeit und Genauigkeit der uns zur Verfügung stehenden Information nicht sicher sind, müssen wir anders

K. Reichenberger, *Kompendium semantische Netze*, X.media.press,
DOI 10.1007/978-3-642-04315-4_12, © Springer-Verlag Berlin Heidelberg 2010

kommunizieren. Nehmen wir an, wir werden auf der Straße von einem amerikanischen Touristen gefragt, wo er hier einen Kaffee trinken kann und antworten folgendermaßen: „So gut kenne ich mich hier auch nicht aus, aber in die Richtung sind es ca. 500 m bis zum Zentrum und da gibt es einige Cafés, so Richtung Starbucks." In dieser Antwort finden wir eine Reihe von Techniken der Kommunikation von unsicherem Wissen: Wir haben einen pauschalen Marker „so gut kenne ich mich hier auch nicht aus", geringere Präzision „in diese Richtung ca. 500 m" statt einer genauen Adressangabe sowie das mehr oder weniger explizite Kommunizieren unserer Annahmen: „Ich gehe davon aus, dass Sie ein Café vom Typ Starbucks suchen...", was dem Gegenüber die Möglichkeit bietet gegenzusteuern: „...kennen Sie vielleicht etwas traditionelleres, wo es auch Sachertorte gibt?" Ähnliche Techniken können wir uns zu Nutze machen, um unsicheres Wissen in semantischen Anwendungen zu kommunizieren.

12.2 Umgang mit fehlerbehafteter Information

In ganz schlimmen Fällen, wie wir sie schon bei assoziativen Netzen kennen gelernt haben, möchten wir die Relation gar nicht direkt zeigen. Wir machen relativ unverbindliche Angebote „möglicherweise (pauschaler Marker) sind folgende Dokumente auch für Sie interessant" anstelle präziserer Auskünfte wie „folgende Marketing-Reports gibt es zu diesem Produktprogramm". Auch in Themen- oder Faktennetzen können wir bei der einzelnen Relation nicht viel machen, außer die Relationen, die aus einer weniger verlässlichen Quelle gewonnen wurden, mit einem Marker zu versehen, ein Mittel dass wir aber keinesfalls überstrapazieren dürfen, sonst hört sich unsere Anwendung irgendwann an wie ein Politiker.

Bei abgeleiteten Informationen haben wir wesentlich mehr Möglichkeiten Dinge richtig, aber auch Dinge falsch zu machen: Fehlerhafte Relationen „verschmutzen" potentiell alle Schlussfolgerungen, an denen sie beteiligt sind. Daher benötigen wir Strategien, um die Auswirkungen möglicher Fehlinformation zu minimieren. Bei Ableitungen, Suchen etc. sollten wir beispielsweise nicht mehrfach über unsichere Relationen laufen. Unsicheres Wissen sollten wir immer möglichst nahe an sicherem Wissen festmachen und Objekte nicht ausschließlich über unsichere Relationen mit dem Rest des Netzes verbinden. Umgekehrt können Ableitungen uns im Umgang mit Unsicherheit sehr helfen: Wenn wir nämlich einzelne Verknüpfungen nicht als Aussagen, sondern lediglich als Indikatoren betrachten, sie sammeln, und sie erst wenn genug davon zusammen gekommen sind, als Tatsachen dem Nutzer präsentieren.

Schließlich wollen wir dem Nutzer die Möglichkeit geben die Annahmen und die Schlussfolgerungen, die hinter unseren Antworten stecken, nachzuvollziehen.[1] Dabei verfügen wir natürlich nicht über dieselbe Ausdrucksmächtigkeit wie unser

[1] Vor allem der Anspruch jedes Informationsangebot auch erklären zu können, macht die Repräsentation unsicheren Wissens zum Gegenmodell der Expertensysteme, deren Schlüsse nicht nur schwierig zu ziehen sondern auch schwierig zu erklären sind.

hilfsbereiter Ortskundiger – es bietet sich also wieder die Visualisierung an, die es uns erlaubt beliebige Zusammenhänge mit dem Nutzer zu teilen.

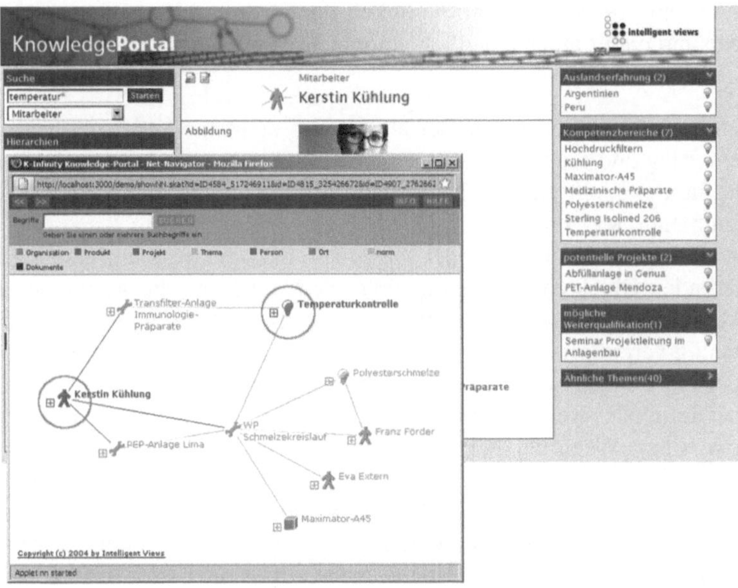

Abb. 12.1 Die Kollegin wird als Experte für eine Reihe von Themen ausgewiesen – der Nutzer kann selbst nachvollziehen, wie diese Auskunft zu Stande kommt – in diesem Fall über Projekte, an denen sie beteiligt war

Richtigkeit von Aussagen ist im Zusammenhang mit semantischen Netzen möglicherweise sogar ein überschätztes Kriterium. Zumindest in Themennetzen geht es viel stärker um Relevanz: Relevanz eines Themas für ein bestimmtes Dokument und für eine bestimmte Aufgabe. Relevanz ist ein empfindlicheres Gut als Korrektheit und kann nicht beliebig transitiv interpretiert werden, auch nicht entlang der Ober-/Unterbegriffshierarchie. Die Tatsache, dass wir einen Fehler mit dem Thema *Fehljustierung des Mahlwerks* ausgezeichnet haben, ordnet ihn zwar in die grobe Kategorie *Bedienfehler* ein – im Gegensatz etwa zur Kategorie Materialverschleiß. Möchte ich deswegen aber arbeitspsychologische Studien zum Thema „warum unterlaufen dem Menschen Fehler in seiner Arbeit?" finden, die mit *Bedienfehler* getagged sind? Sind solche Studien relevant, wenn wir versuchen, herauszubekommen, wie es zur Mahlwerk-Fehljustierung gekommen ist? Und ist umgekehrt die Fehljustierung ein gutes Beispiel für die arbeitspsychologischen Erkenntnisse? Kann beides sein, muss beides nicht. Je nach Aufbau unseres Netzes erreichen wir also mit unseren Informationsangeboten und Ableitungen möglicherweise schnell einen Punkt, an dem wir uns ihrer Relevanz nicht mehr sicher sind – lange bevor wir Zweifel an ihrer Richtigkeit haben müssen.

12.3 Der Anspruch auf Vollständigkeit

Wenn es um Vollständigkeit[2] geht, sollten wir zunächst einmal uns darüber klar werden, welchem Anspruch wir uns überhaupt stellen wollen. Denn im Gegensatz zur Korrektheit kann es bei der Vollständigkeit der Information sehr unterschiedliche Ansprüche und damit unterschiedliche mögliche Erwartungen der Nutzer geben:

- Der globaler Anspruch wäre: Bei allem, was nicht modelliert (oder durch die Modellierung und die Schlussfolgerungen impliziert) ist, können wir davon ausgehen, dass es nicht zutrifft. Umgekehrt formuliert, das semantische Netz soll alles enthalten, was zutrifft.
- Etwas weniger weitgehend ist der Anspruch, dass die Verknüpfungen zwischen existierenden Objekten vollständig sind. Anders gesagt, die Annahme, dass ein Objekt, wenn es einmal ins semantische Netz aufgenommen ist, dann auch vollständig verknüpft ist.
- Noch etwas weniger weitgehend: Die Verknüpfungen der existierenden Objekte sind bezüglich des Relationeninventars des semantischen Netzes vollständig
- Noch weniger: Wenn wir bei einem Objekt „einmal mit einer Eigenschaft angefangen haben", dann führen wir die Eigenschaft auch mit allen Werten aus. Wenn bei diesem Anspruch ein Projekt keinen Auftraggeber hat, können wir nicht davon ausgehen, dass es keinen gibt. Wenn allerdings einer oder mehrere eingetragen sind, können wir davon ausgehen, dass die Liste vollständig ist.

Wann gilt welcher Anspruch? Das ist viel eher eine pragmatische als eine logische Frage. Bemühen wir noch einmal die Frage nach dem nächsten Cafe als Beispiel: Niemand erwartet, dass die Auskunft vollständig ist bezüglich Themen, nach denen er gar nicht gefragt hat. Das wäre so als träfen wir unseren Touristen am nächsten Tag wieder und der würde sich beschweren: „Warum haben Sie mir nicht gesagt, dass es in der anderen Richtung eine Buchhandluch gibt, da wäre ich viel lieber hingegangen als in ein Café..." Auch Vollständigkeit bezüglich des gefragten Themas ist selten verlangt: Niemand erwartet, dass es außer den Cafés, die er genannt bekommt, keine andern mehr in der Stadt gibt. Womit wir in der Regel konfrontiert werden, ist der Anspruch auf Vollständigkeit bezüglich eines implizierten Ziels: Wenn sich herausstellt, dass es zwar Luftlinie 500 m zum Zentrum sind, dazwischen aber ein Fluss liegt und in der Nähe keine Brücke, dann hätte unser Tourist das bestimmt gerne gewusst, auch ohne nach Flüssen und Brücken gefragt zu haben.

---

[2]Die Frage der Vollständigkeit ist eine klassischen Frage im der Wissensrepräsentation, bekannt unter dem Namen *closed world assumption* (Reiter 1980): Können wir daraus, dass sich eine bestimmte Aussage nicht im Modell findet, folgern, dass sie nicht zutrifft?

Genau wie hier geht es auch in semantischen Applikationen um das Ziel der Nutzer: Niemand will wissen, wer alles nicht Kunde des Projektes ist – außer die Aufgabe ist herauszufinden, welche Unternehmen wir für ein ähnliches Projekt interessieren könnten: in dieser Liste sollten die Auftraggeber des Projektes nicht mehr auftauchen. In diesem Fall würden wir uns wünschen, dass die Information bei den Projekten, bei denen sie vorliegt, auch vollständig ist. Oder nehmen wir an, in unserem semantischen Netz haben wie eine Firma mit drei Geschäftsfeldern (Haushaltsgeräte, Home-Entertainment und Medizintechnik) verknüpft. Wenn die Anwendung nun Marktbeobachtung ist und alle Nachrichten ausfiltert, die nicht mit einer der drei bekannten Branchen zu tun haben, dann haben wir implizit den Anspruch, dass unser Wissen vollständig ist, dass die Firma auch in der realen Welt nur drei Geschäftsfelder bearbeitet, und wir mit Sicherheit ausschließen können, dass das Unternehmen Autozubehör oder Produktionsmaschinen baut: bezüglich der existierenden Relationen sollten eigene Firma und Branchen vollständig verknüpft sein.

Wenn das semantische Netz entscheiden soll, ob und wann die sog. Ausfuhrliste, die den Export von sicherheitskritischen Gütern regelt, im Unternehmen angewendet werden muss, geht der „Vertrag" der Applikation mit dem Nutzer wahrscheinlich noch etwas weiter. Eine Applikation, die diese Tätigkeit unterstützt, darf keine Richtlinie stillschweigend unterschlagen. Selbst die Begründung „diesen Aspekt decken wir im semantischen Netz nicht ab" ist hier kein Freifahrtschein, ein Marker („folgende Richtlinien sind nach den bekannten Komponenten relevant") und die Möglichkeit, das Zustandekommen der Liste relevanter Richtlinien nachvollziehen zu können, ist hier wahrscheinlich unverzichtbar. Alles in allem können wir sagen, dass die Erwartungen an die Vollständigkeit der Information von der Anwendung und den Zielen der Interaktion bestimmt wird.

Tatsächlich etwas an der Unsicherheit ändern können wir nur bei der Definition der Eigenschaften, indem wir hier nicht nur minimale, sondern auch maximale Kardinalität festlegen: wenn wir hier definieren, dass für jedes Projekt ein Auftraggeber angegeben werden muss aber auch nur ein Auftraggeber möglich ist, dann haben wir natürlich jede Unsicherheit ausgeräumt.

12.4 Formale Definitionen und unvollständiges Wissen

Gerade haben wir uns klar gemacht, dass ein Vollständigkeitsanspruch nur in ganz speziellen Anwendungen vorliegt. Ein Instrument, das wir kennengelernt haben, erfordert allerdings ebenfalls Vollständigkeit: Die Möglichkeit der *instanciation* und *subsumption,* wie sie Ontologien bieten (siehe Abschn. 6.3). Wir hatten diskutiert, wie einfach oder wie schwierig eine formale Abgrenzung von Begriffen sein kann. Oft ist die Einordnung eines Individuums unter einen Begriff von Hand sogar einfacher als die automatische, unabhängig von der allgemeingültigen Begriffsdefinition – wenn wir nämlich die zur Einordnung nötigen Fakten beim Individuum nicht parat haben. Um bei den in Abschn. 6.3 verwendeten Beispielen zu bleiben: Tizian ist zweifelsohne ein großer Maler, die Einordnung unter *bildender Künstler* fällt uns nicht schwer. Umgekehrt könnte ich ohne Nachschlagen kein einziges Werk von ihm nennen – damit die Definition „Künstler sind Personen, die Kunstwerke schaffen" greifen kann.

In der Unternehmenspraxis stellt sich genau diese Frage, wenn es um die Klassifikation von Produkten geht, wie wir ansatzweise schon an den Kaffeemaschinen gesehen haben. Können wir hier über formale Definitionen zu einer automatischen Einordnung der Produkte in Klassen kommen und ist der Versuch überhaupt sinnvoll? Auch hier werden wir wahrscheinlich auf die eine oder andere Abgrenzungsschwierigkeit stoßen. Ausschlaggebend ist aber die Datenlage: Dort wo die Information über die Produkte relativ einfach verfügbar ist, nämlich innerhalb der Universal AG wird sich die Aufgabe voraussichtlich gar nicht stellen – hier werden wir eine Klassifikation der Produkte vorfinden. Sehr willkommen wäre eine automatische Klassifikation von Produkten dagegen bei der Kaufhauskette, die versucht, die Produktkataloge aller Hersteller in die eigene Systematik abzubilden. Hier werden wir allerdings möglicherweise daran scheitern, dass uns keine ausreichend detaillierten Informationen über Produktmerkmale vorliegen, an Hand derer wir automatisch klassifizieren könnten. Haben wir aber wenig Information zum einzelnen Produkt, wird uns auch eine formale Definition der Produktklassen nichts nützen, weil wir eben nicht wissen welche Eigenschaften bei welchem Produkt erfüllt sind und welche nicht. Hier ist es vorstellbar intensionale und extensionale Definitionen zu kombinieren. Also die intensionalen Definitionen als Teil einer Heuristik zu nutzen, die uns bei den gegebenen Produktbeschreibungen hilft, z.B. Küchengeräte von Unterhaltungselektronik zu unterscheiden. Die Vorschläge, die auf dieser Basis entstehen, müssten dann durch einen manuellen Eingriff bestätigt werden und dann in eine feste Zuordnung (*ist Unterbegriff von* oder *ist Individuum von)* münden.

12.5 Ungenauigkeit und Robustheit

Für sich alleine betrachtet ist die Information „Projekt P wird beauftragt von Kunde X" nicht ungenau. Ähnlich wie bei Vollständigkeit können wir von Ungenauigkeit auch nur sprechen, wenn wir höhere Erwartung an die Genauigkeit geweckt haben, in diesem Fall dadurch, dass wir detailliertes und weniger detailliertes Wissen nebeneinander gesetzt haben.

Nehmen wir als Beispiel ein semantisches Netz, in dem die Kundenkontakte der Heißkalt GmbH erfasst sind. Der Mitarbeiter Stefan Sales-Ingenieur hat hier zwei Verbindungen zum Kunden Universal AG. Zum Einen hatte er bereits mit dem Zentraleinkäufer der Universal, Erich Einkauf, zu tun; zum Anderen besteht Kontakt über das Crema-Projekt. Dieser Kontakt ist sehr genau festgehalten. Sollen wir das zulassen, dass eine ähnliche Information im semantischen Netz auf zwei unterschiedliche Arten repräsentiert wird? Nämlich einmal über die Zuständigkeit für ein

Projekt, an dem auf der anderen Seite Kundenmitarbeiter beteiligt sind, und einmal direkt?

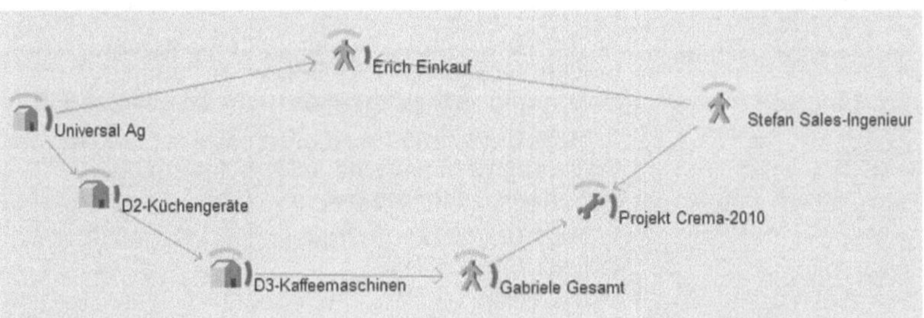

Abb. 12.2 Unterschiedlich detaillierte Repräsentation eines strukturell gleichen Sachverhalts

Ich denke, wir sollten – ich würde sogar so weit gehen zu behaupten, dass die Möglichkeit zur „ungenauen Modellierung" ein großer Vorteil ist: Wir können uns ja schlecht künstlich ein Projekt auszudenken, wo wir keines haben. Genauso wenig ist es sinnvoll, die direkte Verknüpfung im „Projektfall" zusätzlich zu ziehen und damit redundante Information zu erzeugen, die zu Inkonsistenzen führen kann. Erst recht nicht wollen wir die Projektinformation da, wo wir sie vorliegen haben, weglassen. Im semantischen Netz können wir aus der detaillierten die weniger detaillierte Aussage schließen, d.h. aus der gemeinsamen Projektarbeit den Kontakt ableiten und diese abgeleitete Aussage für eine einheitliche Darstellung und für weiterführende Folgerungen nutzen. Die Stärke von Wissensnetzen liegt damit gerade in einer gewissen „Robustheit" gegenüber unterschiedlichen Formulierungen eines Sachverhalts, vor allem weil manchmal mehr, manchmal weniger Detail bekannt ist. Semantische Modellierung sollte es als ihre Aufgabe ansehen, unterschiedliche Situationen, die im Geschäft vorkommen, auch unterschiedlich abzubilden und trotzdem einen einheitlichen Zugang zu ermöglichen.

12.6 Modelle unterschiedlicher Granularität

Dass wir für eine bestimmte Information die Wahl zwischen einer genauen und einer weniger genauen Modellierung haben, ist die Regel, nicht die Ausnahme. Die Feinkörnigkeit der Abbildung ist oft eine Frage der Mengen an Objekten und der Ebenen in den Hierarchien. Je nachdem, ob wir einen Fehler nur grob oder sehr genau einordnen wollen, müssen wir beispielsweise die Crema 2010 in mehr oder weniger Bestandteile zerlegen. Manchmal stehen aber, wenn es darum geht, denselben Sachverhalt in unterschiedlicher Tiefe abzubilden, auch die verschiedenen Modellierungskonstrukte in Konkurrenz zueinander. Nehmen wir als Beispiel zunächst den Lebenslauf eines Mitarbeiters der Universal AG mit verschiedenen universitären Ausbildungsstationen

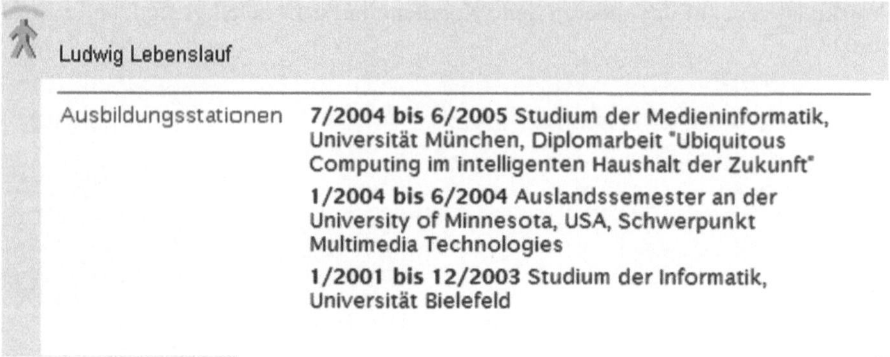

Ludwig Lebenslauf

Ausbildungsstationen	**7/2004 bis 6/2005** Studium der Medieninformatik, Universität München, Diplomarbeit "Ubiquitous Computing im intelligenten Haushalt der Zukunft" **1/2004 bis 6/2004** Auslandssemester an der University of Minnesota, USA, Schwerpunkt Multimedia Technologies **1/2001 bis 12/2003** Studium der Informatik, Universität Bielefeld

Abb. 12.3 Alle Information in einem Attributwert

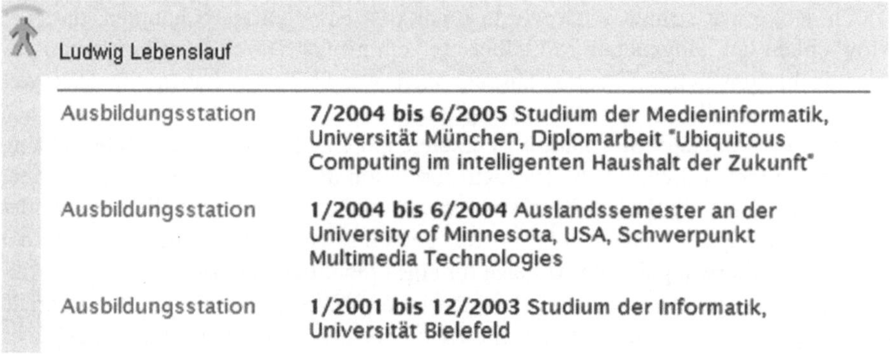

Ludwig Lebenslauf

Ausbildungsstation	**7/2004 bis 6/2005** Studium der Medieninformatik, Universität München, Diplomarbeit "Ubiquitous Computing im intelligenten Haushalt der Zukunft"
Ausbildungsstation	**1/2004 bis 6/2004** Auslandssemester an der University of Minnesota, USA, Schwerpunkt Multimedia Technologies
Ausbildungsstation	**1/2001 bis 12/2003** Studium der Informatik, Universität Bielefeld

Abb. 12.4 Verteilung auf mehrere Werte

Eine Möglichkeit, diesen Sachverhalt zu modellieren, ist ihn als eine rein textuelle Beschreibung in einen Attributwert zu packen.

Das Minimum, das wir für eine genauere Strukturierung des Lebenslaufs tun können, ist die verschiedenen Stationen der Ausbildung auf verschiedene Attributwerte zu verteilen.

Der nächste Schritt geht ein gutes Stück weiter und macht aus den drei Attributwerten drei Relationen zu den Studienfächern. Bislang ist allerdings nur ein Teil der Information, die sich dafür anbietet als Objekt modelliert zu werden, auch so umgesetzt. Die Studienorte (und Zeiträume) haben wir noch als Attribute an den Relationen vermerkt.

Eine Alternative ist es – je nachdem ob die Modellierungssprache und das gewählte Werkzeug es zulassen – die Information, an welcher Universität die Qualifikation erworben wurde, auszumodellieren und die eine Verknüpfung vom Typ *durchgeführt in/an* auf die Verknüpfung aufzusetzen, die eine Person mit jeweils einem der Studienfächer verbindet.

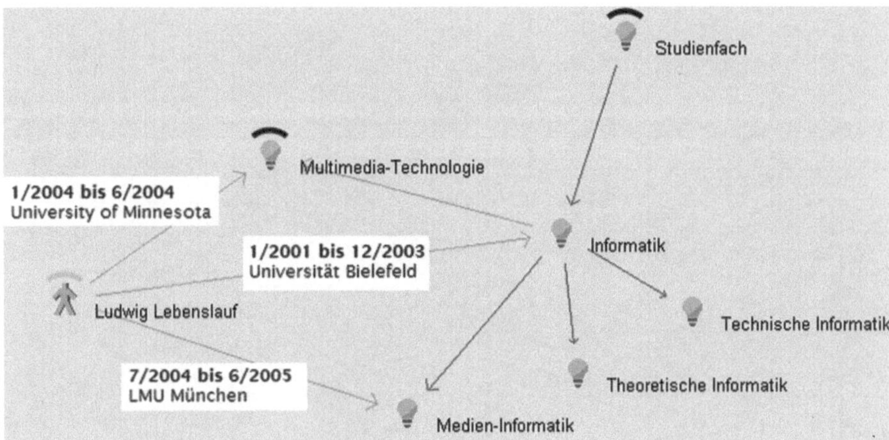

Abb. 12.5 Studienfächer als eigene Objekte

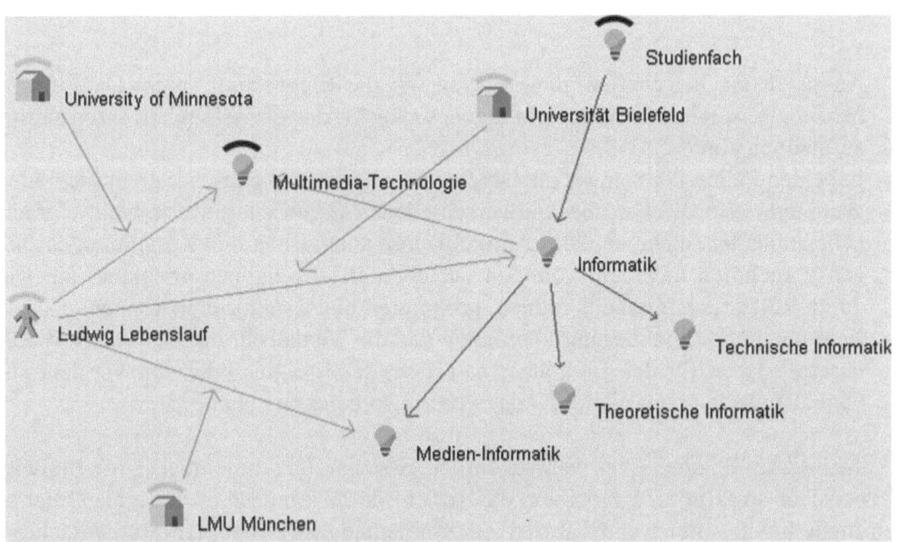

Abb. 12.6 Ort des Studiums als Relationen auf Relationen

Damit ist es nur noch ein kleiner Schritt dazu, die Studienaufenthalte als eigene Objekte zu modellieren. Jetzt haben wir eine ganze Bandbreite von Modellierungsalternativen gesehen. Am auffälligsten ist dabei der Unterschied zwischen einer Abbildung über Attribute und dem Ausmodellieren von Relationen:

- Was wir als Attribut modellieren, verteilen wir auf die Objekte, die das Attribut tragen und „verstecken" es dort. Wenn wir über die Werte wieder relevante

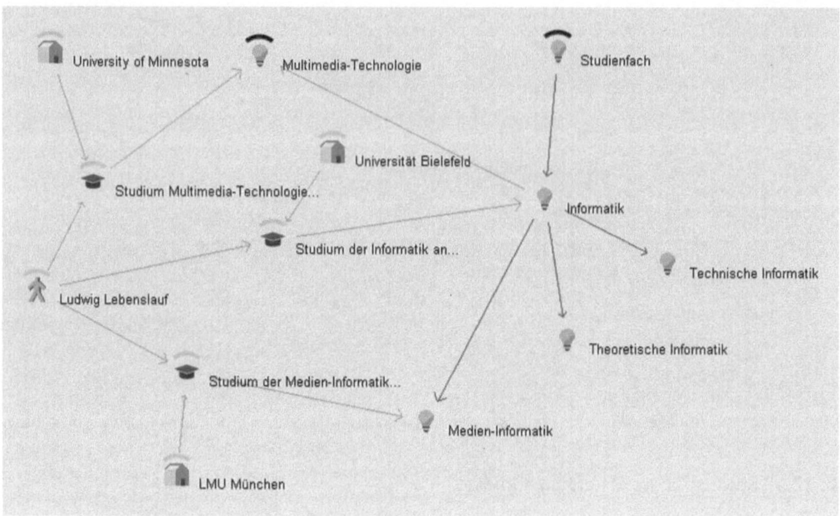

Abb. 12.7 Studienaufenthalte als eigene Objekte

Aussagen machen wollen, dann dürfen wir die Eigenschaft[3] nicht als Attribut behandeln, sondern benötige ein eigenes Objekt, das die sekundäre Information aufnehmen kann.

- In beiden Fällen können wir die Objekte anhand ihrer Eigenschaften ordnen oder gruppieren. Sobald wir aber die verschiedenen Eigenschaftswerte nicht einfach nebeneinander sehen, sondern Ähnlichkeiten ausmachen und Zusammenfassungen vornehmen möchten, kommen wir ebenfalls zu eigenen Objekten, die wir durch Relationen ihrerseits ordnen, gruppieren und strukturieren können.
- Eine nützliche Orientierung kann auch das die Visualisierung des Sachverhalts liefern – Ist es für den Endnutzer natürlich, das Ereignis oder den Vorgang als Objekt zu sehen oder nicht? Findet sich ein sprechender Name?

In unserem Beispiel ist es wahrscheinlich, dass wir die Studienfächer von Ludwig Lebenslauf strukturieren möchten, das spricht dafür mindestens diese als Objekte zu modellieren – nur wenn wir den Zusammenhang zwischen den Studienfächern abbilden, können wir z.B. alle Mitarbeiter mit ingenieurwissenschaftlichen Studiengängen identifizieren oder weitere Information an die Fächer anhängen – vielleicht interessiert uns ja auch der Zusammenhang mit den Themen unseres Unternehmens. Wollen wir zudem wissen, wie viele Mitarbeiter mit Auslandsaufenthalt unsere Firma beschäftigt, so spricht das sehr dafür auch die Studienorte auszumodellieren.

Schwierig ist die Frage, ob wir auch die Studienaufenthalte als Objekte ausprägen möchten? Wie viele Objekte wir uns damit einhandeln, das hängt davon ab,

[3]„Eigenschaften" wird in den folgenden Abätzen allgemein für Attribute und Relationen – vom Objekt aus gesehen – verwendet werden.

ob wir viele Mitarbeiter mit denselben Studienfächern und Studienorten haben. Je nachdem beschert uns das Bilden aller Kombinationen mehr oder weniger neue Objekte. Wie steht es mit der Natürlichkeit? Vor allem bei Ereignissen und Zuständen (wie bei den Studienaufenthalten) ist es offenbar gleichermaßen natürlich und plausibel sie als Objekte wie als Attribute zu repräsentieren. Auch hier ist das wichtigste Kriterium wieder: wie viel möchte ich über diese Studienaufenthalte noch aussagen, benötige ich dafür ein eigenes Objekt?

12.7 Präzision im Schema

Wir haben im Abschn. 2.3 schon darauf hingewiesen, dass die Leistungen des semantischen Netzes unter anderem auf der vereinheitlichten Abbildung ähnlicher Sachverhalte unter einer Relation beruhen. Das hat nicht zuletzt einen ganz praktischen Aspekt: an jeder Relation hängt ein beträchtlicher Folgeaufwand. Sie wird in strukturierten Suchen und semantischen Erweiterungen benutzt, Ableitungen laufen über sie, Navigationshierarchien werden mit Ihrer Hilfe generiert. Je differenzierter unser Inventar an Relationen, desto komplexer wird auch die Konfiguration der Anwendung.

Diesen Zusammenhang können wir direkt umkehren: Ob wir für zwei Sachverhalte unterschiedliche Relationen einführen oder ob wir ein und dieselbe benutzen, hängt vor allem davon ab, ob wir in der Anwendung ein unterschiedliches Verhalten erwarten: sollen z.B. die Relationen *mitwirken*, *teilnehmen*, *anwesend sein*, die wir zwischen Personen und Projekten eingeführt haben, die gleiche Rolle in Ableitungen und in der semantischen Suche spielen – dann können wir sie auch gleich zusammen legen.

Ein Grund für ein aufwändigeres Schema und speziell ein differenziertes Inventar an Relationen kann aber auch sein, dass wir bestimmte Inkonsistenzen oder Fehler auf der Datenebene ausschließen möchten. Denken wir an das Organigramm der Universal AG zurück. Hier haben wir bei der Definition der Teilorganisationsrelation die Wahl zwischen einer einfachen, potentiell ungenauen und einer aufwendigeren, genauen Modellierung. In der einfachen Version bestimmen wir als Quelle sowie als Ziel der Teilorganisationsrelation den Begriff *Organisationseinheit*, den gemeinsamen Oberbegriff von *Firma*, *Business Unit*, *Bereich* und *Abteilung*. Vorteil: wir kommen mit einer einzigen Relationsdefinition aus. Nachteil: Alle Instanzen von *Organisationseinheit* können beliebig verknüpft werden, das Schema hindert uns nicht daran, die gesamte Universal AG zu einem Teil der Abteilung Kaffeemaschinen zu erklären. In der aufwendigen Version definieren wir unterschiedliche Teilorganisationsrelation und sagen damit genauer, dass Abteilungen Teil von Bereichen sein können, Bereiche wiederum Teil von Business Units usw. Die gleiche Situation finden wir z.B. bei geographischen Zusammenhängen, die wir pauschal mit einer geographischen Teil-von-Relation modellieren oder differenziert mit Relationen zwischen Städten und Bundesländern, Bundesländern und Staaten etc. ausstatten können. Mit einem differenzierten Schema schließen wir versehentliche

Fehleingaben aus. Die höhere Präzision im Schema ist aber nicht immer einfach durchzuhalten:

- In jedem Fall brauchen wir eine Zusammenfassung der Relationen, um sie gemeinsam abfragen und einfach Ableitungen formulieren zu können → wir brauchen also eine Oberrelation
- Manchmal möchten wir möglicherweise Abteilungen direkt Firmen zuordnen ohne über Bereiche und Business Units zu gehen, gerade wenn es sich nicht um das eigene Organigramm sondern das einer anderen Firma handelt → d.h. eine weitere Relation zwischen *Abteilung* und *Firma*
- Unser geographisches Modell sollte auch Objekte wie die Rhein-Main-Region unterbringen können. Regionen laufen quer zu den Verwaltungseinheiten → neue Relationen zwischen *Region* und *Stadt* und zwischen *Staat* und *Region*
- Aber wir tun dem Regionenbegriff unrecht, wenn wir nur an das Rhein-Main-Gebiet denken, andere Regionen könnten die Alpen, der Balkan, der nahe Osten sein → Relation, die es erlaubt, Staaten Regionen unterzuordnen
- Die geographischen Begriffe sind nicht vollständig, es fehlen mindestens noch Kontinent und Landkreis → weitere Relationen

An sich spricht viel dafür, durch einen einmaligen Eingriff im Schema mögliche Probleme bei der Dateneingabe von vorne herein auszuschließen. Aber, wie wir sehen, kann diese Maßnahme das Schema stark aufblähen.

12.8 Unsicherheit bei Ableitungen

Wir haben Ableitungen kurz in den Abschn. 2.3 und 5.2 kennen gelernt, Transitivität war eine der allgemeinen Relationen-Charakteristika des letzen Kapitels. Machen wir uns als Einstieg in die Welt der Ableitungen zunächst einmal den Zusammenhang zwischen Transitivität und Ableitungen an einem Beispiel klar: Frankfurt und Darmstadt liegen in Hessen, Hessen liegt in Deutschland, daraus können wir ableiten, dass Frankfurt in Deutschland liegt. Anders formuliert: die Relation *liegt in* (oder *ist geografischer Teil von*) ist transitiv.

Nun fügen wir weitere Information an die Geo-Hierarchie an: Z.B. wird der service für die Kaffeemaschinen der Universal AG regional von verschiedenen Firmen erbracht. Im semantischen Netz haben wir vermerkt „Firma *Kaffeekerls* ist zuständig für Hessen". Was können wir jetzt aus dieser Verknüpfung folgern? Auf die Frage „wer ist in Frankfurt zuständig?" sollte das semantische Netz die Service-Firma *Kaffeekerls* zurückliefern. Auf die Frage „wer ist in Deutschland zuständig?" können Ableitungen in dieser Situation keine so eindeutige[4] Antwort geben. Wenn wir also die transitive geographische Teil-Relation mit der Zuständigkeit für ein Gebiet kombinieren, können wir nach unten ergänzen.

[4] Der Unterschied in der Folgerung nach oben vs. der Folgerung nach unten ist in diesem Fall nicht die Richtigkeit, sondern genaugenommen, die Vollständigkeit. Habe ich alle Service-Gesellschaften erfasst, kann ich über eine Ableitung nach unten alle diejenigen zurückliefern, die für einen Teil von Deutschland zuständig sind.

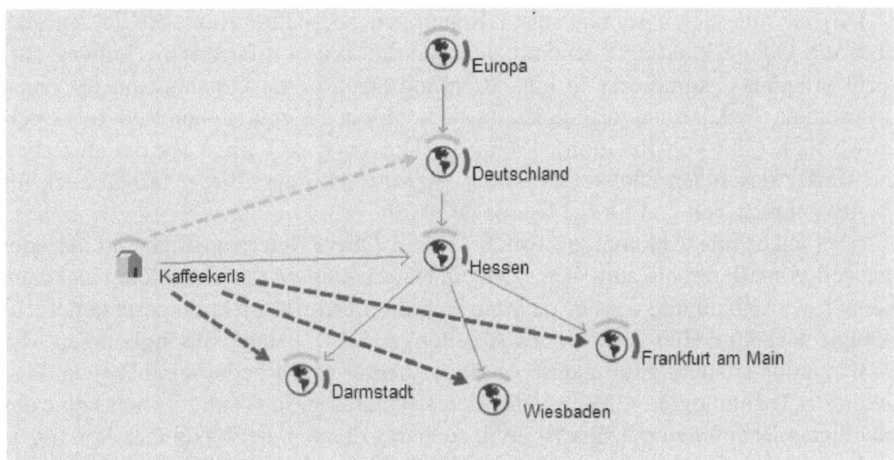

Abb. 12.8 Ableitung der Zuständigkeit über die Geo-Hierarchie

Nehmen wir nun an, Orte interessieren uns als Standorte von Firmen, nicht als Servicegebiete. Nehmen wir weiter an, die Universal AG habe ihren Sitz in Frankfurt. Hier können wir wiederum ableiten, dass die Universal AG damit in Hessen, in Deutschland, in Europa sitzt. Wenn es darum geht, wo die Firma den Sitz hat, dann können wir also nach oben ergänzen. Nach unten zu gehen, also folgern zu wollen, dass die Universal AG damit in Frankfurter Stadtteil Bockenheim oder im Westend sitzt, ist in diesem Fall nicht nur uneindeutig, sondern mit hoher Wahrscheinlichkeit falsch.

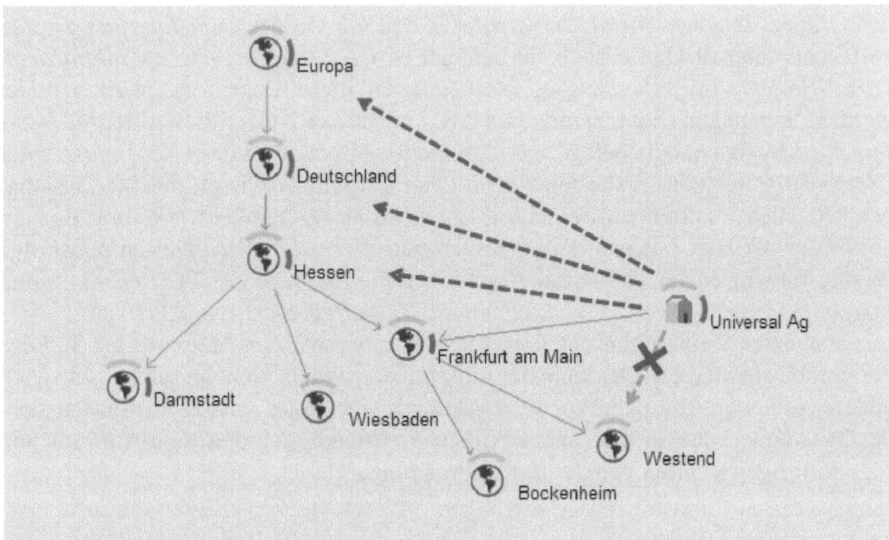

Abb. 12.9 Ableitung des Standorts über die Geo-Hierarchie

Das ist mit vielen semantischen Relationen so – ihre Aussagen lassen sich über die Ober-/Unterbegriffshierarchie oder die Teil-von-Hierarchie hinweg aufrecht erhalten – zumindest in eine Richtung. Wenn eine Organisation für einen bestimmten Task verantwortlich ist, ist sie auch für die enthaltenen Sub-Tasks verantwortlich (Teil-von-Relation). Wenn die Universal AG einen speziellen Rabatt auf Kaffeemaschinen anbietet, erwarten wir zu Recht, dass dieser Rabatt auch für Espressomaschinen und für die Crema 2010 gilt.

Aber nicht alle Ableitungen bauen auf der Ober-/Unterbegriffshierarchie oder der Teil-von-Hierarchie auf: Wenn z.B. ein Mitarbeiter ein Projekt geleitet hat, dann können wir annehmen, dass er oder sie sich mit der im Projekt eingesetzten Technologie auskennt. Hier kommen als Ableitungen i.d.R. keine „Verlängerungen" der Basisrelation sondern ganz andere Aussagen heraus (Mitarbeiter *leitet* Projekt, Projekt *nutzt* Technologie → Mitarbeiter *kennt* Technologie). Wenn wie hier keine der beteiligten Relationen transitiv ist, fehlt auch das Element der beliebigen Verlängerbarkeit der Kette, das wir im obigen Beispiel finden. Diese Ableitungen mit einer festen Anzahl von Stufen, die nicht über Hierarchien oder über andere transitive Relationen laufen, sind die einfachsten Ableitungen. Mit den schwierigen Fällen befassen wir uns im Folgenden.

12.8.1 Kontextfreiheit und Ableitungen

Eines der ganz wesentlichen Merkmale von semantischen Netzen ist, dass sie Fakten und thematische Zusammenhänge bis zu einem gewissen Grad kontextfrei modellieren können, so dass sie in den verschiedenen Nutzungssituationen funktionieren. Wenn auf den Fileshares der Universal AG im Verzeichnis unterhalb des Ordners *Intranet-Portal Universal AG* z.B. ein Ordner *User-Interface-Design* auftaucht, dann ist klar, dass damit gemeint ist *User-Interface-Design im Intranet-Portal-Projekt*. Im semantischen Netz müssen diese Begriffe explizit gebildet werden. Sonst kann es passieren, dass z.B. ein anderer Nutzer diesen Begriff *User-Interface-Design* anders belegt, z.B. darunter das Design für das User-Interface der Crema 2010 versteht. Spätestens wenn dann ein Nutzer wissen möchte „was haben wir alles im Rahmen der Portal-Entwicklung so gemacht?" kommt es zum „Showdown". Hier tauchen dann nämlich unter *User-Interface-Design* neben den Layout-Entwürfen für das Portal Aktivitäten wie *Auswahl des LCD-Displays* und *Stereolithographie für das Gehäuse und das Tastenfeld der Crema 2010* auf.

An anderer Stelle in diesem Kompendium haben wir den Motor als ein Teil des Automobils modelliert. Das kann nur funktionieren, wenn nicht im selben Netz noch andere Anwendungen und Typen von Motoren eine Rolle spielen. Ansonsten sieht der Mitarbeiter, der für eine andere Branche zuständig ist, den Begriff *Motor* und fügt dort Eigenschaften von Schiffsmotoren hinzu.[5]

[5]Den Effekt können Sie z.B. auch in der Wikipedia beobachten. Im Artikel Motorschiff z.B. findet sich ein Verweis auf den Artikel Viertaktmotor, dort werden aber Viertaktmotoren beschrieben,

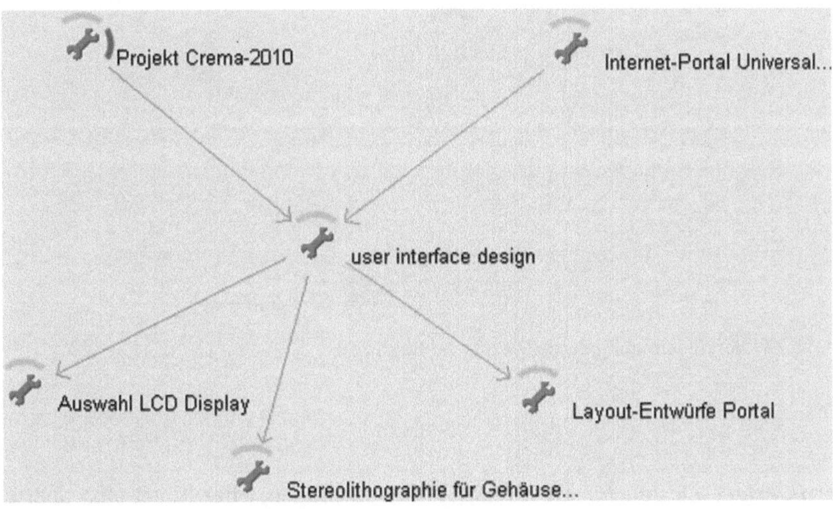

Abb. 12.10 Unerwünschte Doppelrolle eines Projektthemas

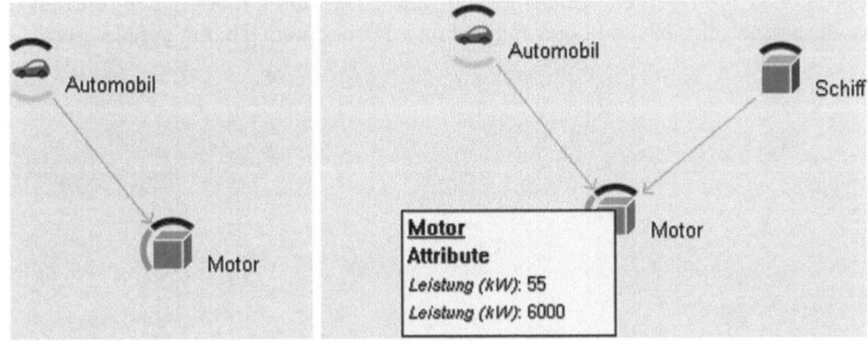

Abb. 12.11 Begriff in unerwünschter „Doppelrolle“

Vermeiden lässt sich das nur, indem wir berücksichtigen, dass der Motor im Kontext *Schiff* ein anderer ist als der im Kontext *Auto*. Mit der Konsequenz, dass wir im Zweifelsfall in der Hierarchie der Komponenten so tief herunter steigen müssen, wie in der Hierarchie der Produkte.

Auch im User-Interface-Design-Beispiel können wir *User-Interface-Design* in kontextspezifische Unterbegriffe (*User-Interface-Design im Portal-Projekt* und

---

wie sie in Autos oder Motorrädern zum Einsatz kommen. Oder schauen Sie sich die Verwendung des Begriffs Syntax in Programmiersprachen-Artikeln an. Wenn im Artikel über die Sprache *Blitz Basic* von ihrer Syntax die Rede ist, bin ich überrascht, wenn der Link hinter dem Wort Syntax mich zu Sprachphilosophie und Charles William Morris führt (Zugriffe 10.10.2009).

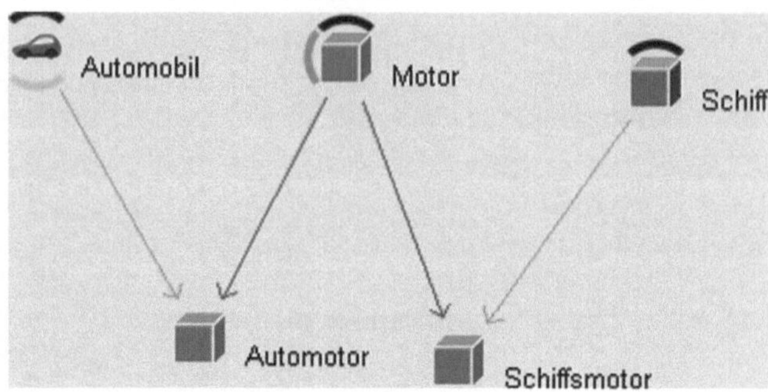

Abb. 12.12 Vereindeutigung durch spezifische Begriffe

User-Interface-Design für die Crema 2010) ausprägen. Hier bietet sich aber eine andere Lösung an, nämlich User-Interface-Design nicht als Teil des Projekts zu verstehen, sondern als Thema. Das klingt zunächst nach einem recht feinsinnigen Unterschied. Dieser Unterschied wird relevant, wenn wir zu den Ableitungen kommen: Ist *user interface* ein Teilprojekt, ist alles, was daran hängt, auch relevant für das Gesamtprojekt. Diese Folgerung treffen wir bei einem Thema gerade nicht.

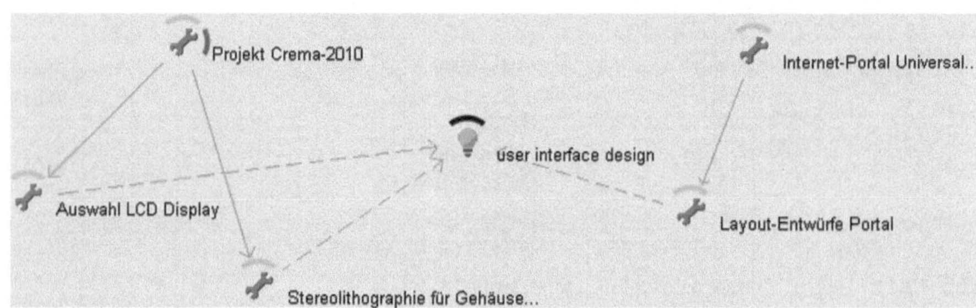

Abb. 12.13 User-Interface-Design als neutrales Thema

Die User-Interface-Aktivitäten der einzelnen Projekte sind in dieser Variante nicht mehr nur über User-Interface-Design mit ihrem Projekt verbunden, sondern direkt. Auch die Relation der Aktivitäten zu *User-Interface-Design* ist eine andere (z.B. *Projekt hat Thema*). Über diese Relation werden wir nichts ableiten, also auch keine Verbindung zwischen den Projekten und eventuellen Unterbegriffen von User-Interface-Design herstellen. Erfolgskritisch für diese Herangehensweise ist, dass wir weder vom Portal-Projekt noch von der Crema 2010 aus den Begriff *User-Interface-Design* projektspezifisch „verbiegen" und dem Endnutzer auch klarmachen können, dass dort keine projektspezifischen Informationen zu erwarten sind.

12.8.2 Ableitungen auf Begriffshierarchien

Bisher haben wir in unseren Beispielen immer aus konkreten Verknüpfungen zwischen Individuen Schlüsse gezogen. Das ist kein Zufall – in dem Moment, in dem Begriffe ins Spiel kommen, werden die Ableitungen etwas schwieriger. Sobald wir nämlich semantische Relationen zwischen Begriffen ziehen, müssen wir uns darauf festlegen, was wir eigentlich für die Unter- und Oberbegriffe der beteiligten Begriffe damit genau meinen. Wir merken das allerdings erst in dem Moment, in dem wir versuchen aus der Kombination unserer Relation mit der Ober-/Unterbegriffshierarchie etwas abzuleiten. Betrachten wir auch hierfür ein Beispiel, die Relation *stellt her* zwischen Kaffeemaschinen und Kaffee.

Diese Aussage sieht zunächst denkbar selbstverständlich aus – Kaffeemaschinen stellen Kaffee her.

Aber was wollen wir genau übertragen auf die Unterbegriffe von *Kaffeemaschine* und *Kaffee*? Wollen wir sagen, dass jede Kaffeemaschine jede Art Kaffee herstellt? Das ist offensichtlich falsch, keiner der drei Maschinentypen stellt Mokka her, die Espressomaschine macht keinen Filterkaffee und umgekehrt. Die weitgehendste Aussage „alle Arten von Kaffeemaschine stellen alle Arten von Kaffee her" wollen wir also nicht treffen. Genauso wenig aber die unverbindlichste. Die wäre: Es gibt unter allen Arten Kaffeemaschinen mindestens eine Art, die mindestens eine Art Kaffee (von allen möglichen Arten) herstellt. Damit wäre sehr wenig gesagt.

Damit ist die allgemeine Situation beschrieben – wir können die Relation *stellt her* auf beiden Seiten als *es gilt für alle* oder als *es gilt für einige* interpretieren. I.d.R. sind All-Aussagen auf beiden Seiten nicht möglich und Einige-Aussagen

Abb. 12.14 Semantische Verknüpfung von zwei Begriffen

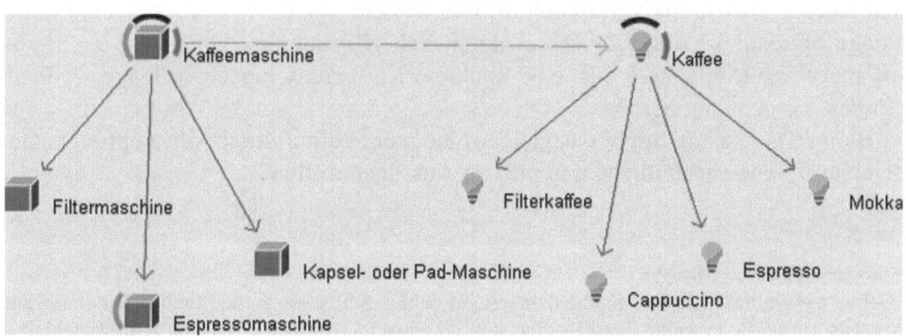

Abb. 12.15 Übertragung der semantischen Verknüpfung auf die Unterbegriffe?

auf beiden Seiten unbefriedigend.[6] Brauchbare Interpretationen kombinieren All-Aussagen auf der einen und Einige-Aussagen auf der anderen Seite – Für jede Art Kaffee findet sich eine Kaffeemaschine, die ihn herstellt – jede Kaffeemaschine stellt irgendeine Art Kaffee her. Können wir diese beiden Aussagen unterschreiben? Wenn wir mit *finde* sagen möchten *für jede Art Kaffee findet sich in diesem Netz eine Kaffeemaschine, die ihn herstellt*, dann dürfen wir diese Aussage erst machen, wenn wir auch den Mokka mit einer Maschine berücksichtigt haben.

Wahrscheinlich wollen wir aber eher die Aussage abschwächen „Für alles, was wir unter Kaffee modelliert haben und später modellieren werden, gilt: Die Maschine, die das Getränk herstellt, wird – falls wir sie ins Netz aufnehmen – unter dem Begriff *Kaffeemaschine* landen".

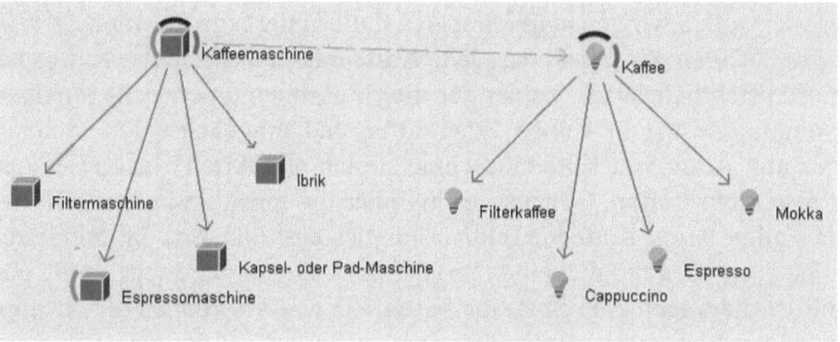

Abb. 12.16 Vervollständigung der Geräteseite

Was können wir mit diesen Ableitungen praktisch anfangen? Nehmen wir an die Universal AG bietet auf ihren Webseiten einen Konfigurator an, der Gaststättenbetreibern Auskunft darüber gibt, welche Ausstattung sie brauchen, um ein bestimmtes Getränk anbieten zu können. Hier können wir bereits auf Basis sehr allgemeiner Verknüpfungen wie der obigen, bei einer Getränkekarte, die unter anderem Espresso, Cappuccino, Bier und Sekt enthält, als Minimalausstattung eine Kaffeemaschine, und einen Kühlschrank zurückliefern. Das System könnte wissen, dass eine Zapfanlage optional ist, da Bier schon durch den Kühlschrank abgedeckt ist. Wenn wir mehr sagen möchten, z.B. eine konkrete Kaffeemaschine vorschlagen wollen, müssen wir genauer werden:

Bleibt das Prinzip immer das gleiche? Können wir nur durch Verknüpfungen auf unterster Ebene verbindliche und präzise Aussagen treffen?

[6]Gehen wir einmal nicht davon aus, dass ich auf beiden Seiten bis zu den Individuen gehen und Aussagen über die einzelne Tasse Kaffee und die einzelne Maschine machen will, die in einer bestimmten Cafeteria oder Bar steht. Hier sind in einer Richtung ohnehin keine All-Aussagen gefragt, da eine bestimmte Tasse Kaffee meist nur von einer einzelnen Maschine hergestellt wird.

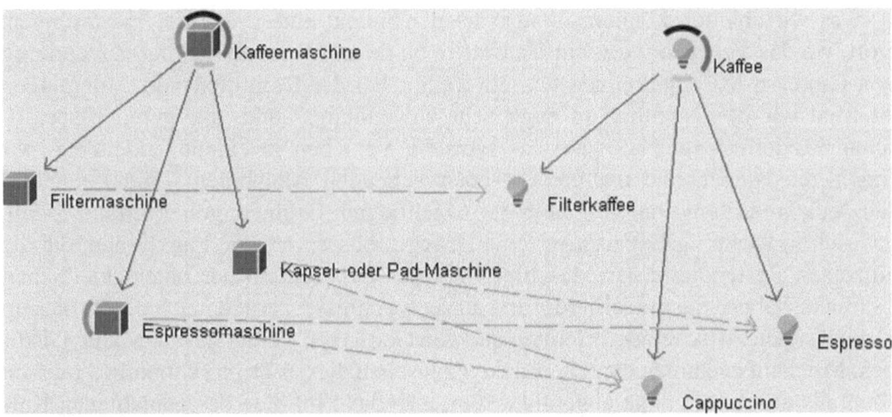

Abb. 12.17 Verknüpfungen auf unterster Ebene

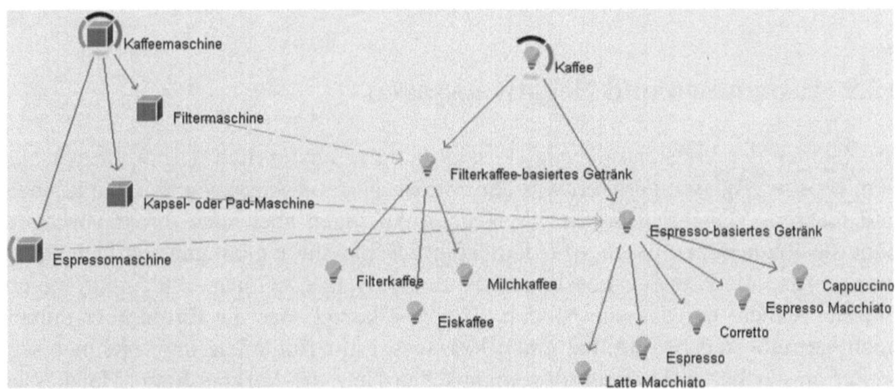

Abb. 12.18 Übertragung der semantischen Verknüpfung auf die Unterbegriffe

Das kommt darauf an, was wir in der Anwendung erreichen möchten: Bei der Gaststätten-Ausstattung möchten wir für jede Art Getränk eine möglichst genaue Angabe ableiten, welcher Typ Maschine dafür benötigt wird. Nehmen wir als Beispiel den Corretto (Espresso mit Weinbrand). Wie alle Getränke, bei denen zu einem Espresso weitere Zutaten hinzu gegeben werden, kann man beim Corretto sagen „zu seiner Herstellung wird eine der Espresso-Maschinen benötigt und zwar eine beliebige“ anders formuliert „jede Maschine, die Espresso herstellen kann, kann auch Corretto herstellen“. Das wäre in dieser Anwendung eine ausgesprochen relevante Aussage und diese Aussage können wir ableiten. Wie brauchbar sie ist, hängt aber davon ab, dass der Betreiber der Gaststätte ein gewisses Zutrauen in die Fähigkeit seines Personals hat, den Espresso manuell zu einem Corretto zu veredeln. Ist das nicht der Fall, dann wird seine Frage vielleicht eher sein „hat die Maschine einen Extra-Knopf auf dem Corretto steht?“. Dies wiederum können wir aus dem Netz, das wir oben sehen, auf keinen Fall ableiten.

Was wir ableiten können, ist also wieder einmal eine Frage der Erwartungen. Dort, wo das Vertrauen, das ein Unternehmen in sein Personal bei der Zubereitung von Espresso-Mischgetränken hat, ein Faktor bei der Definition von Ableitungen ist, sind wir offensichtlich in einer sehr anwendungs- und unternehmensspezifischen Modellierung. Das wäre das typische Vorgehen in einem Faktennetz: wir fragen die Nutzer, und machen die entsprechenden Annahmen – nur unter diesen Annahmen funktionieren dann die Ableitungen. In einem generischen Modell, das sich in Richtung Expertensysteme bewegt, müssen wir die Funktionen, die die einzelnen Bestandteile der Maschinen bei der Zubereitung der unterschiedlichen Getränke haben, ausmodellieren und unsere Schlüsse darüber ziehen. In diesem Modell sitzen zwischen den Geräten und den Getränken Vorgänge wie Mahlen, Brühen, Milchaufschäumen etc. Die Lücken zwischen diesen Primärvorgängen müssen ebenfalls durch Vorgänge abgebildet sein, z.B. das Einfüllen des gemahlenen Kaffees in den Filter oder das Hinzugeben der aufgeschäumten Milch zum Espresso. Auf dieser Basis können wir dann für jedes Getränk zusätzlich zur Kombination von Maschinen auch noch die notwendigen manuellen Schritte ausweisen.

12.9 Ausnahmen und Negativaussagen

Im Rahmen der Vollständigkeitsdiskussion ging es ausführlich darum, ob wir aus dem (Positiv-)Wissen darüber, was der Fall ist, Negativ-Aussagen ableiten können und müssen. Manchmal haben wir Negativ-Aussagen aber auch direkt vorliegen ohne sie ableiten zu müssen, trotzdem ist ihre Behandlung nicht ganz einfach. Nehmen wir an, alle Espressomaschinen, die die Universal AG herstellt, funktionieren mit Heizstäben, nur das alte Modell „Coffee-Classic", das die Firma aber immer noch vertreibt und betreut, hat einen Heizkessel mit Kohlefeuerung. Nehmen wir weiter an wir hätten in unserem semantischen Netz die Verknüpfung „Heizkessel enthält Heizstab“, gezogen und interpretieren sie wie im letzten Abschnitt kennen gelernt als „alle Heizkessel enthalten mindestens einen Heizstab“. Für den Heizkessel „Coffee-Classic“ gilt das nun aber nicht. In dieser Situation haben wir mehrere Optionen:

- Wir können uns entscheiden, darüber hinwegzusehen und z.B. die Mitarbeiter in der Qualitätssicherung mit einen unnötigen Checklistenpunkt nerven; „Habt Ihr auch an den Heizstab gedacht?“, auch wenn die Maschine gar keinen hat.
- Wir können den Sachverhalt durch eine „Negativ-Relation“ abbilden „Heizkessel Coffee-Classic enthält Heizstab nicht“. Das Problem hier: Semantische Anwendungen können ein gewisses Grundverhalten mitbringen, weil sie sich auf bestimmte Annahmen verlassen. So z.B. die Annahme, dass die unmittelbare Nachbarschaft eines Objekts relevante Information ist, die dem Nutzer unmittelbar gezeigt werden sollte, dass sich über die Vernetzung automatisch so etwas wie eine thematische Ähnlichkeit zwischen Objekten ergibt etc. Negativ-Relationen laufen einigen dieser Annahmen zuwider, wenn wir sie einsetzen, müssen wir

also Aufwand betreiben, um Darstellung, Navigation und Suchen dieser speziellen Negativ-Semantik anzupassen.[7]

- Eine klassische Möglichkeit besteht darin, die Menge der Heizkessel noch einmal begrifflich zu unterteilen in „Heizstab-betriebene Heizkessel“ und andere. Dann kann die Relation zur Hauptgruppe gezogen werden.
- Schließlich können wir die Verknüpfung auf der untersten Ebene herstellen, mit dem Nachteil, vielleicht zu zehn verschiedenen Modellen die Relation ziehen zu müssen, nur um eine aussparen zu können.

Keine dieser Lösungen stellt uns hundertprozentig zufrieden.[8] Die einfachste Variante ist ungenau, die einzige, die keine „Folgekosten“ mitbringt, nämlich das Ausmodellieren der unteren Ebene, ist in der Modellierung aufwändig.

Hier ist die Kunst des Kompromisses gefragt, das Abwägen zwischen einer möglichst einfachen und einer möglichst genauen Modellierung, immer das Verhältnis von Aufwand und Nutzen im Hinterkopf. All das ist charakteristisch für den Umgang mit Unsicherheit und damit für die gesamte pragmatische Nutzung semantischer Technologie, wie Sie sie in diesem Kompendium kennengelernt haben.

12.10 Zusammenfassung – unsicheres Wissen

- Wenn wir pragmatisch mit semantischen Netzen arbeiten und den Modellierungsaufwand niedrig halten wollen, müssen wir mit Unsicherheit, Ungenauigkeit und Unvollständigkeit umgehen.

---

[7] Den logisch-mathematischen Problemen von Negativ-Aussagen in Konzeptgraphen, einer den semantischen Netzen eng verwandten Wissensrepräsentation, hat Frithjof Dau ein ganzes Buch gewidmet (Dau 2003).

[8] Wenn es um die kognitiv adäquate, d.h. der menschlichen Informationsverarbeitung möglichst ähnlich Wissensrepräsentation geht, dann rückt das Problem der Ausnahmen stärker in den Mittelpunkt. In der kognitiven Psychologie werden seit längerem Theorien diskutiert, die Prototypen und Metaphern statt Klassen in den Mittelpunkt der Wissensrepräsentation stellt (Rosch 1975; Lakoff 1987). Die Prototypentheorie gründet auf der Beobachtung, dass es mehr oder weniger typische Vertreter einer Klasse gibt – das Standardbeispiel stammt aus der Biologie: ein Rotkehlchen ist für die Meisten ein typischerer Vogel als z.B. ein Pinguin. Dies könnte ein Ansatz sein, um besser an die Vorstellung, die Nutzer mit Begriffen verbinden, heranzukommen. Bisher steht aber hinter der Prototypentheorie noch kein praktisch nutzbares System. Die bisherigen Repräsentationsformalismen tun sich mit Prototypen schwer, da machen semantische Netze keine Ausnahme.

- Ganz am Anfang sollte immer die Frage stehen: welchen Anspruch haben wir an Korrektheit, Genauigkeit und Vollständigkeit? Hier sehen wir oft, dass weitgehende Ansprüche, gerade bei Vollständigkeit und Genauigkeit, nur in sehr speziellen Anwendungen bestehen.
- Eine genaue Prüfung ist vor allem bei Ableitungen nötig, die Begriffshierarchien einbeziehen.
- Semantische Netze bieten uns die Möglichkeit mit dem Nutzer einen bestimmten Grad an Genauigkeit zu vereinbaren, ohne sklavisch daran gebunden zu sein. Wenn die Datenlage diesen Genauigkeitsgrad überschreitet, können wir durch Ableitungen vereinfachen. Wenn die Daten umgekehrt die gewünschte Genauigkeit nicht hergeben, sind wir oft in der Lage, zumindest einen „best guess“ abzugeben.
- Unser wichtigster Verbündeter im Umgang mit Unsicherheit ist der Nutzer. Wenn er die angebotene Information jederzeit überprüfen kann, ist er in den meisten Fällen bereit, ein gewisses Maß an Unsicherheit zu akzeptieren.

Literatur

Bateman J (2007) Linguistic Interaction and Ontological Mediation. In: Schalley AC, Zäfferer D (Hrsg) Ontolinguistics. How Ontological Status Shapes the Linguistic Coding of Concepts, de Gruyter, Berlin

Doumas LAA, Hummel JE (2005) Approaches to Modeling Human Mental Representations: What Works, What Doesn’t, and Why. In: Holyoak KJ, Morrison G (Hrsg) The Cambridge Handbook of Thinking and Reasoning. Cambridge University Press, Cambridge

Dau F (2003) The Logic System of Concept Graphs with Negations (And its Relationship to Predicate Logic). Springer, Heidelberg

Lakoff G (1987) Women, Fire, and Dangerous Things. The University of Chicago Press, Chicago

Reiter R (1980) A Logic for Default Reasoning. Artificial Intelligence, 13:81–132

Rosch E (1975) Cognitive Representation of Semantic Categories. Journal of Experimental Psychology 104:192–233

Kapitel 13
Übungen

Unser Überblick über semantische Netze, ihre Anwendungen, ihren Nutzen, ihre Herausforderungen und Grenzen ist an seinem Ende angelangt. Nun sind Sie gefragt: In diesem Kapitel finden Sie eine Handvoll Übungen, bei denen Sie selbst aktiv werden können. Die ersten Übungen erinnern noch einmal an die Modellierungsgrundlagen, die Übungen vier, fünf und sechs geben Ihnen Gelegenheit, komplexe Modellierungskonstrukte auszuprobieren. Wie auch bei den Modellierungsdetails konzentrieren wir uns mit unseren Übungen auf Themennetze und Faktennetze.

Skizzieren Sie Ihre Lösung auf einem Blatt Papier, einer Tafel oder in einem Ontologie-Editor. Und machen Sie sich keine Sorgen, wenn sie von denen im Anschluss aufgeführten Lösungen abweichen. Die Gestaltung semantischer Netze ist keine exakte Wissenschaft, das haben wir bereits gesehen. Dementsprechend wird es auch bei den folgenden Übungen meistens mehr als eine Lösungsmöglichkeit geben.

13.1 Übung 1: ein einfaches Automobilnetz

→ Modellieren Sie die folgenden Schlagworte als Themen und vernetzen Sie sie mit der Ober-/Unterbegriffsrelation und der Teil-von-Relation.

- Auto
- Cayenne
- Frontschutzbügel
- Geländewagen
- Kombi
- Komponente
- Motor
- Nockenwelle
- Porsche
- Variant
- VW
- Zylinderkopf

K. Reichenberger, *Kompendium semantische Netze*, X.media.press,
DOI 10.1007/978-3-642-04315-4_13, © Springer-Verlag Berlin Heidelberg 2010

13.2 Übung 2: ein kleines Geo-Modell

→ Bringen Sie die folgenden Objekte in Zusammenhang:

- Hessen
- Frankfurt am Main
- Darmstadt
- Stadt
- Mainz
- Bundesland
- Deutschland
- Staat

→ Fügen Sie folgende Objekte hinzu

- Region
- Rhein-Main-Gebiet

→ Definieren Sie die folgenden Attribute:

- Einwohnerzahl
- Ausdehnung in qkm
- Amtssprache

An welcher Stelle in der Ober-/Unterbegriffshierarchie sind die Attribute am sinnvollsten untergebracht?

13.3 Übung 3: Ableitungen

Ausgangspunkt dieser Aufgabe ist das semantische Netz eines größeren Ingenieurbüros mit der in der folgenden Abbildung dargestellten Organisationsstruktur. Das Unternehmen führt als Generalunternehmer große Projekte durch. In der Abbildung finden wir weiterhin eine typische Projektstruktur. Im semantischen Netz eingetragen ist nun die Tatsache, dass die Abteilung Chemie-Anlagen verantwortlich ist für das Teilprojekt Schmelzekreislauf eines Polymeranlagenprojektes.

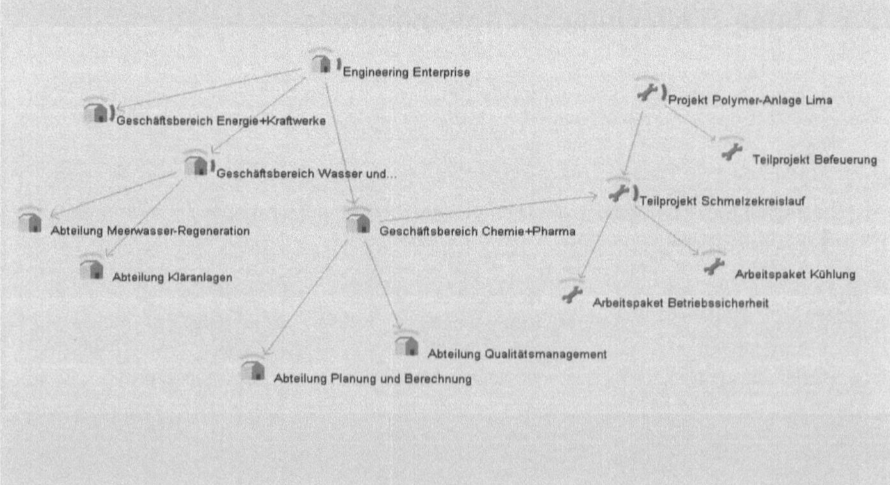

→ Tragen Sie in dieses Netz ein, welche Verantwortlichkeiten wir für die Arbeitspakete schließen können, und welche für das Gesamtprojekt. Was gilt für die einzelnen Abteilungen, welche Beziehung hat die gesamte Firma zu dem Projekt und seinen Teilen? Welche dieser Schlüsse können wir als allgemeingültig betrachten, welche gelten nur unter bestimmten, unternehmensspezifischen Voraussetzungen?

13.4 Übung 4: Kombinationen

In dieser Übung geht es um die Kombination von Materialien und Fertigungsverfahren. Ich gehe nicht davon aus, dass Sie Experte in Produktionstechniken sind, daher finden Sie eine Reihe von Verfahren bereits in strukturierter Form vor.
→ Fügen Sie die Materialien Metall, Metallblech Holz und Kunststoff hinzu und verbinden Sie sie beispielhaft mit den Fertigungstechniken. Wie müssen Verknüpfungen aussehen, wenn uns nur die Frage interessiert, mit welchem Verfahren wir welches Material bearbeiten können? Wie müssen wir modellieren, wenn wir z.B. für das Stanzen von Metallblechen einen Experten im semantischen Netz vermerken möchten?

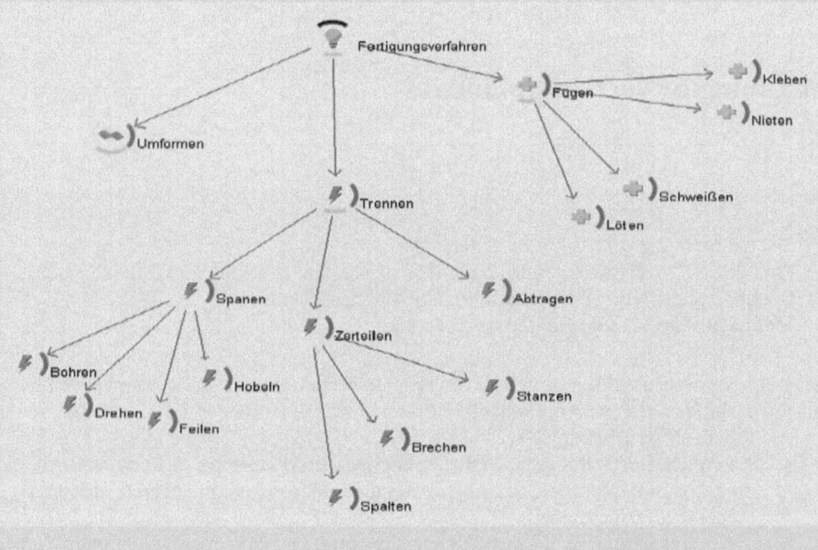

13.5 Übung 5: Übersetzung einer MindMap

Die Universal AG hat festgestellt, dass ihr eine nachhaltige Markt- und Wettbewerbsbeobachtung fehlt. Folgende MindMap hat das Team aus Marketing-Leuten und Marktforschern in einem ersten Brainstorming aufgebaut.
→ Übersetzen Sie diese MindMap in ein semantisches Netz. Strukturell gesehen ist die MindMap nichts anderes als ein Baum. Entfernung und Nachbarschaft zwischen den Ästen haben also keine spezifische Bedeutung

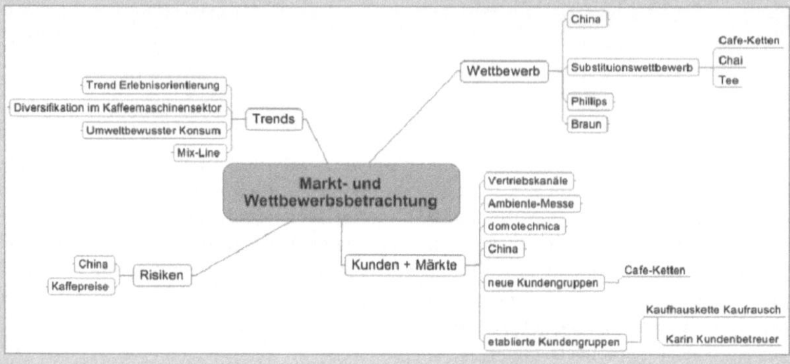

13.6 Übung 6: Vertriebsmandate

Sie erinnern sich an die mehrstelligen Relation und den Vertrieb der Universal-Produkte durch Vertriebsgesellschaften? In dieser Übung wechseln wir die Perspektive und nehmen die Vertriebsgesellschaft A in den Fokus.
→ Modellieren sie folgende Zusammenhänge:

- Vertriebsgesellschaft A hat von der Universal AG das Vertriebsmandat für Kaffeemaschinen in Westeuropa sowie für Staubsauger in West- und in Südeuropa erhalten
- Von der HappyHaushalt GmbH haben sie das Mandat für das gesamte Programm in Westeuropa, das umfasst Staubsauger sowie Küchengeräte, darunter auch Kaffeemaschinen.
- Für Westeuropa ist Viktor Vertreter zuständig, für Südeuropa Sonja Sales.

→ Modellieren Sie folgende Variante: Die Universal AG und die HappyHaushalt GmbH haben unterschiedliche Vorstellungen davon, was zu Westeuropa gehört (bei der Universal gehört Großbritannien dazu, bei Happy Haushalt nicht). Wie muss das Modell aussehen, damit das semantisches Netz dem Vertriebsbeauftragten bei einer Reise nach Brüssel oder London sagen kann, welche Prospekte er mitnehmen muss?

13.7 Auflösung Übung 1

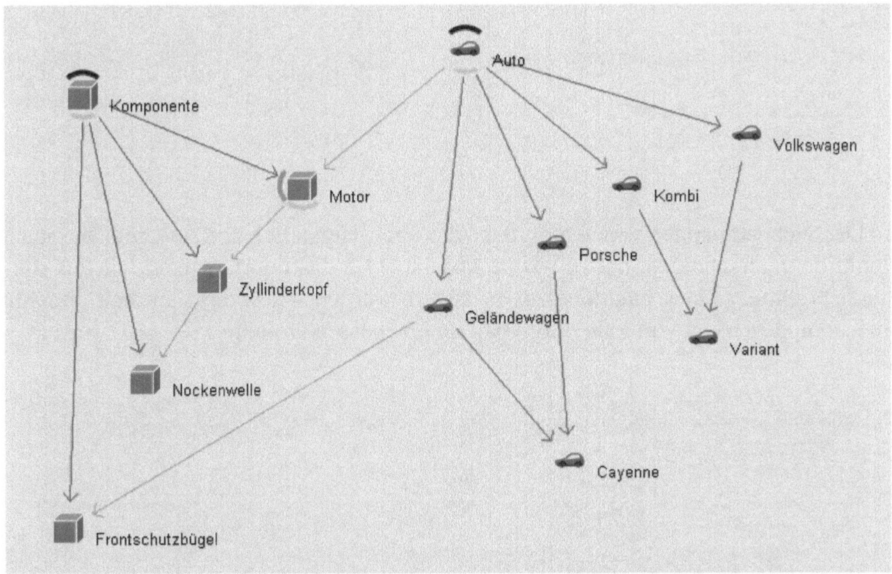

Die größte Herausforderung an diesem Beispiel ist die Trennung zwischen Ober-/Unterbegriffsrelation und Teil-von-Relation (hellere Linien) bei den Komponenten. Dazu siehe auch Abschn. 5.1 und 11.2. Einige Fragen wirft die Verbindung zwischen den Begriffen *Auto* und *Motor* auf, auch wenn sie zunächst selbstverständlich anmutet. Wann wir eine Aussage wie *Autos haben Motoren* machen und was wir aus ihr ableiten können, ist im Abschn. 12.8 ausführlich dargelegt.

Möglicherweise möchten wir so etwas Komplexes wie einen Motor nicht in eine begriffliche Schublade mit einer Nockenwelle stecken, dann sind wir bei einer Unterteilung des Komponenten-Begriffs:

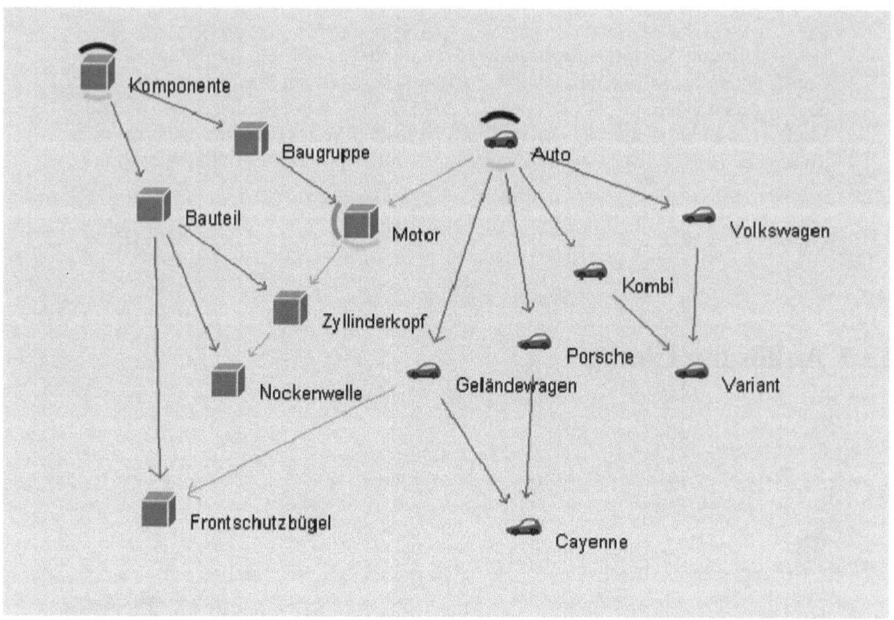

Das Nebeneinander von Autotypen, die nach Hersteller und solchen, die nach Funktion unterscheiden, haben wir in Abschn. 11.5 diskutiert. Sobald wir uns stärker in Richtung eines Faktennetzes bewegen, werden wir wahrscheinlich ohnehin Firmen und Marken von Fahrzeugtypen unterscheiden wollen:

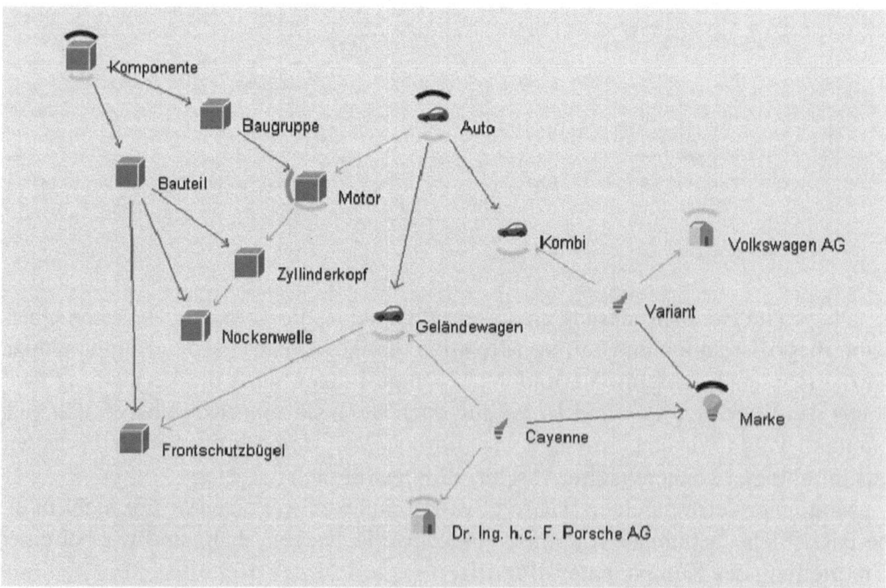

13.8 Auflösung Übung 2

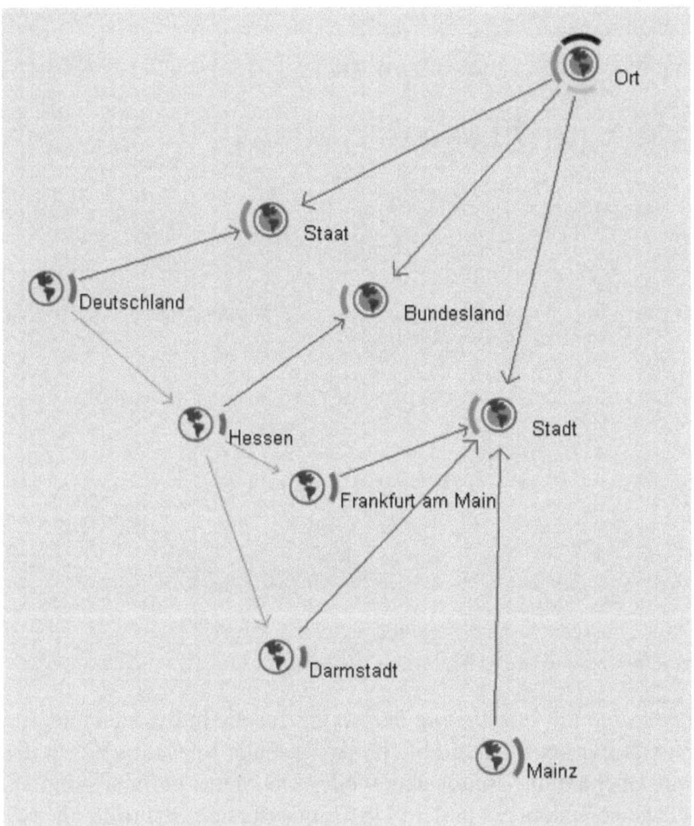

Auch hier stellt uns die saubere Trennung von Ober-/Unterbegriffshierarchie und geografische Teil-von-Relation vor ein Hindernis, zumindest ein psychologisches: die Geo-Begriffe (Staat, Bundesland, Stadt) stehen hier unverbunden nebeneinander und die geografische Teil-von-Relation wird nur auf den Individuen eingetragen. Das sieht auf den ersten Blick seltsam aus, ist aber richtig. Natürlich können wir – analog zu den Teil-von-Relationen, die wir im Abschn. 12.8 zwischen Begriffen ziehen, auch hier Relationen ziehen und damit Pauschal-Aussagen machen wie z.B. „Jede Stadt liegt in einem Bundesland, jedes Bundesland liegt in einem Staat etc." Es ist allerdings fraglich ob diese Information hilfreich sein wird. Um einen anderen Fall handelt es sich, wenn wir auf der Ebene der Begriffe keine Teil-von-Aussagen treffen, sondern unterschiedliche, in Quell- und Zielbereich eingeschränkte Teil-von-Relationen **definieren** wollen. Z.B. eine Relation, die wir zwischen Staaten und Bundesländern definieren und die dafür sorgt, dass Bundesländer ausschließlich unter Staaten eingeordnet werden können (siehe auch Abschn. 12.7).

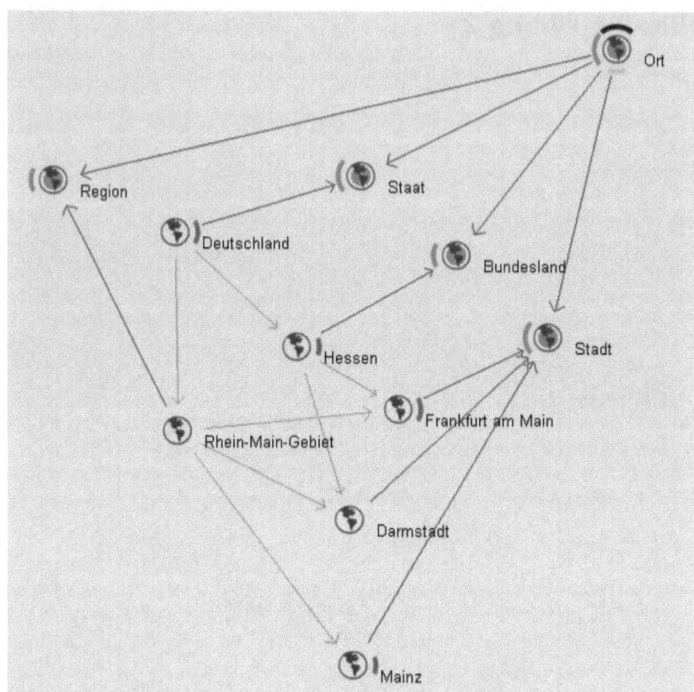

Einwohnerzahl und *Ausdehnung in qkm* gilt für die Individuen aller Ortsbegriffe. *Amtssprache* ist nur bei Staaten üblich – wenn Fälle relevant sind, in denen Amtssprachen auf Ebene eines Bundeslands oder US-States definiert sind (Kalifornien hat beispielsweise anders als andere US-Bundesstaaten Spanisch als zweite Amtssprache), dann müssen wir abwägen, ob wir das Attribut bei *Ort* definieren und nur dort verwenden, wo es gebraucht wird, ob wir das Attribut doppelt definieren, einmal bei Staat und einmal bei Bundesland oder ob wir einen gemeinsamen Oberbegriff für Staat und Bundesland einrichten.

Das Rhein-Main-Gebiet hat in dieser Lösung keine direkte Verbindung zu Bundesländern. Eine solche Relation, etwa *schneidet sich mit* kann, wenn benötigt, aus den gemeinsam enthaltenen Städten abgeleitet werden.

13.9 Auflösung Übung 3

Wenn eine Organisation für ein bestimmtes Gesamtprojekt verantwortlich ist, ist sie auch für die enthaltenen Arbeitspakete verantwortlich. Davon können wir zunächst einmal ausgehen, wenn im semantischen Netz – und in den Verträgen mit

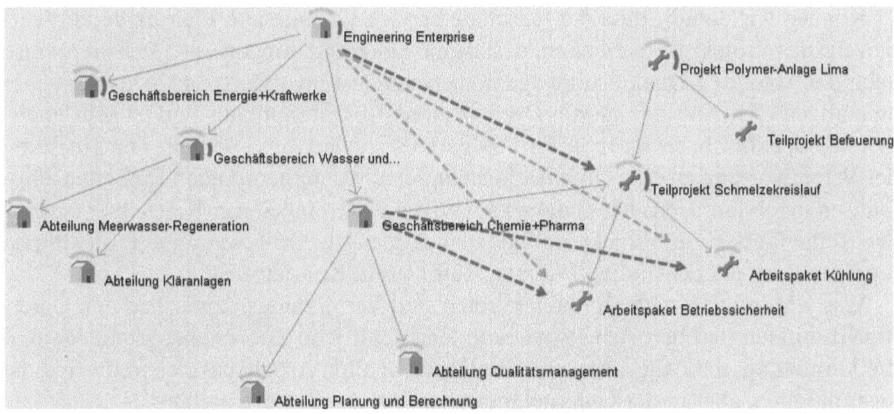

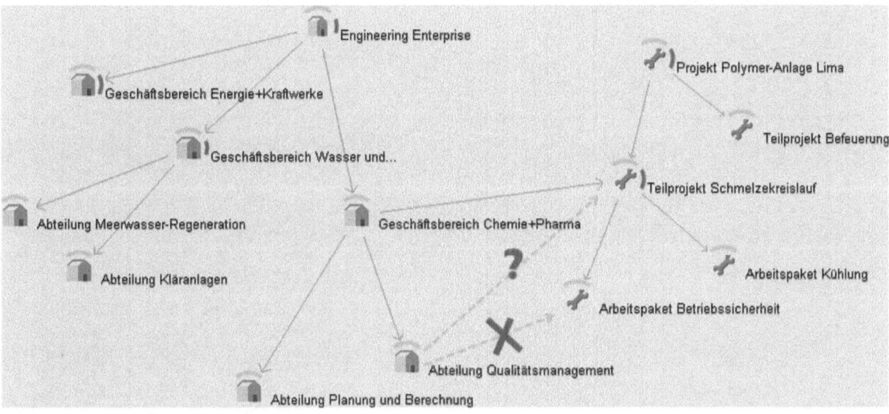

dem Kunden des Projekts – nichts anderes definiert ist. Wir können also die Relation *ist verantwortlich für* zwischen dem Geschäftsbereich *Chemie+Pharma* und den Arbeitspaketen *Kühlung* und *Betriebssicherheit* ableiten.

Ist die übergeordnete Organisation automatisch für alle Projekte ihrer Unterorganisationen verantwortlich? Auch das wäre eine typische Implikation, was sonst bedeutet die Organisationshierarchie? Damit ist die Gesamtfirma *Engineering Enterprise* verantwortlich für das Teilprojekt *Schmelzekreislauf*. Wenn wir beides kombinieren, ist die Gesamtfirma auch verantwortlich für die entsprechenden Arbeitspakete. Vielleicht möchten wir in diesen Relationen eine größere fachliche Entfernung durch einen anderen Typ oder eine andere Gewichtung zum Ausdruck bringen, vielleicht aber auch nicht.

Können wir daraus, dass der Geschäftsbereich Chemie und Pharma verantwortlich für das Projekt ist, schließen, dass seine Unterabteilungen, also beispielsweise auch die Abteilung Qualitätsmanagement zumindest involviert sind? Das geht über eine allgemeine Auffassung von Organisationsstrukturen hinaus und ist sehr unternehmensspezifisch. In machen Firmen mag es so sein, dass wir mit der Zuteilung der Verantwortung an eine Organsationseinheit alle untergeordneten Einheiten automatisch involvieren, das hängt davon ab, ob die Untereinheiten z.B. wie hier entlang der Teilaufgaben im Projekt gebildet sind oder ob sie bestimmte Projekttypen repräsentieren (Lebensmittel, Pharma, Raffinerien, Kunststoffe).

Was wir definitiv nicht ableiten können sind Verbindungen zwischen den Unterorganisationen und den Arbeitspaketen. Hier fehlt jede Zuordnungsgrundlage und die Vermutung, dass alle Unterorganisationen in allen Arbeitspaketen aktiv sind, ist zwar möglich, aber in der Unternehmenspraxis sicherlich eher selten.

13.10 Mögliche Lösungen Übung 4

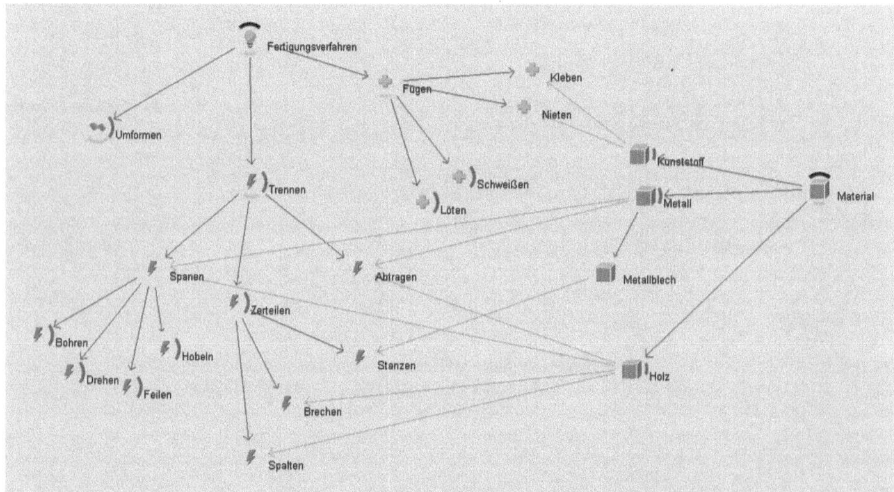

In diesem Beispiel tun wir uns möglicherweise schwer, alle Kombinationen zwischen Fertigungsverfahren und Materialien als Objekte auszuprägen. Wollen wir lediglich wissen, welches Material mit welchem Fertigungsverfahren bearbeitet werden kann, ist die obige Modellierung auch völlig ausreichend (die Verbindungen sind nur beispielhaft gezogen).

Was spricht dafür die Kombinationen doch als Objekte auszuprägen? Wenn Verfahren in Kombination mit einem bestimmten Material einen speziellen Namen haben (wie beispielsweise *Tiefziehen*), spricht das sehr dafür, dass sie auch bei den Fachanwendern als eigene Begriffe akzeptiert sind und einen Mehrwert

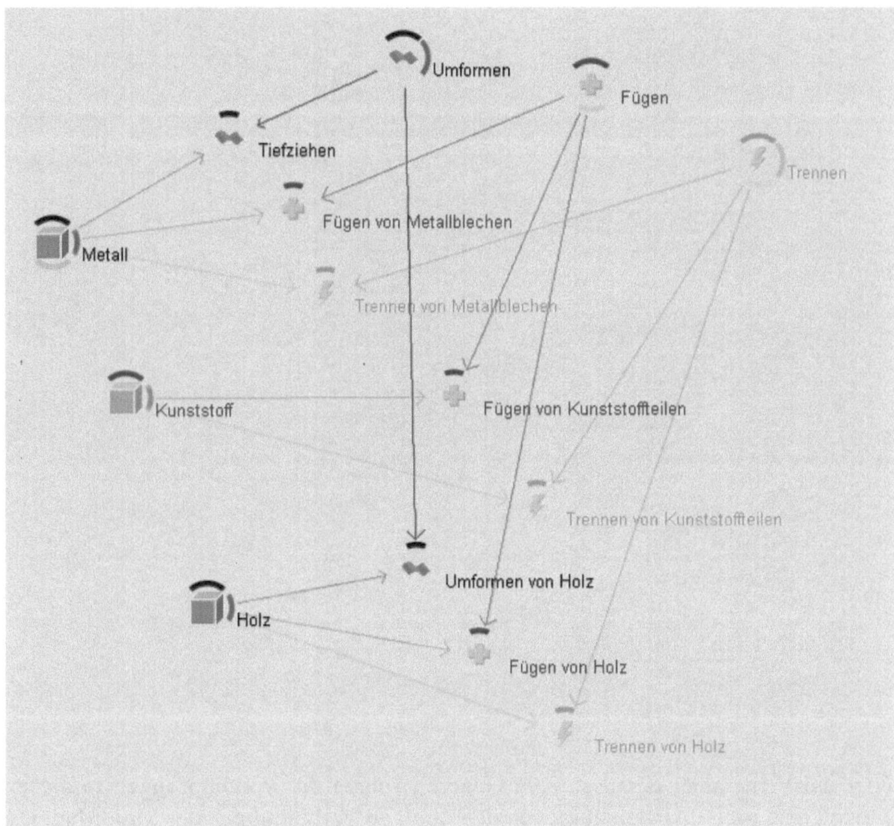

liefern können. Der andere mögliche Grund ist: wir möchten zusätzliche Information anbringen, wie z.B. Experten. Diese Experten mit dem Material und dem Verfahren zu verbinden, ist zu ungenau (siehe Abschn. 11.6), wir können sie mit der Relation verbinden, oder wir entscheiden uns für das obere Modell.

13.11 Mögliche Lösung Übung 5

Schon in unseren bisherigen Übungen gab es meist mehrere mögliche Lösungen – bei dieser Übung wäre es sogar ein großer Zufall, wenn Ihre Lösung sich mit der hier abgebildeten Variante decken würde. Trotzdem kann es interessant sein, Ihre Modellierungsentscheidungen mit denen zu vergleichen, die sie in der folgenden Abbildung finden.

Eine offensichtliche Entscheidung haben wir hier getroffen: wir bilden die Objekte, die in der MindMap mehrfach auftauchen, nicht als unterschiedliche Objekte ab, sondern geben ihnen eine Doppelrolle. Dass China gleichzeitig Chance und Risiko, Nachfragetreiber und möglicher Wettbewerb ist, muss sich in diesem Modell

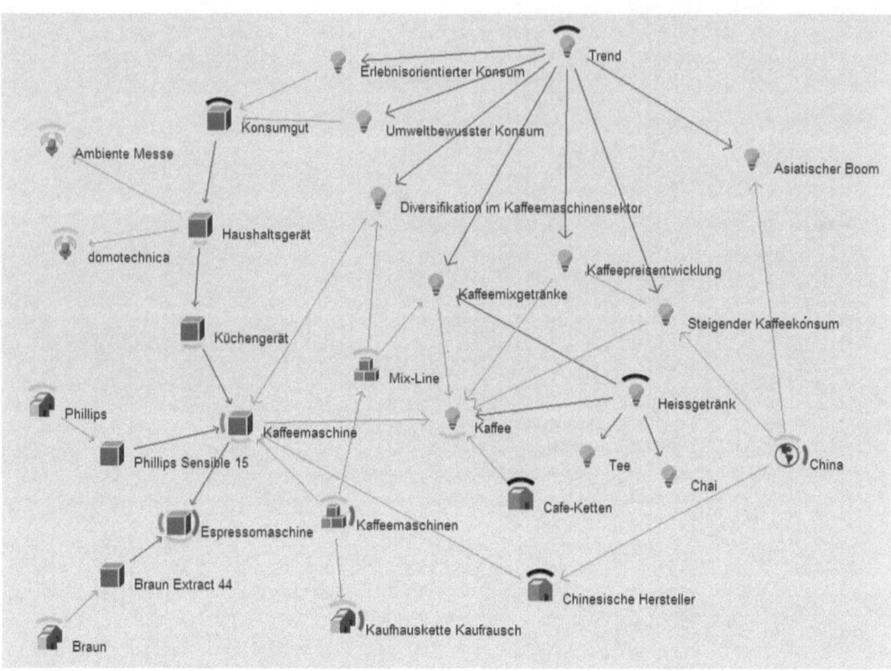

über die Vernetzung herausstellen. Generell zeigen die Verknüpfungen in diesem Modell eine große Abweichung von den direkten Verbindungen der MindMap. Das liegt daran, dass das semantische Netz verschiedene Sichten erlaubt und existierende Strukturen nutzt statt sie neu aus Sicht der Markt- und Wettbewerbsbeobachtung anzulegen. So müssen wir z.B. in der Produktklassifikation einige Ebenen nach oben steigen, um relevante Veranstaltungen zu finden. Die finden wir dann allerdings auch, wenn wir die gleiche Übung für das Produktprogramm *Toaster* machen.

Die verschiedenen Äste der MindMap könnte man mit Objekttypen verwechseln – aber gerade die erste Ebene der MindMap (Trends, Wettbewerb, Kunden und Märkte, Risiken) beschreibt eher die Beziehung der Objekte zum Produktprogramm *Kaffeemaschinen* als globale Typen zu benennen. Damit wird die erste Ebene von Knoten in der MindMap entweder als Relationen oder, wenn komplexer, als Ableitung realisiert: Lassen Sie uns das noch einmal kurz an einem Beispiel skizzieren indem wir in dem vorliegenden Netz die Wettbewerber ermitteln:

Die Ermittlung der Wettbewerber geht vom eigenen Produktprogramm aus. Da es im weitesten Sinne darum geht externe Information zu erschließen, springen wir zunächst zum allgemeinen Begriff *Kaffeemaschine* – der auch außerhalb der Universal AG mit ihrer eventuell speziellen Interpretationen Gültigkeit hat. Von da aus kommen wir zu allen Produkten, auch spezielleren Produkten wie Espressomaschinen, und ihren Herstellern. Die chinesischen Hersteller werden hier pauschal abgehandelt.

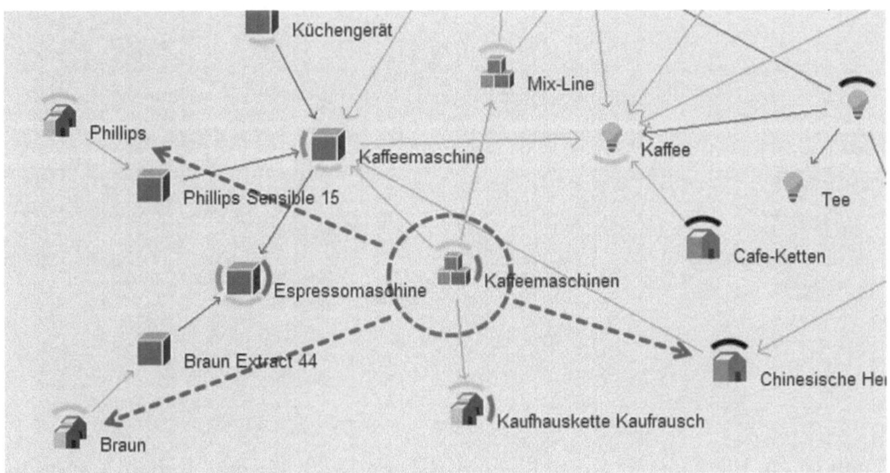

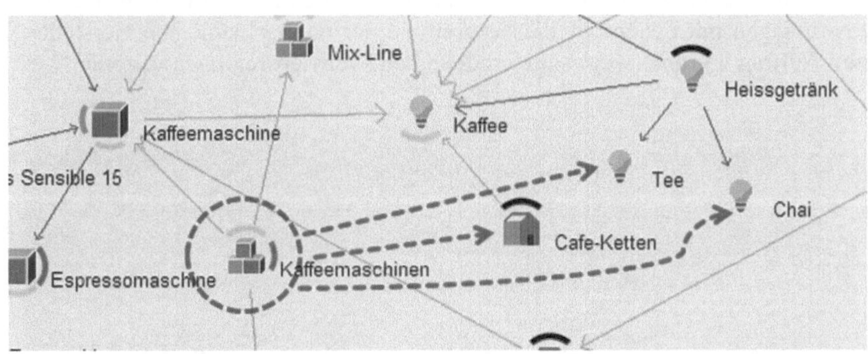

Der Substitutionswettwerb wird etwas indirekter ermittelt. Hier gehen wir vom allgemeinen Begriff *Kaffeemaschine* zu dem Produkt, um das sich letztendlich alles dreht, nämlich zum Kaffee und stellen uns die Frage, welche Möglichkeiten der Verbraucher hat, auf anderem Weg an dieses Produkt zu kommen (z.B. Cafe-Ketten) bzw. welche anderen Produkte mit dem Produkt *Kaffee* um die Gunst des Verbrauchers konkurrieren (z.B. Tee und Chai).

13.12 Mögliche Lösung Übung 6

Warum sieht das Ergebnis dieser Übung so viel einfacher aus als die Modellierung der Vertriebsregionen in Abschn. 11.6? Warum müssen wir uns nicht mit mehrstelligen Relationen herumplagen? Hier haben wir ein weiteres Beispiel dafür, dass Netze mit geringerem Anspruch an Allgemeingültigkeit viel einfacher gestaltet werden können: Wir bilden den Sachverhalt aus Sicht der Vertriebsgesellschaft A ab.

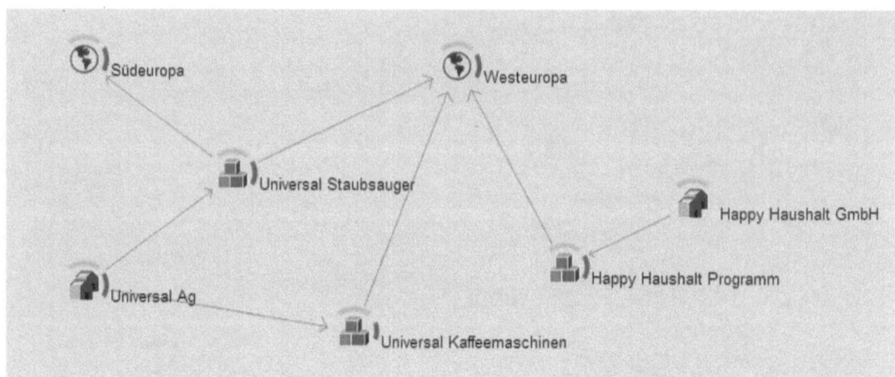

Damit ist ein Element der dreistelligen Aussagen „Vertriebsgesellschaft X vertreibt Produktprogramm X in Region Z“, nämlich die Vertriebsgesellschaft, immer die gleiche und kann aus den Aussagen herausgekürzt werden. Übrig bleiben zweistellige Aussagen mit denen wir die Programme der unterschiedlichen Hersteller, in deren Auftrag wir unterwegs sind, eindeutig auf Vertriebsregionen verteilen. [1]

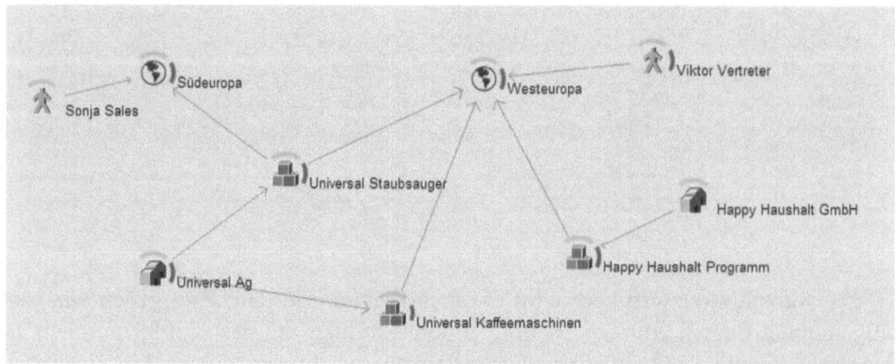

Wird das komplizierter, wenn wir die einzelnen Vertriebsmitarbeiter ins Spiel bringen? Das hängt davon ab, wie ihre Zuständigkeiten verteilt sind. In dieser Übung sind die Vertriebszuständigkeiten sehr einfach auf die Mitarbeiter der Vertriebsgesellschaft A verteilt. Solange Sonja Sales für den gesamten Vertrieb in Südeuropa und Viktor Vertreter für alles, was in Westeuropa verkauft wird, zuständig ist,

[1] Die dreistelligen Relationen brauchen wir erst dann wieder wenn wir die Produktprogramme Hersteller-unabhängig machen wollen, aber dafür gibt es in diesem Beispiel keinen guten Grund. Die Hersteller-Firmen können wir im Grunde genommen auch weglassen, sie brauchen wir nicht, um die Vertriebsmandate eindeutig zuzuordnen.

benötigen wir keine mehrstelligen Relationen. Wir können einfach von jedem Vertriebsmitarbeiter zu allen Regionen gehen, für die sie oder er zuständig ist, und von da aus zu allen Produktprogrammen, die an der Region hängen. Damit lesen wir das obige Bild wie folgt:

- Viktor Vertreter ist für Westeuropa zuständig. Dort verkauft er das gesamte Happy Haushalt Programm, die Universal Kaffeemaschinen und die Universal Staubsauger.
- Sonja Sales ist für Südeuropa zuständig. Dort verkauft sie die Universal Staubsauger.

Erst wenn die Zuständigkeit von mehreren Faktoren abhängt, kommen auch mehrstellige Relationen ins Spiel. Das wäre beispielsweise der Fall, wenn wir Sonja Sales den Vertrieb der Universal Staubsauger auch in Westeuropa übertragen.

Schließlich wollten wir eine Variante mit unterschiedlicher Definition der Regionen betrachten:

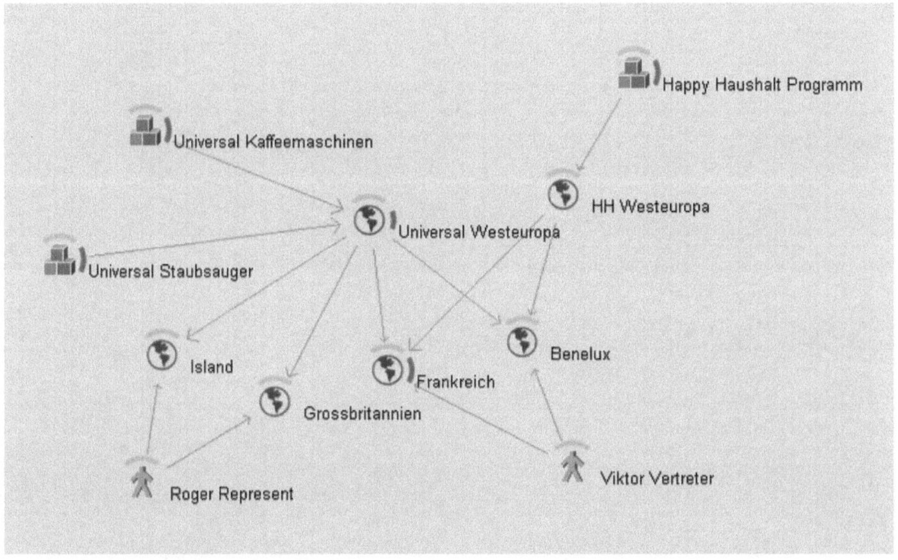

Hier haben wir wieder einen Fall der Abbildung unterschiedlicher Klassifikationssysteme ineinander. Für eine genaue Zuordnung müssen wir von der Regionen- auf die Länderebene hinuntersteigen (siehe auch Abschn. 8.1).

Glossar

Bislang haben wir relativ unbekümmert Begriffe eingeführt und benutzt. Um viele dieser Begriffe gibt es mehr oder minder heftige Diskussionen in der Fachwelt, die ich Ihnen nicht völlig vorenthalten möchte. Zudem werden viele der Begriffe unterschiedlich verwendet, umgekehrt gibt es für einige zentrale Konzepte eine ganze Reihe überlappender Benennungen – warum sollte auch ausgerechnet unser Gebiet von der Mehrdeutigkeit der Sprache verschont bleiben? Daher stellen wir in diesem Glossar noch einmal verschiedene Terminologie und unterschiedliche Lesarten derselben Begriffe in Wortfeldern gegenüber, auch als Hilfe zur Erschließung weiterführender Literatur.

Objekt, Begriff, Konzept, Typ, Klasse, Thema, Tag, Schlagwort, Entität, Topic, Knoten sind unterschiedliche Bezeichnungen für die Grundbausteine des semantischen Netzes. In diesem Kompendium sprechen wir im allgemeinen Fall von *Objekten*. Objekte zerfallen in Individuen, auch *Instanzen* genannt, und Begriffe (gelegentlich auf *Konzepte* genannt). Begriffe wiederum prägen teilweise Individuen aus, teilweise nicht. Die eine Art Begriffe nennen wir auch *Typen* oder *Klassen*, die andere manchmal *abstrakte Begriffe*.

Gerade in den ersten Abschnitten dieses Kompendiums haben wir aber gesehen, dass es gelegentlich natürlicher ist, von *Themen, Tags* oder *Schlagworten* zu sprechen. Die Begriffe *Tag* und *Schlagwort* bezeichnet eine mögliche Rolle oder Funktion eines Objektes, nämlich die Charakterisierung eines Dokuments. Der Name *Thema* funktioniert ähnlich: Wir signalisieren mit dieser Wortwahl, genau wie mit der Bezeichnung *Themennetz*, dass uns hier nur die Funktion des Objektes interessiert, einen Text oder ein anderes Objekt thematisch einzuordnen. Entsprechend finden wir in den Themennetzen auch Objekte nebeneinander als Themen modelliert, die sich in einer genaueren Modellierung teils als Individuen, teils als Begriffe entpuppen.

Was kann Ihnen noch begegnen? Objekte werden manchmal *Entitäten* genannt, vor allem in Entity-Relationship-Modellen und in Text-Mining-Verfahren, bei denen z.B. von *entity extraction* die Rede ist. Gelegentlich bezieht sich das dann nur auf Individuen mit Eigennamen wie Personen, Organisationen, Länder, Städte etc. (dann oft auch *named entity extraction*). Bei der Visualisierung und in der Graphentheorie spricht man von *Knoten*. Den Begriff *Topic* finden Sie bei einer speziellen

K. Reichenberger, *Kompendium semantische Netze*, X.media.press,
DOI 10.1007/978-3-642-04315-4, © Springer-Verlag Berlin Heidelberg 2010

Spielart semantischer Technologie, die sich aus den Dokumentauszeichnungssprachen entwickelt hat, nämlich bei den Topic Maps.

Wann ist etwas ein Objekt? Nun, das liegt bei uns. Welche Phänomene und Gegenstände der Welt wir zu Objekten des semantischen Netzes machen, ist unsere Modellierungsentscheidung.

Attribut, Attributwert, Attributtyp, Datentyp – bemühen wir zur Abgrenzung dieser Begriffe einmal mehr ein Beispiel: In einer Anwendung für einen Automobilhersteller werden Autos in einem semantischen Netz beschrieben. Teil der Beschreibung sind z.B. folgende Angaben: Das Auto hat vier Sitze oder zwei, es wird mit Diesel oder mit Benzin angetrieben, es wurde im Jahr 2003 gebaut etc. Die „Slots" unter denen wir diese Angaben ablegen – *Baujahr, Art des Treibstoffs, Anzahl Sitze* – nennen wir *Attribute*. Die konkreten Ausprägungen *vier Sitze, Baujahr 2003* etc. nennen wir *Attributwerte*.

Bei Attributen und ihren Werten gibt es so etwas wie einen natürlichen Überbau. Wir sehen, dass manche Attribute Zahlen als Werte haben, andere Datumsangaben, bei anderen wiederum sind die Werte nicht quantitativer, sondern qualitativer Natur. In diesem Fall sind manchmal die möglichen Werte eingeschränkt, manchmal ist eine Freitext-Eingabe erwünscht. Zahl, Datum, Freitext etc. werden manchmal Attributtyp, auch Datentyp genannt. Die qualitativen Attribute mit vorgegebenen Werten, wie in unserem Beispiel der Treibstoff, sind immer auch Kandidaten dafür, als eigene Objekte und Verknüpfungen abgebildet zu werden – diese Frage haben wir ausführlich im Abschn. 12.6 behandelt.

Relation, Relationstyp, Relationsinstanz – Auch bei den Relationen unterscheiden wir so etwas wie Definition und Instanz. Das ist deswegen etwas schwieriger als bei Objekten und Attributen, weil dieser Unterschied umgangssprachlich nicht eingeführt ist. Wenn wir präzise sein wollen, lehnen wir uns an mathematische Terminologie an, und bezeichnen mit *Relation* die Art der Beziehung und die Menge aller Objektpaare, die durch diese Beziehung verbunden sind – reden wir von der Relation *arbeitet bei*, so reden wir also von der Definition und von allen Zuordnungen Mitarbeiter zu Organisation, die den Typ *arbeitet bei* haben. Sprechen wir vom einzelnen Fall *Paula Person arbeitet bei der Abteilung Kaffeemaschinen* müssten wir strenggenommen von einem *Tupel* sprechen. Davor schrecke ich dann doch zurück – oft habe ich hier von *Verknüpfungen* gesprochen und im Zweifelsfall die Relation auch als *Relationstyp* bezeichnet – sicher nicht elegant, aber auch nicht schädlich. Wir können ohnehin nicht damit rechnen, in der Literatur, in unterschiedlichen Dokumentationen semantischer Netze, in Handbüchern von Tools etc. einen einheitlichen Sprachgebrauch wiederzufinden. Manchmal wird übrigens auch von *Relationsbegriffen* und *Relationsindividuen* oder *Relationsinstanzen* gesprochen – die Formulierung ist vielleicht gewöhnungsbedürftig, macht aber den Unterschied zweifelsfrei klar.

Ordnungssystem, Taxonomie, Klassifikation, Systematik, Thesaurus, Ontologie, semantisches Netz - Strukturen mit denen ein Sachgebiet geordnet wird, kommen unter vielen Bezeichnungen daher. Teilweise markieren die unterschiedlichen Benennungen Unterschiede im Aufbau, manchmal werden dieselben Strukturen je nach Fachgebiet oder Einsatzzweck anders benannt. *Klassifikation* ist der allgemeinste und mehrdeutigste Begriff – er steht für die Gruppierung von Objekten in Sammeltöpfe, eben *Klassen*. Der Begriff *Klassifikation* bezeichnet dabei genauso die Klassenstruktur, wie den Prozess der Einordnung von Objekten oder Dokumenten in diese Struktur. Die Begriffe *Taxonomie, Systematik* und *Thesaurus* werden ausschließlich für die Ordnungsstrukturen verwendet, nicht für den Vorgang der Einordnung. Bei Taxonomien und Systematiken können wir davon ausgehen, dass die Einteilung der Klassen entlang der Eigenschaften der Objekte erfolgt, fast immer hierarchisch, in der überwiegenden Mehrzahl der Fälle sogar monohierarchisch (Jede Klasse kann nur eine Oberklasse haben).

Thesauri kommen aus einer anderen Richtung – sie sollen weniger die Welt als vielmehr die Sprache ordnen. Im Thesaurus werden die Objekte/Klassen *Begriffe* genannt und sind mit Synonymen angereichert. Interessanterweise sind Thesauri häufiger polyhierarchisch aufgebaut als andere Klassifikationen (*Mumps* kann unter Kinderkrankheiten und unter Infektionskrankheiten gefunden werden) und enthalten oft zusätzliche Verknüpfungen zwischen verwandten Begriffen.

Über semantische Netze bleibt uns wenig zu sagen, außer vielleicht: Was ist ein semantisches Netz nicht?

- Eine **Visualisierung**: Die grafische Darstellung der Verknüpfungen ist ein Mittel, das im Umfeld semantischer Netze sehr häufig und sehr erfolgreich genutzt wird. Auch in diesem Kompendium greifen wir extensiv auf dieses Mittel zurück. Trotzdem ist es hilfreich, wenn wir klar zwischen, der *Repräsentation* der Information und ihrer *Präsentation* trennen. Der Begriff *semantisches Netz* bezeichnet im Kern eine bestimmte Arte der Wissens- bzw. Informationsrepräsentation. Die so repräsentierte Information können wir grafisch vernetzt darstellen, wir müssen es aber nicht.
- Ein **Neuronales Netz**: Wenn wir den Begriff *Wissensrepräsentation* ein wenig dehnen, dann repräsentieren auch neuronale Netze Wissen. Aber sie sind ein reines Konstrukt der Statistik, ihre Knoten sind keine Objekte mit einfach nachvollziehbarer Bedeutung, ihre Kanten sind nicht semantisch getypt, sondern lediglich gewichtet, kurz: neuronale Netze machen Information nicht explizit und sind damit von allen in diesem Kompendium diskutierten Repräsentationsformen weit entfernt.

Eine letze Bemerkung zu Ontologien: In Kap. 6 könnte der Eindruck entstanden sein, wir setzten Ontologien mit schwergewichtigen, komplexen semantischen Netzen gleich. In der Praxis ist das eine ganz hilfreiche Orientierung, denn Ontologien bringen, wie wir gesehen haben, tatsächlich eine größere Modellierungsmächtigkeit und -komplexität mit. Halten wir uns enger an die ursprüngliche Wortbedeutung, unterscheiden sich Ontologien aber vor allem durch ihre Definitionsmacht und ihre Allgemeingültigkeit von semantischen Netzen und treiben dort den höheren Aufwand. Oft bezeichnet *Ontologie* auch nur das Begriffsgebäude, d.h. die Ontologie kennt keine Individuen und keine Fakten, sondern stellt nur das Schema für ihre Einordnung bereit. Auch hier können wir uns nicht auf einen bestimmten

Sprachgebrauch verlassen. Zunehmend kann sich hinter dem Begriff *Ontologie* auch ein beliebige Begriffsgebäude oder Datenschema verbergen.

Graph, Baum, Hierarchie, Netz – Relationen lassen sich durch Graphen veranschaulichen. Diese Veranschaulichung hilft auch, über Konnektivität von Relationen zu sprechen (welche Objekte sind mit welchen anderen verbunden, welchen Regeln oder Mustern folgen die Verknüpfungen, was sind die Einschränkungen?). Wichtige Begriffe in der Beschreibung der Konnektivität sind *Baum, Hierarchie* und *Netz.* Ein Baum ist ein zusammenhängender Graph, der keine geschlossenen Kantenzüge enthält. Beispiele sind der Verzeichnisbaum auf einem Fileshare, ein Inhaltsverzeichnis, eine MindMap. Im Baum ist ein Objekt von der Wurzel aus immer nur über einen Weg erreichbar – diese Einschränkung macht ihn einfach im Umgang, aber ist Ursache dafür, dass Objekte, die „in mehrere Äste passen", redundant aufgenommen werden müssen, wenn sie nicht an möglicherweise entscheidender Stelle fehlen sollen. Wenn die Relation – wie die Ober-/Unterbegriffsrelation in unseren Beispielen – kein Baum ist, sondern mehrere Väter erlaubt, aber trotzdem eine Richtung mitbringt, dann sprechen wir von einer *Hierarchie* (in der Terminologie der formalen Relationen-Charakteristika aus Abschn. 11.4 von einer *Halbordnung).* Begriffe wie *Baum* oder *Hierarchie* charakterisieren zunächst eine Relation, können aber auch auf eine Menge von Relationen bezogen werden. Auf alle Relationen eines semantischen Netzes bezogen, kommt fast immer genau das heraus, ein Netz, auch ein *gerichteter Graph* genannt. In einem Netz gibt es keine Einschränkungen der Konnektivität, es können also Zyklen auftreten. Das ist einer der Gründe, warum die technische Implementierung semantischer Netze anspruchsvoll ist.

Ableitungen, Inferenzen, Reasoning, Implikationen, Schlussfolgerungen – Eine der Kernfähigkeiten semantischer Netze ist es, aus den modellierten Fakten und Zusammenhängen weitere zu schließen. Ein einfacher Fall ist die Transitivität (Wenn das Heizkesselventil Teil des Heizkessels ist, und der Heizkessel ist Teil der Kaffeemaschine, dann ist auch das Heizkesselventil Teil der Kaffeemaschine). Komplexere Schlüsse beziehen mehrere Relationen und Attribute mit ein. Die Begriffe *Ableitung* und *Implikation* stellen eher das Ergebnis in den Vordergrund, wobei *Implikation* mir gut gefällt, weil es betont, dass nichts gefolgert wird, was in den Ausgangsinformationen nicht schon angelegt wäre – implizit eben. Die Begriffe *Inferenz, Schlussfolgerung* und *Reasoning* bezeichnen eher den Prozess.

Homograph, Homonym, Polysem, Synonym – Voraussetzung für eine systematische Auseinandersetzung mit der Mehrdeutigkeit der Sprache ist die Trennung zwischen einem Gegenstand und seiner Benennung. Eine Benennung kann mehrere Gegenstände bezeichnen, d.h. mehrere Bedeutungen haben. Dieses Phänomen wird *Homonymie* oder *Polysemie* genannt, die Benennungen *Homonyme* oder *Polyseme*, je nach „Entfernung" voneinander. Polysemie liegt vor, wenn ein Ausdruck zwei oder mehr Bedeutungen aufweist, die alle etwas gemeinsam haben und sich meist aus einer Grundbedeutung ableiten lassen (*Prozess* als Gerichtsverhandlung oder als Abfolge von Schritten, als Arbeitsvorgang). Bei Homonymen fehlt der gemeinsame Anteil in der Bedeutung, entweder ist ihre Etymologie unterschiedlich oder sie haben sich sehr weit auseinanderentwickelt. Die Herkunft des Wortes *Bank* (im Sinne *Finanzinstitut*) aus der Bezeichnung für den Tisch des Geldhändlers ist uns beispielsweise nicht mehr präsent. Im Wörterbuch werden Homonyme als unterschiedliche Einträge geführt. Bei Homographen beschränkt sich die Mehrdeutigkeit auf die Schreibung (*Gang* als Akt des Gehens vs. *Gang* im Sinne von Bande, englische Aussprache).

Das spiegelbildliche Phänomen sind die Synonyme – verschiedene Benennungen für dieselbe Sache, (*Gerichtsverhandlung*, *Verfahren* und *Prozess* für das, was vor Gericht so passiert). Man ist sich in der Sprachwissenschaft einigermaßen einig, dass totale Synonymie – eine Benennung kann in jedem beliebigen Kontext für eine andere eingesetzt werden – nicht oder nur selten vorkommt. Was wir in diesem Kompendium als *Synonyme* bezeichnen, sind also genau genommen *Quasi-Synonyme*, auch *Homoionyme* genannt.

Semantische Suche, Suche im semantischen Netz, Ähnlichkeitsermittlung, Ähnlichkeitssuche, strukturierte Abfragen – Der Begriff *Semantische Suche* ist mindestens doppelt belegt: Wollen wir eindeutig unterscheiden, können wir auf der einen Seite von *Semantisch erweiterter Volltextsuche* und auf der anderen Seite von einer *Suche im semantischen Netz* sprechen. Semantisch erweiterte Volltextsuche (auch Abfrageerweiterung) ist zunächst einmal eine Such über Zeichenketten in Dokumenten. Durch Hinzunehmen von Synonymen und verwandten Begriffen aus dem semantischen Netz wird diese Suche robuster gegenüber unterschiedlichen Formulierungen in den Dokumenten (siehe Abschn. 10.3). Genauso kann das semantische Netz auch im Rahmen einer sog. Guided Navigation Vorschläge zur Einschränkung der Suche liefern (siehe Abschn. 8.3).

Die Suche im semantischen Netz liefert, ausgehend von der Eingabe des Nutzers keine Dokumente zurück, sondern Objekte des semantischen Netzes. Damit ist sie Voraussetzung für semantisch erweiterte Suche, da die Begriffe, mit denen die Volltextsuche erweitert oder eingeschränkt wird, ja zunächst einmal aus dem semantischen Netz zusammengesucht werden müssen. Sehr oft werden die Ergebnisse aus dem semantischen Netz dem Nutzer aber auch direkt zu Interaktion angeboten.

Analog können wir bei der Ähnlichkeitssuche unterscheiden, auch hier gibt es eine Ähnlichkeitssuche auf Dokumenten, basierend auf einer statistischen Vorstellung von Ähnlichkeit und eine Ähnlichkeit zwischen Objekten des semantischen Netzes basierend auf der Länge und Dichte der Pfade, die sie verbinden (siehe Abschn. 5.2).

Danksagung

Alle Beispiele dieser Arbeit stammen aus den Projekten der Firma intelligent views, ein großer Teil der Abbildungen wurden mit dem Werkzeug K-Infinity erstellt. Mein Dank an das gesamte Team der intelligent views – ohne sie hätte ich nichts zu erzählen gehabt.

Achim Steinacker danke ich für viele Ideen und für den Überblick, der mir gelegentlich gefehlt hat, Sabine Stoye für das genaue Lesen. Claudia Baumer, Jochen Geise, Christoph Meinel, Lothar Rostek und meiner Schwester Eva verdanke ich wertvolle Hinweise zu den verschiedenen Kapiteln dieses Kompendiums.

Mein Dank gilt auch allen Kunden und Partnern, mit denen ich in den letzten Jahren zusammenarbeiten durfte und die mich in der Vorstellungen bestärkt haben, dass auch leichtgewichtige Modelle ein lohnender Gegenstand der Beschäftigung sind. Hier möchte ich besonders Andreas Faatz und den Kollegen der SAP Semantic Applications danken, allen voran Archim Heimann.

Dank auch an Nicola Guarino für Erlaubnis die Abbildung der DOLCE upper ontology zu reproduzieren und für den Hinweis darauf, wie wichtig Rollen sind.

Um aufzuzählen, was ich meiner Frau Rosa verdanke, dafür reicht der Platz hier nicht aus – von ihr habe ich in dieser ganzen Zeit am meisten gelernt.

Register